015

Willkommen an Bord – mit Uwe Bahn und Johannes Bohmann

Europameister

Schon lange hat die Branche es angekündigt: Die Deutschen verdrängen die Briten vom europäischen Kreuzfahrt-Thron. Spätestens 2016, so hieß es vor Jahren, würden erstmals mehr Deutsche als Briten eine Reise auf einem Fluss- oder Hochseeschiff buchen. Das ist Geschichte. Denn mit über zwei Millionen Passagieren insgesamt sind die Deutschen schon jetzt Europameister im Cruise Business. Sie stellen mittlerweile rund ein Drittel des gesamten europäischen Passagieraufkommens. Und da mit Rekordtempo weitergebaut wird – mindestens 20 neue Hochseeschiffe sollen bis 2018 hinzukommen –, ist ein Ende des Wachstums (noch) nicht in Sicht.

SCHIFFE DES JAHRES 2014
Kreuzfahrt GuideAward

Mehr dazu? Ab Seite 32!

Wie behält man da noch den Überblick? Mit einem Buch, so hoffen wir, wie diesem. Das seit nunmehr neun Jahren mit Reportagen und Porträts Antworten geben möchte auf Ihre Frage: Welches Schiff passt am besten zu mir? Und das, erstmals in diesem Jahr, auch die Ergebnisse der aktuellen „Kreuzfahrt Guide Awards" veröffentlicht: die Preise für die besten Schiffe des Jahres in sieben Kategorien, gekürt von der Experten-Jury des Kreuzfahrt Guides.

Wir gratulieren den Gewinnern – und wünschen Ihnen wunderbare Reisen auf dem Wasser!
Herzlich, Ihre

FOTOS: privat (1), A. Haug (1); TITEL: Ingo Boelter Photodesign; ILLUSTRATION: G. Zbinden

2015 ENTDECKEN SIE
KREUZFAHRT NEU
www.aida.de/neuegeneration
TRÄU
werden wahr, wenn
www.aida.de

AIDAprima
ME
wir Grenzen überwinden.
Einmalig.
Immer wieder.
AIDA

FOTOS: J. Fritzenwalder (1), U. Bahn (1), J. Bohmann (1), C. Assies (1), Anbieter (4)

CHECK-IN & REPORTAGEN

SEESCHIFFE

ROUTEN & REVIERE

Inhalt Flussreisen

FOTOS: J. Bohmann (1), D. Krappe (1), Anbieter (2)

REPORTAGEN

SCHIFFE & REVIERE

excellence
Flussgenuss vom Reisebüro Mittelthurgau

Fünf Schweizer Flussschiffe – eine Klasse für sich

Unsere Schiffe sind wie gemacht für den vollendeten Reisegenuss auf Europas schönsten Wasserwegen. Excellence-Schiffe fahren nicht nur unter Schweizer Flagge. Sie tragen alle Merkmale eines überzeugenden Schweizer Reiseprodukts. Mit höchstem Reisekomfort und herzlicher Gastfreundschaft. Stilvoll und doch leger. Mit Sinn fürs Detail und Sinn für Qualität.

Willkommen bei Excellence.

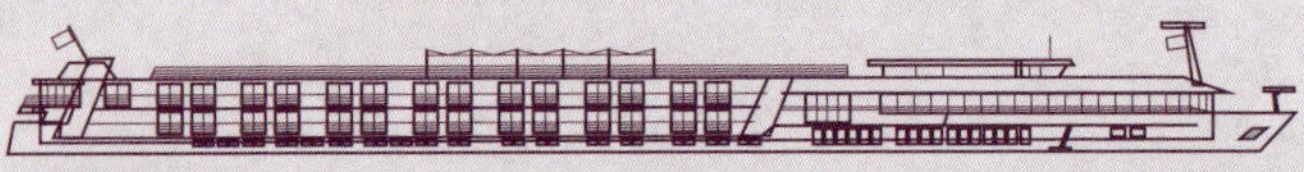

Excellence Rhône
Baujahr 2006
Länge 110 m, Breite 11,40 m, 71 Kabinen
▸ Rhône, Saône

Excellence Royal
Baujahr 2009/2010
Länge 110 m, Breite 11,40 m, 72 Kabinen
▸ Seine

Excellence Queen
Baujahr 2010/2011
Länge 110 m, Breite 11,40 m, 71 Kabinen
▸ Rhein, Mosel, Main, Ijsselmeer, Benelux

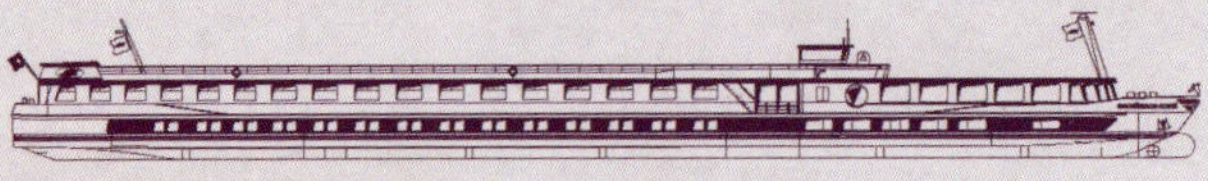

Excellence Coral
Baujahr 1998, Umbau: 2012
Länge 82 m, Breite 9,50 m, 44 Kabinen
▸ Elbe, Havel, Oder, Nord-Ostsee-Kanal

Excellence Princess
Baujahr 2013/2014
Länge 135 m, Breite 11,40 m, 93 Kabinen
▸ Donau, Donaudelta, Rhein

Jetzt bestellen: Der neue Katalog «Flussreisen 2015» ist da!

100% Swiss made

Flussgenuss durch Qualität

Ihr Koffer ist schon auf Ihrer Kabine. Auf dieser Reise werden Sie ihn nur ein einziges Mal auspacken. Doch das hat Zeit. Lehnen Sie sich erst einmal zurück, geniessen Sie den Moment und den Ausblick auf die Kulissen an den Ufern. Schon bald heisst es «Leinen los» für Ihre Reise durch Europa, zu Neuem, Unentdecktem. Dahin, wo der Alltag ganz weit weg ist.

Reisen à la Excellence

An Bord spüren Sie das Besondere von Excellence sofort - in Form architektonischer Grosszügigkeit, edlem Ambiente und gehobener Gastlichkeit. Die Atmosphäre an Bord: stilvoll und doch leger. Genau richtig für Entdeckungen inmitten der schönsten europäischen Flusslandschaften.

Reisebüro Mittelthurgau Fluss- und Kreuzfahrten AG
Oberfeldstrasse 19, CH-8570 Weinfelden (Schweiz)
Tel. +41 71 626 85 85, Fax +41 71 626 85 95
www.mittelthurgau.ch, info@mittelthurgau.ch

reisebüro mittelthurgau
Die Schiffsreisenmacher

Hochsaison in Civitavecchia

FOTOS: J. Bohmann (2)

Europas größte Kreuzfahrthäfen

Was Rotterdam für Container, ist Barcelona für Kreuzfahrer – wichtigster Hafen Europas. Doch auch kleine Städte bekommen millionenfachen Besuch

Die größten Cruise Ports der Welt? Liegen im sonnigen Florida, wo die Kreuzfahrtnation Nummer eins – die USA – bevorzugt auf Schiffsreise geht. Doch Europa gewinnt immer mehr an Bedeutung: Aktuell sind 37 Prozent der Kreuzfahrtkapazität hier stationiert, das sind 172 Prozent mehr als noch vor zehn Jahren. Zugleich wächst auch der Anteil europäischer Gäste immer weiter, er liegt derzeit bei 30 Prozent aller Kreuzfahrer.

DIE TOP FIVE WELTWEIT

1. **Barcelona** empfing in seinen sieben Passagierterminals 2013 rund 2,6 Millionen Passagiere. Ein Shuttlebus bringt die Gäste in die nahe gelegene Altstadt.

2. **Civitavecchia** heißt der Hafen, in dem alle Kreuzfahrer aussteigen, die in das etwa eine Stunde entfernte Rom wollen. 2013 waren das 2,54 Millionen Gäste.

3. **Venedig** zählte 2013 rund 1,8 Millionen Kreuzfahrer. Diese Zahl wird aber sinken, die historische Bausubstanz wird durch ein Verbot großer Schiffe geschützt.

4. **Southampton** ist mit 1,6 Millionen Passagieren der wichtigste Einstiegshafen für Briten. Außerdem starten hier die Ausflüge ins 130 Kilometer entfernte London.

5. **Piräus** ist Ausgangshafen für Ausflüge nach Athen. Mit der Metro ist man in einer halben Stunde im Zentrum. 1,3 Millionen Passagiere wurden 2013 gezählt.

Mehr als fünf Millionen starten in den beiden wichtigsten europäischen Häfen: Barcelona und Civitavecchia. In Barcelona können auch die größten Schiffe der Welt festmachen, die Oasis-Klasse von Royal Caribbean. Als die Oasis of the Seas im September 2014 erstmals die katalanische Metropole besuchte, waren auch noch andere Schiffe im Hafen, so dass an einem Wochenende 58.000 Passagiere zu Gast waren – Rekord!

Manche Häfen ächzen jedoch unter den immer neuen Passagierrekorden: Nicht nur Venedig, auch die Altstadt von Dubrovnik ist nicht für die stetig wachsenden Massen ausgelegt und sucht nach Lösungen, um mehr als eine Million Kreuzfahrtgäste jährlich zu kanalisieren. Die kroatische Hafenstadt belegt derzeit Platz neun im Ranking. Wichtigster deutscher Hafen ist übrigens Hamburg: Die Hansestadt schafft es mit 552.000 Passagieren auf Rang 13 der bedeutendsten europäischen Häfen. PG

Ausflugsbusflotte in Neapel

FOTOS: Rederei Deilmann (1), J. Bohmann (1)

Gentlemen Hosts auf der Deutschland: Die Reederei Deilmann hält die Tradition aufrecht

Allein an Bord – aber nicht einsam

Trotz des Trends zu mehr Einzelkabinen: Eine Kreuzfahrt ist für Singles vor allem eine Kostenfrage. Einsam bleibt dagegen auf einer Kreuzfahrt kaum jemand

Reich, verwitwet, einsam: Das Klischee allein reisender, älterer Damen trifft die Realität längst nicht mehr. Einsam fühlt sich auf einem Kreuzfahrtschiff kaum jemand. Und immer mehr junge Singles entdecken die Kreuzfahrt für sich. Bis zu 25 Prozent der Gäste sind auf manchen Reisen allein unterwegs. Umfangreiches Bordprogramm, Single-Treffs und Gentlemen Hosts sorgen für Kontakt. Mehr Geld als andere müssen Alleinreisende aber nach wie vor mitbringen.

Denn Einzelkabinen sind auf Kreuzfahrtschiffen eine Seltenheit, gerade einmal bei einer Handvoll Reedereien gibt es überhaupt solche Kabinen. Ansonsten sind die „Solo Traveller“ auf Sonderaktionen und Last-minute-Angebote angewiesen, wenn sie die Einzelkabinen-Zuschläge von bis zu 100 Prozent vermeiden wollen. Bei fast allen Reedereien gibt es immer wieder solche Angebote, meist außerhalb von Ferienzeiten oder kurzfristig einige Wochen vor der Abfahrt.

Single-Bereich auf der Norwegian Epic

Immerhin nehmen die Reedereien Singles zunehmend als attraktive Zielgruppe wahr. Nicht nur weil es immer mehr gut verdienende Singles gibt, die sich Kreuzfahrten leisten können, sondern auch weil sie an Bord meist mehr Geld ausgeben als andere Passagiere. Daher ist ein zwar zögerlicher, aber merklicher Trend zu zuschlagsfreien Einzelkabinen erkennbar.
Es gibt sie inzwischen auf einigen Schiffen bei **Norwegian**, **Royal Caribbean**, **P&O**, **Holland America**, **Cunard** und **Costa**. Die wenigen Einzelkabinen sind allerdings meist schnell ausgebucht – früh buchen ist hier die Devise.

Einzigartig ist das „Single Partners Program“ der Holland America Line: Dabei vermittelt die Reederei Kabinengenossen – womit der Einzelzuschlag entfällt. **FN**

CUNARD
Der Alltag bleibt an Land.
Willkommen an Bord.
Mit der QUEEN MARY 2, QUEEN ELIZABETH und QUEEN VICTORIA sehen Sie Meer. Wellen soweit das Auge reicht. Und hinter dem Horizont erwarten Sie die schönsten Küsten, Städte und Länder. Ob Transatlantik-Passage zwischen Hamburg und New York, Norwegen-, Mittelmeer- und Karibik-Kreuzfahrt oder Weltreise: An Bord der Cunard Queens genießen Sie die feine englische Art der Seereisen.
Buchen Sie jetzt in Ihrem Reisebüro oder bei Cunard unter +49 (0)40 415 33 555.
www.cunard.de
QUEEN ELIZABETH
QUEEN MARY 2
QUEEN VICTORIA

FOTO: C. Winkler

Inseln in Reeders Hand

Die Inseln und Cays der Bahamas zählen zu den begehrtesten Plätzen der Welt. Reedereien unterhalten dort für ihre Passagiere eigene exklusive Privatinseln

Eine Privatinsel auf den Bahamas oder in der Karibik gilt als ultimativer Inbegriff von Luxus. Palmen, weiße Strände und türkisblaue Lagunen – wer eine der unzähligen, kleinen Inseln der Bahamas besitzt, der hat es wirklich geschafft. Nur wenige Flugstunden von den USA entfernt haben Stars wie Johnny Depp, Shakira oder David Copperfield ihre eigene kleine Insel. Millionär muss man trotzdem nicht sein, um sich auf einer Privatinsel die karibische Sonne auf den Rücken brennen zu lassen. Mehrere Reedereien haben ihre eigenen Inseln! Angereichert mit Piraten- oder Schmuggler-Mythen und ein wenig echter Historie, zählen sie zu den Lieblingszielen der Kreuzfahrtschiffe.

Abseits vom Besichtigungsstress anderer Hafenstopps lässt es sich dort herrlich am Strand faulenzen, baden und zwischen Korallenriffen mit exotischen Fischen schnorcheln. Wer mehr Action sucht, für den bieten die Reedereien auch Kajaktouren, Tauchen mit Stachelrochen, Wassersport vom Einhandsegler bis zum Jetski oder auch Reiten entlang einsamer Strände an. Auf den ersten Blick ähneln sich die Privatinseln und -strände der Reedereien: Badelagune, Wasserspielplatz und betreuter Bereich für Kinder, ein Strand nur für Erwachsene, dazu Strandbars, Barbecue vom Holzkohlengrill, viel Wassersport, ein wenig Souvenir-Shopping. Trotzdem hat jede Insel durchaus eigenes Flair.

Ein Tipp für Ruhesuchende: Rund um die Tenderboot-Anleger der Inseln geht es vor allem ab Mittag turbulent zu. Deshalb: früh an Land gehen, dann erlebt man mehr Idylle. Und später am Tag lohnt sich dann der Gang zu abgelegenen Buchten und Stränden – viele Mitpassagiere sind nämlich schon für einen nur fünfminütigen Fußmarsch zu faul ... **FN**

„PRIVATE ISLANDS"

Royal Caribbean (mit Celebrity und Azamara) besitzt **Coco Cay** (eigentlich: Little Stirrup Cay) in den Bahamas und **Labadee**, einen Privatstrand in Haiti.

Norwegian gehört **Great Stirrup Cay** in den Bahamas (wird auch von MSC und Regent genutzt) und ab 2015 neu **Harvest Cay** in Belize.

Eigentum der Carnival Corporation ist **Half Moon Cay** (eigtl. Little San Salvador Island); sie wird von Cunard, Holland America, Carnival und Seabourn genutzt.

Disneys Privatinsel heißt **Castaway Cay** (eigtl. Gorda Cay, Bahamas). Princess und P&O haben die **Princess Cays** (Südspitze von Eleuthera Island, Bahamas). Und Costa nutzt den Privatstrand **Catalina Island** in der Dominikanischen Republik.

„Wir wünschen Ihnen eine gute Reise und immer eine Handbreit Wasser unterm Kiel. Willkommen in der Business-K(l)asse!“
Jens Luther, Vorstand der HEK mit zwei Hamburger Originalen
Guter Rat
TESTSIEGER
Krankenkassen für Familien (bundesweit)
HEK
Hanseatische Krankenkasse
HEFT 8 | AUGUST 2014
DIE BUSINESS-K(L)ASSE
TRADITIONELL BESSER
HEK
HANSEATISCHE KRANKENKASSE
www.hek.de
Kontakt: 0800 0 001022 (kostenfrei)

FOTOS: BR / Bewegte Zeiten

Verrückt nach Meer!

Von wegen Traumschiff: Bei Phoenix Reisen ist eine Dokuserie hinter echten Kulissen unterwegs

Wie funktioniert das Leben auf einem Kreuzfahrtschiff? Unterhaltsame Einblicke präsentiert der Bayerische Rundfunk mit „Verrückt nach Meer“, einem Kreuzfahrtformat nah an der Realität. Erfinder Stephan Rebelein war anlässlich einer Sondersendung zum 25-jährigen Jubiläum des „Traumschiffs“ auf der **Deutschland** zu Gast und dachte sich: „Wäre doch spannend, wenn man all das, was auf einem Kreuzfahrtschiff vor allem hinter den Kulissen passiert, in einer dokumentarischen Reihe erzählen könnte.“ Gesagt, getan: 120 Folgen à 50 Minuten wurden bereits abgedreht – in Kooperation mit dem Bonner Reiseveranstalter Phoenix Reisen.

Die ersten drei Staffeln zeigten das Leben auf der **Albatros**, dem ältesten Schiff der Flotte. Dreh- und Angelpunkt ist Kapitän Morten Hansen. Wenn sich der sympathische Norweger „von der Brrrrrrügge“ meldet, menschelt es. Gleichzeitig begleiten Filmteams die Passagiere auf ihren Landausflügen in fernen Destinationen. In Staffel vier wechselt Morten Hansen (Foto oben) von der Albatros auf die „Grand Lady“ **Artania**. Die Zuschauer lernen mit ihm das größte Phoenix-Schiff kennen. Anfang 2015 beginnt der Dreh von 50 neuen Folgen. Und: Im Sommer 2015 können „Verrückt nach Meer“-Fans den Reisebegleiter Dennie de Winter live an Bord eines Flussschiffs erleben! Unter seinem bürgerlichen Namen hat er den neuen Veranstalter Blessing Flusstouristik gegründet – und will auf der **Rhine Princess** die Reisen selbst begleiten. PG

FRÜHBUCHER-
VORTEILE BIS
€ 350,-
GUTE GRÜNDE MIT MSC ZU REISEN
✓ Genießen Sie die mediterrane Lebensart an Bord unserer modernen Flotte
✓ Ein All-inclusive-Urlaubserlebnis mit Angeboten für jeden Geschmack
✓ Luxuriöse, gut ausgestattete Flotte mit komfortablen Kabinen, die meisten davon mit Balkon
✓ Zahlreiche À-la-carte- und Buffet-Restaurants halten für jeden Geschmack etwas bereit, inklusive Service am Platz
✓ Erleben Sie einzigartige Entertainment-Angebote: von der Kinderbetreuung bis hin zu Musicals
✓ Bleiben Sie fit mit unserem Sport- und Wellnessprogramm
KINDER REISEN FREI*
Beratung und Buchung in Ihrem Reisebüro oder unter
www.msc-kreuzfahrten.de
MSC
KREUZFAHRTEN

FOTOS: Hapag-Lloyd Kreuzfahrten

Bei der Reise im Privatjet endet der Limousinenservice oft direkt vor der Flugzeugtür

Kreuzen mit dem Flieger

Kreuzflug statt Kreuzfahrt: Eine exklusivere Urlaubsform als die Weltreisen mit der Albert Ballin, dem Privatjet von Hapag-Lloyd Kreuzfahrten, gibt es kaum

Lange Arme vom Koffertragen? Wartezeit am Check-in? Beengter Sitzplatz in der Mitte? Derlei Unannehmlichkeiten kennen Gäste von Hapag-Lloyd Kreuzfahrten im Privatjet **Albert Ballin** nicht. Ihre Reise findet in Luxushotels und Limousinen statt, wenn sie nicht gerade mit maximal 40 Passagieren in Businessclass-Sitzen kreuz und quer über die Kontinente fliegen. Zu exklusiven Events, von deutschsprachigen Reiseleitern begleitet: Wem ein Helikopterflug über Rio oder die Fahrt im Fesselballon in Kappadokien noch nicht speziell genug ist, dem arrangiert das Team natürlich individuelle Ausflüge. Außerdem vermitteln Experten Fachwissen zu den angeflogenen Destinationen.

Diese sind handverlesen: Sieben Reisen bietet Hapag-Lloyd Kreuzfahrten 2015 im Privatjet an, bis auf Australien und die Antarktis führen sie auf alle Kontinente. Von einer Weltreise zu den neuen sieben Weltwundern bis zu einer Intensivtour, die sich auf das östliche Afrika beschränkt, ist für jeden Geschmack etwas dabei. Das Besondere ist die Kombination von Zielen, die mit Linienflügen, wenn überhaupt, nur kompliziert zu erreichen wären. Start und Ziel ist jeweils in Hamburg oder Zürich.

Und so kann eine 16-tägige Reise im Jet dann beispielsweise aussehen: In der Businessclass geht es zum Kennenlernabend ins Vier Jahreszeiten nach Hamburg. Am nächsten Tag erfolgt der Transfer zum Flughafen per Limousine. Nach knapp vier Stunden landet die Albert Ballin im georgischen Tiflis an der Seidenstraße. Zwei Tage später geht es auf die Spuren der Karawanen in Kirgisistan. Wiederum zwei Tage später stoppt die Reise im chinesischen Xi'an, natürlich nicht ohne Besuch der Terrakotta-Armee. In den Dünen von Dunhuang findet ein Kamelritt statt, die Mogao-Grotten werden speziell für die Besucher geöffnet. Es folgen: die letzte Residenz des Bogd Khan in Ulan-Bator, das Nationalfest in der Mongolei und ein Exklusivabend in der Eremitage von Sankt Petersburg. Ungewöhnliche Ziele und unverkäufliche Erlebnisse – exklusiver geht's nicht. **PG**

Der Luxus hat natürlich seinen Preis: Sieben Tage „Schnee und Eis" in Begleitung des Wissenschaftsjournalisten und Physikers **Ranga Yogeshwar** kosten ab 26.600 Euro. 19 Tage durch China, Tibet und Indien beginnen bei 59.900 Euro.

AN ALLE ENTDECKER, ROMANTIKER, FAMILIENBANDEN, SONNENANBETER UND GENIESSER.
WIR HABEN DIE PERFEKTE KREUZFAHRT FÜR SIE.
Mit Freestyle Cruising® haben wir die Kreuzfahrt neu erfunden und bieten unseren Gästen ein Maximum an Freiheit und Flexibilität auf See. An Bord unserer 13 modernen, explizit für Freestyle Cruising gebauten Schiffe wählen Sie aus einem schier endlosen Angebot – mehr internationale Dining Optionen als Tage der Woche, Entertainment auf Weltklasseniveau, luxuriöse Spa-Oasen und vieles mehr.
Das zu tun, was Sie wollen, wann Sie es wollen – das meinen wir, wenn wir sagen Cruise Like a Norwegian®.
PLANEN SIE IHRE KREUZFAHRT AUF NCL.DE ODER FRAGEN SIE IHR REISEBÜRO.
ZUM BEISPIEL 7 NÄCHTE ÖSTLICHE KARIBIK AB MIAMI
INNENKABINE AB € 549 P. P.
BALKONKABINE AB € 769 P. P.
SUITE AB € 1.609 P. P.
NCL NORWEGIAN CRUISE LINE®
CARIBBEAN'S LEADING CRUISE LINE 2013
EUROPE'S LEADING CRUISE LINE 2008 – 2014
www.worldtravelawards.com
CRUISE LIKE A NORWEGIAN
NCL (Bahamas) Ltd., Niederlassung Wiesbaden | Zentrale für Kontinentaleuropa | Kreuzberger Ring 68 | D – 65205 Wiesbaden

FOTOS: Fotolia.com/djedzura (1)/BERLINSTOCK (1)

Schluss mit dem blauen Dunst?

Was Nichtraucher freut, vergällt Rauchern den Urlaub: Immer mehr Reedereien verbieten das Rauchen auf dem Balkon. Deutsche Reedereien sind weniger restriktiv

Für Raucher wird es eng, vor allem auf internationalen Kreuzfahrtschiffen. In den Kabinen ist Rauchen ohnehin tabu, aber auch auf den Balkonen herrscht inzwischen fast überall Rauchverbot. Es gibt jedoch Ausnahmen – und deutsche Reedereien sind generell etwas raucherfreundlicher. Wer sich übrigens nicht an das Rauchverbot in der Kabine hält, dem drohen die Reedereien mit empfindlichen Strafen: 250 US-Dollar werden für die „Reinigung der Kabine" berechnet.

In den öffentlichen Innenbereichen der Schiffe sind die Raucherbereiche dünn gesät: Sie beschränken sich meist auf ein, zwei Bars oder Lounges, das Spielkasino und spezielle Raucherzimmer, oft Connoisseur Club oder Cigar Lounge genannt. In Letzteren sind allerdings Zigarettenraucher ebenfalls nicht gern gesehen. Einige Reedereien haben sogar ein komplettes Rauchverbot für die Innenbereiche ihrer Schiffe verhängt.

Das letzte zuverlässige Rückzugsgebiet auf allen Schiffen sind für Raucher die Außendecks. Üblicherweise ist eine Seite der Decks, auch des Pooldecks, als Raucherbereich ausgewiesen. Was die Nichtraucher freut, bedeutet für Raucher einiges an Ungemach, etwa bei Regen und Sturm. Auch in kalten Fahrgebieten ist die Zigarette zwischendurch nur noch für Hartgesottene ein Genuss.

Die Reedereien begründen die strikten Regelungen mit dem Brandschutz. Vor allem aber verlange die nicht rauchende Mehrheit der Passagiere entsprechende Beschränkungen. Wirklich aufzulösen ist der Konflikt nicht. Raucher wie Nichtraucher bezahlen gleichermaßen viel für ihre Reise. Gerade im Urlaub wollen die einen nicht auf ihre Glimmstengel verzichten – und die anderen den störenden, gesundheitsschädlichen Qualm nicht akzeptieren. **FN**

RAUCHEN ERLAUBT?

Rauchen auf dem Balkon ist erlaubt bei **Costa**, **Seabourn**, **Holland America** und allen deutschen Reedereien einschließlich **AIDA** und **TUI Cruises**. Komplett rauchfrei sind die Innenräume bei **Celebrity**, **Ponant**, **Crystal**, **Disney**, **FTI Cruises**, **Hurtigruten**, **SeaDream** und **Star Clippers**.

Zigarren, Zigarillos und Pfeifen sind generell tabu – außer in den Zigarren-Lounges auf vielen Schiffen. Für E-Zigaretten gelten dieselben Regeln wie für herkömmliche Zigaretten.

FOTOS: AIDA Cruises

Mit dem Rollstuhl aufs Schiff

Behindertengerecht nennen sich viele Schiffe. Aber nur wenn auch alle Details passen, können Rollstuhlfahrer ihre Seereise uneingeschränkt genießen

Barrierefreie Kabinen gibt es auf den meisten Kreuzfahrtschiffen. Doch damit ist es längst nicht getan. Viele weitere Details müssen passen, damit Gehbehinderte eine Kreuzfahrt wirklich uneingeschränkt genießen können. Hat das Schiff beispielsweise eine Hebevorrichtung ins Tenderboot und für den Pool? Passt die Armlehne des Rollstuhls unter die Restauranttische? Sind die Teppiche an Bord fest genug, dass Rollstuhlräder darin nicht stecken bleiben? Und auch grundsätzliche Dinge wie behindertengerechte Busse für Landausflüge und Flughafen-Transfers müssen zuverlässig bereitstehen.

Für Reisebüros ist die Vermittlung einer Kreuzfahrt an gehbehinderte Kunden eine anspruchsvolle Aufgabe mit zahlreichen Fallstricken. Denn jeder Kunde hat ein unterschiedliches Handicap. Manche können mit einer Gehhilfe immerhin niedrige Türschwellen überwinden, andere scheitern schon an ungünstig konstruierten Schranktüren. Ein typisches Beispiel für unerwartete Probleme: Die Schlüsselkarte öffnet die Kabinentür, doch bis der Rollstuhl in Position ist, um hindurchzufahren, hat das Schloss sich schon wieder automatisch verriegelt. Ohne fremde Hilfe hat der Rollstuhlfahrer keine Chance.

Wer im Rollstuhl auf Kreuzfahrt gehen will, sollte sich daher ein Reisebüro suchen, das sich nicht nur auf Angaben der Reedereien verlässt, sondern sich selbst vor Ort ein Bild gemacht hat, bei Schiffsbesichtigungen oder mit Erfahrungsberichten von anderen gehbehinderten Kunden. Oft helfen Detailfotos vom Schiff weiter – ob selbst geschossen oder aus dem Internet.

Gibt es konkrete Empfehlungen? Häufig werden im Zusammenhang mit Behindertenreisen **AIDA**, **Royal Caribbean**, **Celebrity Cruises** und **Princess Cruises** genannt, mit denen es offenbar gute Erfahrungen gibt. Immer folgt aber auch der ausdrückliche Hinweis, die individuellen Anforderungen der Kunden genau mit der Reederei abzustimmen – und zumindest die unabdingbaren Voraussetzungen bei der Buchung schriftlich festzuhalten.

Seit Ende 2012 gilt die Fahrgastrechte-Verordnung der EU. Sie sieht unter anderem ein Verbot von Diskriminierung behinderter Menschen, einen Anspruch auf kostenlose Hilfe bei Ein- und Ausschiffung und eine Beförderungspflicht etwa für elektrische Rollstühle vor. Wer besondere Leistungen der Reederei in dieser Hinsicht in Anspruch nehmen will, sollte sich aber *immer* rechtzeitig mit der Reederei in Verbindung setzen – idealerweise gleich bei der Buchung. FN

FOTOS: CroisiEurope

Flussfahrten en famille ...

Während Hochseeschiffe immer größer werden, gibt es auf dem Fluss einen Trend zu ganz kleinen Einheiten: Péniche erschließen neue Reviere

Je kleiner das Schiff – desto größer die Vielfalt der Routen. Seit 2013 verfeinert der französische Flusskreuzfahrtenveranstalter CroisiEurope sein Angebot zwischen Rhein, Rhone, Saône und Marne mithilfe von Péniche. Die umgebauten Frachtschiffe sind mit maximal 24 Passagieren unterwegs und passen perfekt in die Schleusenkammern französischer Kanäle. Schon 1879 wurden diese kastenförmigen Kanalschiffe entwickelt, ursprünglich als reine Schleppschiffe ohne Aufbauten. Nur einen Stall gab es mittschiffs, für die Pferde, die das Gefährt stromaufwärts ziehen mussten. In den 1920er-Jahren wurden die Schiffe motorisiert und erhielten ein Steuerhaus sowie eine Wohnung auf dem Achterdeck.

Mit der **Jeanine** (Foto oben) startete 2013 die erste Péniche für CroisiEurope auf dem Rhein-Marne-Kanal. Der gedrungene Schiffskörper wurde entkernt und neu gestaltet: mit zwölf Doppelkabinen, Klimaanlage, Restaurant und einem Salon mit Bar. Auf dem Sonnendeck steht sogar ein Whirlpool zur Verfügung, und bordeigene Fahrräder gibt es auch. Im vergangenen Jahr erweiterte die französische Firma die Flotte um drei weitere, baugleiche Cruiser: **Madeleine**, **Anne-Marie** und **Raymonde**. Sie sind im Elsass, der Provence und der Champagne unterwegs. Wo für Flussschiffe die Reise endet, beginnt sie für die urigen Kanalschiffe: Auf der Saône geht es beispielsweise von Chalon-sur-Saône nordwärts zum Dijonsenf und über Kanäle bis nach Straßburg zum Rhein. Oder man entdeckt mit einer Péniche auf dem Kanal Saint-Martin Paris neu.

Die Familie Schmitter gründete den europäischen Marktführer für Flusskreuzfahrten vor 38 Jahren und führt ihn bis heute als Familienunternehmen. In Deutschland vertritt Anton Götten Reisen in Saarbrücken CroisiEurope (www.croisieurope.de).

Wer es noch familiärer möchte: Das kleinste deutsche Flussschiff, die **Serenité**, hat nur sechs Kabinen an Bord. Sie fährt 2015 allerdings ihre letzte Saison. PG

"MISEREOR wirkt. Weltweit. Das hat mich überzeugt."
Johannes Zurnieden
Geschäftsführer Phoenix Reisen
MISEREOR-Spender
Phoenix Reisen engagiert sich
für das Hilfswerk MISEREOR
Mehr Informationen finden Sie hier:
www.PhoenixReisen.com/Misereor
Lassen Sie sich überzeugen!
Mit Zorn und Zärtlichkeit an der Seite der Armen
MISEREOR
IHR HILFSWERK
Spendenkonto: "Misereor/Brot für die Welt" · Bank für Sozialwirtschaft, Köln
Konto 250, BLZ 370 205 00 · IBAN: DE15 3702 0500 0000 0002 50 · BIC: BFSWDE33XXX

Costa
Wie sagt man Urlaub auf Italienisch?
[Costa]
COSTA DIADEMA
Die italienische Art, die Welt zu entdecken.
Weitere Informationen und Buchung:
Im Reisebüro, telefonisch unter 040/570 12 13 14
oder auf www.costakreuzfahrten.de

FOTO: J. Bohmann; GRAFIK: C. Spring

Wohin die Reise geht

Die deutsche Kreuzfahrt boomt seit Jahren, sowohl auf hoher See als auch auf den Flüssen. Eine jährlich veröffentlichte Studie liefert die wichtigsten Zahlen

Seit 1993 dokumentiert der Deutsche Reise-Verband (DRV) die Entwicklung des deutschen Kreuzfahrtenmarkts. Alljährlich im März werden die Zahlen veröffentlicht. Nach Jahren ständiger Rekorde verbuchte 2013 ein Teilbereich erstmals ein Minus: Für die Flusskreuzfahrt war es mit Hochwasser, Streiks und politischen Unruhen in Ägypten ein schwieriges Jahr, das sich in geringeren Passagier- und Umsatzzahlen niederschlug. Der Hochseekreuzfahrtenmarkt hingegen konnte sich wieder steigern und nimmt mit 1,69 Millionen Gästen Anlauf, den britischen Markt zu überholen. Schon 2014 dürfte Deutschland die führende europäische Kreuzfahrtnation sein – und weltweite Nummer zwei nach den USA.

Spannend sind auch die Ergebnisse der Studie zum durchschnittlichen Reisepreis – er wurde 2013 auf einer neuen Basis berechnet und ist daher nicht mit den Vorjahren vergleichbar. Auch zu Trends bei den Destinationen gibt es Aussagen: Drei Viertel aller deutschen Kreuzfahrer bewegen sich in Europa, beliebteste Destination bleibt das Mittelmeer, gefolgt vom Nordland – das vermeintliche Traumziel Karibik schafft es nur auf acht Prozent. Und auf dem Fluss macht Vater Rhein der Spitzenreiterin Donau zunehmend Konkurrenz, während der Nil verliert. JB/PG

DRV-Marktzahlen im Überblick

	Hochsee	Fluss
Passagiere	1.686.746	406.614
Reisedauer in Tagen	8,7	7,2
Reisepreis in Euro*	1.492	1.025
Tagesrate in Euro*	171	142
Passagieralter in Jahren*	50,2	58,5

* Durchschnittswerte für das Jahr 2013

Destinationen Hochseekreuzfahrten

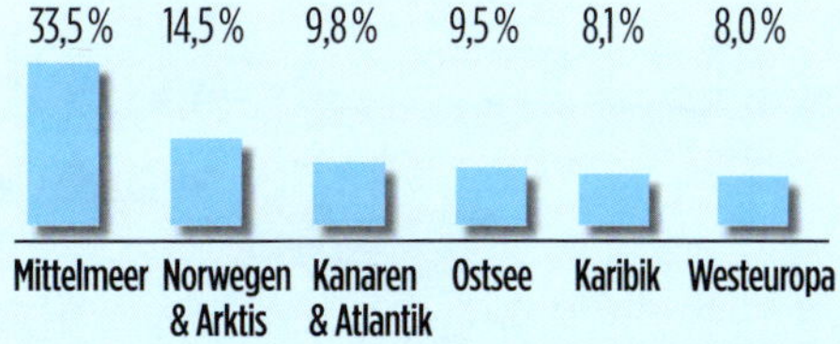

Destinationen Flusskreuzfahrten

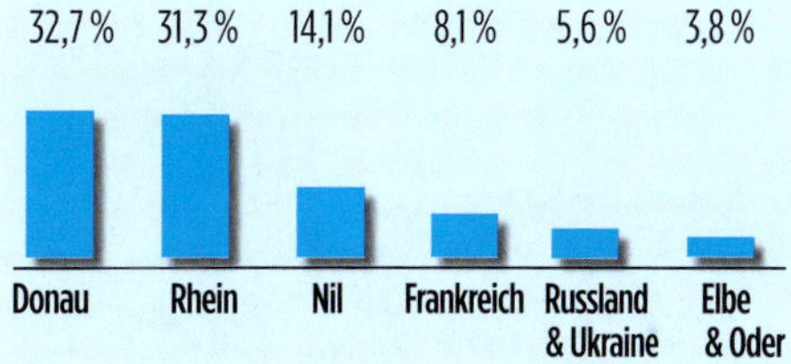

Bestes Info- und Entertainment: Norwegian Getaway

Bestes Sport- und Wellness-angebot: Mein Schiff 3

Bestes Schiff für Familien: Disney Fantasy

Beste Gastronomie: Europa 2

Bester Service: Europa 2

Bestes Routing: Hamburg

Flussschiff des Jahres: A-ROSA Silva

Grund zu feiern, jedes Jahr im November: Verleihung der Kreuzfahrt Guide Awards in Hamburg

Die Schiffe des Jahres

Es gibt nicht *das* beste Schiff – *die* besten Schiffe nach definierten Kriterien aber schon. Eine Expertenjury kürt sie jedes Jahr

Zum ersten Mal wurden sie 2008 im Rahmen der Internationalen Tourismus Börse in Berlin vergeben – und von der Presse gleich als „die deutschen Kreuzfahrt-Oscars" bezeichnet: die **Kreuzfahrt Guide Awards** für die besten Schiffe des Jahres. Sie werden seither alljährlich gekürt – von einer Expertenjury, einberufen von den Hauptautoren des Kreuzfahrt Guides. Diese Jury, im Jahr 2014 bestehend aus 34 namhaften Fachjournalisten und Kreuzfahrtprofis aus Deutschland, Österreich und der Schweiz, benennt in den vom Kreuzfahrt Guide bewerteten Kategorien sechs „Beste Seeschiffe des Jahres" und ein „Flussschiff des Jahres". In jeder Kategorie legt die Jury nach Auszählung aller Vorschläge zunächst jeweils vier Nominierungen vor. Aus diesem engeren Kandidatenkreis werden anschließend in geheimer Wahl die endgültigen Gewinner ermittelt – und in einer feierlichen Gala geehrt: Es ist die mittlerweile zur festen Tradition gewordene „Cruise Night" am Abend des jährlichen **Kreuzfahrt Kongresses** in Hamburg. Der Kongress, veranstaltet vom BELLEVUE and more Verlag und dem Management Forum, Frankfurt, widmet sich jedes Jahr im November aktuellen Trends und Themen des globalen Kreuzfahrtmarkts.

SCHIFFE DES JAHRES 2014
Kreuzfahrt GuideAward

Info: www.kreuzfahrtkongress.de

Von oben nach unten: Illusionarium der Norwegian Getaway, Wellnessbereich auf der Mein Schiff 3, Kinderspaß mit Micky & Co. auf der Disney Fantasy und das französische Restaurant Tarragon auf der Europa 2

Die Siegerschiffe 2014

Bestes Info- & Entertainment-Angebot

„In der Vielfalt und Qualität des Entertainments kaum zu übertreffen", so die Jury, sind die neuesten Schiffe der Norwegian Cruise Line. „Sie sind auch dieses Jahr im Mainstream-Segment tonangebend und haben eine neue Ära in der Bordunterhaltung von Kreuzfahrtschiffen eingeläutet." Siegerin in dieser Kategorie ist deshalb die **Norwegian Getaway** – und damit Nachfolgerin der fast baugleichen Schwester Norwegian Breakaway, die den Entertainment-Preis 2013 gewann. Ebenfalls nominiert waren: **AIDAstella** von AIDA Cruises, **Mein Schiff 3** von TUI Cruises und **Norwegian Epic** von Norwegian Cruise Line.

Bestes Sport- und Wellnessangebot

„Der erste 25-Meter-Pool an Bord eines Kreuzfahrtschiffs ist Argument genug." Doch auch alle anderen Sport- und Wellness-Features des Neubaus von TUI Cruises, von der riesigen Saunalandschaft über die Spa-Treatments bis zur Outdoor-Arena haben die Jury überzeugt: In dieser Kategorie gewinnt die **Mein Schiff 3**. Sie setzte sich gegen diese drei Mitnominierten durch: **AIDAstella** von AIDA Cruises, **Allure of the Seas** von Royal Caribbean und **Celebrity Silhouette** von Celebrity Cruises.

Bestes Schiff für Familien

Schon einmal, nämlich 2012, gewann die Disney Cruise Line diesen Award. 2014 setzte sie sich erneut durch – mit der **Disney Fantasy**. Denn: „Die Disney-Magiker haben die Nase vorn und bieten mehr als nur Mickymäuse für die Kleinen, sondern viel Fun für die ganze Familie." Die Mitnominierten, die sie auf die Plätze verwies, waren: **AIDAstella** von AIDA Cruises, **Costa Fascinosa** von Costa Crociere und **Mein Schiff 3** von TUI Cruises.

Beste Gastronomie

„In dem französischen Restaurant Tarragon würde ich gern wohnen – und Tag und Nacht schlemmen", begründete eine Jurorin ihre Wahl. Und ein anderer sagte: „Jedes, aber auch jedes Restaurant bietet Speisen und Getränke allererster Klasse – von der Currywurst bis zum Kaviar und vom Bier bis zum Champagner." Deshalb errang die **Europa 2** von Hapag-Lloyd Kreuzfahrten den Gastronomie-Award – gefolgt von diesen Mitnominierten: **Europa** von Hapag-Lloyd Kreuzfahrten, **Mein Schiff 3** von TUI Cruises und **Silver Spirit** von Silversea Cruises aus Monaco.

Bester Service

Doppelsieg für Hapag-Lloyds „Neue": Auch beim Service setzt sich die **Europa 2** durch. Unter anderem, weil sie „als neues Schiff auch nach einem Jahr noch neu ist – und durch Lässigkeit überzeugt, die aber keineswegs auf die Crew übergreift. Vielmehr steht die Crew dem Passagier geräuschlos und gekonnt mit Rat und Tat zur Seite – und weiß auch ansonsten, wann sie sich unsichtbar machen muss." Außerdem nominiert: **Europa** von Hapag-Lloyd, **Seabourn Odyssey** von der Seabourn Cruise Line, **SeaDream I** vom SeaDream Yacht Club.

Bestes Routing

Den kleinen Schiffen beschert der Preis für die größte Routenvielfalt ein Treppchen. Ganz oben steht 2014 die **Hamburg** von Plantours. „Abwechslungsreicher", so ein Jurymitglied, „geht's kaum: Die Hamburg bringt ihre Gäste ins Orinokodelta, zu den Großen Seen, nach Grönland, zu den Seychellen, auf die Azoren, und, und, und. Und in London wird sogar bis zur Tower Bridge gefahren." Mitbewerber um den Preis waren: die **Deutschland** von der Reederei Deilmann, die **Hanseatic** von Hapag-Lloyd und Silverseas **Silver Discoverer**.

Flussschiff des Jahres

„Familienkabinen auf dem Fluss, Suiten mit begehbarem Balkon – hierzulande immer noch eine Seltenheit –, dazu finnische Sauna, Dampfsauna, ein echter Außenpool ..." Argumente genug, so die Jury, die **A-ROSA Silva** zum Flussschiff des Jahres zu küren. Damit setzte sich sich durch gegenüber der **Amadeus Silver** von Lüftner Cruises, der Flottenschwester **A-ROSA Brava** und der **Excellence Royal** des Schweizer Reisebüros Mittelthurgau. ■

Von oben nach unten: Service auf der Europa 2, die Hamburg auf Weltreise, eine Suite auf der A-ROSA Silva. Unten: die Preisträger des vergangenen Jahres

OCEANIA CRUISES®
Your World. Your Way.®
Taste
ERSCHWINGLICHER LUXUS
Das Wesentliche am Geschmack ist der Wert ohne Kompromisse.
VISIT OCEANIACRUISES.COM
AFRIKA | ALASKA | ASIEN | AUSTRALIEN | KARBIK & PANAMAKANAL
EUROPA | KANADA & NEU ENGLAND | SÜDAMERIKA | SÜDSEE

Reportagen aus aller Welt

Reisen

Mein Schiff 3 – der Praxis-Check

Nach Taufe und Jungfernreise hat die Mein Schiff 3 von TUI Cruises nun Fahrt aufgenommen. Wie macht sich der erste Neubau der Hamburger Reederei in der Praxis?

VON UWE BAHN (TEXT & FOTOS)

Im Hafen
von Ajaccio
auf Korsika

Helles Highlight: der „Diamant" im Heck für den entspannten Rundumblick aufs Meer

Planschst du noch – oder schwimmst du schon? Wo andere bessere Badewannen haben, glänzt die Mein Schiff 3 mit Großzügigkeit: Erstaunliche 25 Meter lang ist der Pool. Darin können Passagiere richtig Kilometer kraulen. Zwölf Bahnen in dem Bassin, und man ist einmal der Länge nach die Mein Schiff 3 abgeschwommen. „Der schwappt über bei Seegang", mahnten die Statik-Skeptiker – und das passierte auch. Allerdings beim anderen, kleineren Pool, den die Mein Schiff 3 zusätzlich hat. Überdacht – für alle, die nicht nass werden wollen. Dass die Schwimmbecken allerdings an den metallischen Stellen schon Rost ansetzen, dürfte noch in die Garantiezeit der finnischen Werft fallen. Die Mein Schiff 3 wurde ja erst Mitte 2014 in Dienst gestellt ...

Aber zurück zum großen Becken. Schon morgens, kurz nach Sonnenaufgang, füllt es sich, und die Frühaufsteher ziehen ihre Bahnen. Die Mein Schiff 3 ist sportiv. Sogar Triathlon-Training ist – theoretisch – möglich. Der Jogging-Parcours hat die gefühlte Länge einer Sportplatzrunde. Damit es kein Hindernislauf über die Liegen wird, gelten feste Zeiten: sieben bis neun Uhr in der Früh und 19 bis 21 Uhr am Abend. Fehlt der Fahrradsport. Dafür gibt es die Biking-Touren an Land und eine „Trockenvariante" namens Indoor-Cycling. Bei schönem Wetter auch Outdoor-Cycling.

Denn dafür hat Mein Schiff 3 eine großzügige Fläche: „Arena" heißt der Multifunktionsplatz im Heck auf dem Oberdeck. Ein echtes Highlight für Volleyball, Basketball, Fußball – und eben auch für die Cycling-Kurse. Wer sich nicht bewegen will, kann dabei zuschauen und sich auf die große Tribüne setzen. Die ist beim Fernseh-Fußball meist prall gefüllt. Die Mein Schiff 3 hat ein Sky-Abo (auch für die Kabinen!), und so spielt Bayern gegen Dortmund nicht nur in München, sondern auch im Mittelmeer auf der LED-Wand. Dazu werden Bier, Sangria, Fanta, Sprite gereicht. Gratis, denn an Bord gilt „Premium alles inklusive". Ein Konzept, das den Umsatzdruck aus dem Bordleben genommen hat. Schon dadurch

Kein Planschbecken: der 25-Meter-Pool. Daneben: modernes Interieur und das Klanghaus

wirkt alles entspannter als auf anderen Schiffen dieser Größe. Ein großes Plus.

Der erste Neubau von TUI Cruises besticht durch viele Innovationen. Etwa den „Diamanten", wie die eigenwillige Designer-Idee im Heck des Schiffs heißt. Von außen sieht es aus, als sei Spider-Man betrunken gewesen. Von innen betrachtet, erkennt man jedoch eine gelungene Architektur. Lichtdurchflutet, wie ein gewaltiger eckiger Wintergarten. Nur nicht so kleinbürgerlich, sondern chillig, loungig, modern. Nirgends kommt man dem Meer näher, außer man fährt im Tenderboot. Hier sitzt man in der Café Lounge, muss allerdings die Kaffeespezialitäten zusätzlich bezahlen – ein paar Ausnahmen hat das Inklusiv-Konzept.

Zum Beispiel die „Feinschmecker-Meile": Auch sie kommt on top. Warum das Gourmetrestaurant dort wohl Richards heißt? Wurde es nach Keith Richards von den Rolling Stones benannt? Der hätte sich garantiert über die dressiert-devoten Kellner aufgeregt: „Ist alles zu Ihrer vollsten Zufriedenheit?", „Darf ich dem Herrn noch ein Glas Rotwein reichen?" Keith hätte ihn angeraunzt: „Gimme Selter!" Oder vielleicht eher Whiskey. Um die redundante Frage „War's recht?" ein für allemal zu klären: „Ja, war es!!!"

Im Steakhouse Surf & Turf nebenan ist der Clou: Der Gast darf sich aus einer Kollektion sein Steakmesser selbst aussuchen. Ob Wagyu-Entrecote oder Pommern-Filet – die Steaks sind delikat, die Bedienung leider auch dort einen Tick zu gekünstelt. Es geht auch anders, wie das Personal in der X-Lounge zeigt, der Exklusivzone für Suitengäste. Hier ist der Service natürlich, freundlich, perfekt.

Gastronomisch ist das Niveau hoch, auch im Atlantic, in dem mehrgängige Menüs serviert werden. Mag die Logistik aus Kommen und Gehen noch optimierbar sein – für ein stark frequentiertes Hauptrestaurant ist der Standard enorm. Auch die Buffet-Alternative Anckelmannsplatz wirkt stimmiger als auf den beiden TUI-Schwesterschiffen. Und sie hat einen Hotspot angegliedert: die Backstube. ►

Im Surf & Turf, daneben: Public Viewing in der Arena. Unten: Bikemanager Felix und Apilak

Was dort aus dem Ofen kommt, bekommen andere auf dem Festland nicht gebacken. Voran das Krustenbrot, das stets frisch dampfend zum Verzehr bereitliegt.

Was uns zu Brot und Spielen bringt: Das Info- und Entertainment hat seine Stärken in der Vielfalt und Kleinteiligkeit. Nur Schritte von der Shopping-Meile Neuer Wall entfernt ist das Klanghaus, eine Kultur-Oase für klassische Konzerte, Lesungen, Comedy. Ein Streichquartett gibt gerade den Ungarischen Tanz Nr. 5 von Johannes Brahms. Lägen wir in Hamburg – die Hansestadt hätte tatsächlich eine funktionstüchtige Elbphilharmonie.

Immerhin 300 Quadratmeter Schiffsfläche spendiert TUI Cruises außerdem der Bildung: Das Museum Meerleben mit Exponaten und Informationen zum Lebensraum Ozean ist eine großartige Idee. In einer Vitrine steht sogar das Modell eines Blauwals, das gibt's auf keinem Schiff. Eher enttäuschend dagegen das Theater, das wie eine bauliche Fehlplanung wirkt: Ein Viertel der Plätze ist sichtbehindert. Entweder versperrt eine Säule oder ein zu tiefer Balkon den Blick auf die Bühne. Dort stehen Shows wie „Blue Elements" oder „Rock the Boat" im Programm. Die Inszenierungen mögen aufwendig sein, die Qualität der Produktionen von Norwegian Cruise Line oder Royal Caribbean erreichen sie nicht. Dann lieber Open-Air-Kino in der Arena, die auch fürs Entertainment das Pfund an Bord sein kann.

Und zum Schluss: unsere „Mitarbeiter des Monats" auf diesem Schiff. Zwei Crew-Mitglieder sollen an dieser Stelle ein persönliches Lob erhalten, sie haben es verdient: Aus dem Spa-Bereich ist es die Asiatin Apilak für ihre Thai-Ölmassage. 60 Minuten „magic hands" – ganz großartig! Und der zweite ist Felix, der Bikemanager. Eine Radtour durch Siziliens quirlige Stadt Catania – hardcore! Straßenverkehrsordnung? Gibt es nicht. Wer hupt, hat Vorfahrt. Aber Felix lotst die Radler-Gruppe souverän durch das Hupkonzert. Einer Karriere als sizilianischer Verkehrspolizist steht nichts im Weg. Great Job! ■

MS EUROPA 2
DIE GROSSE FREIHEIT:
Flexibel wie eine Yacht.
Entspannt wie ein Resort.
Jetzt Katalog anfordern!
Die neue EUROPA 2 vereint Exklusivität und höchstes Niveau mit einer modernen und legeren Atmosphäre. Exzellent ausgestattete Suiten für jeden Anspruch, ein großes Fitness- und Wellnessangebot, abwechslungsreiche kulinarische Genussmomente in sieben Restaurants und vielfältiges Entertainment – das alles erwartet Sie an Bord der EUROPA 2. Genießen Sie die große Freiheit.
Hapag-Lloyd
Kreuzfahrten
Mehr im Reisebüro • 0800 2255556 (gebührenfrei)
www.hl-kreuzfahrten.de

Ahoi, Alaska!

Für den echten Entdecker: Der 7-Tage-Törn „Alaskan Explorer" mit der Holland America Line hält so manches Abenteuer bereit. Geplante und … ungeplante

VON JENS FRITZENWALDER (TEXT & FOTOS)

Willkommen an Bord! Auf dem Achterdeck werden kühle Drinks serviert

Nein, so etwas habe sie noch nie erlebt. Und Gisela Gere hat schon viel gesehen, besonders was Kreuzfahrten angeht. „Das ist das erste Mal in all unseren Jahren, dass das Schiff umkehren muss", erzählt die gebürtige Kielerin vergnügt. „Aber die Crew hat das souverän gemacht, Sicherheit geht eben vor", fügt sie noch hinzu. Für sie und ihren Mann sind die Schiffe der Holland America Line ein zweites, ein schwimmendes Zuhause. Über 1.500 Nächte – das sind stolze vier Jahre – verbrachten die beiden schon auf hoher See, im Winter meistens in der Karibik, im Sommer in Alaska. Den Törn mit der Westerdam machen sie gerade zum vierten Mal hintereinander. Und auf weitere vier Male freuen sie sich schon. Wenn da mal was schiefgeht, dann holt man es eben später einmal nach.

Mein erstes und vorerst auch einziges Mal beginnt also mit ... dem Ende. Einem vorläufigen, wie sich herausstellen wird. Gerade haben wir bei bestem Wetter den Starthafen Seattle verlassen, schleichen bei langsamer Fahrt durch den Puget Sound, da knarzt eine Stimme durch das bordeigene Lautsprechersystem. „Ladies and Gentlemen, this is your Captain speaking. Wir haben ein Feuer im Maschinenraum." Ich sehe mich um, weder Rauch noch Titanic-Stimmung machen sich breit, alles bleibt ruhig, das Schiff dümpelt dahin. Nach ein paar weiteren Ansagen dann die Gewissheit: Alles auf Anfang, auf Anweisung der US Coast Guard geht es retour nach Seattle – und dort bleiben wir über Nacht.

Am nächsten Morgen sind wir alle reicher – aber auch um eine mögliche Erfahrung ärmer: Die Reederei spendiert allen Teilnehmern 250 Dollar auf das Bordkonto, streicht allerdings aus Zeitgründen Sitka aus dem Programm. Für Mrs. Gere kein Problem, sie war schon unzählige Male in jenem pittoresken Dorf mit den Ausmaßen einer Metropole, in dem sich vor gut 150 Jahren ein legendäres Immobiliengeschäft vollzog: 1867 verkauften die Russen Nowoarchangelsk, wie Sitka damals noch hieß, an die Amerikaner – zusammen mit dem Rest von Alaska. Für 7,2 Millionen Dollar. Noch heute zeugen diverse Bauten von der russischen Vergangenheit.

Aber berichten wir über Dinge, die ich tatsächlich zu sehen bekomme. Angefangen beim Schiff. 2004 in Dienst gestellt, kreuzt die Westerdam bei Holland America in der Vista-Klasse. Knapp 80 Prozent der Unterkünfte sind Außenkabinen, davon die meisten mit Balkon. Ungefähr 800 Besatzungsmit- ►

Auslaufen aus Seattle bei Kaiserwetter und mit Prachtblick auf die Skyline der Westcoast-Metropole. Hier startet und endet die Alaska-Cruise der Westerdam jede Woche

glieder kümmern sich um die 2.000 Gäste. Es gibt zwei Pools, einer davon – in Alaska ein echtes Plus – mit gläsernem Schiebedach. Es gibt fünf Restaurants, ein Casino, eine bestens sortierte Bibliothek mit Rundumblick und ...

Nein, keine Zahlen mehr. Man muss alles nach und nach erleben – nicht leicht, bei nur sieben Tagen Cruise. Aber nicht umsonst heißt das Motto „Explore"! Für mich bedeutet das an Tag eins: Ich lerne Brad und Emelie kennen,

FOTO: Corbis/J. Miller

Weißkopf-Seeadler: das Wappentier der USA

die beiden Fitness-Trainer. „Drei bis sechs Kilo nimmt der Gast im Schnitt zu – in einer Woche." Mit leicht diabolischem Grinsen präsentiert Brad diese bestürzenden Werte – und merkt meinen Namen für den umfangreichen „InBody-Test" am nächsten Tag vor. Drei! Bis! Sechs! Kilo!!! Kurz kokettiere ich damit, meine Dinner-Reservierung zu canceln. Kurz.

Garant für frühes Aufstehen ist entweder ein Wecker –oder das vorzügliche Mahl am Abend zuvor im Pinnacle Grill, für das meine beiden „Wohlfühl-Offiziere", Hoteldirektor Lewis und Food & Beverages-Chef Tanner, verantwortlich waren: Wer sich in die Obhut dieser beiden Herren begeben darf, dem widerfährt Exquisites. Als da waren: 18 Ounces (maßvolle 450 Gramm!) Rib-Eye-Steak, flankiert von unzähligen Beilagen und einem hervorragenden kalifornischen Syrah. Serviert übrigens auf Tellern von Bulgari und in Gläsern von Riedel. Am Service liegt es also nicht, dass ich schon um 4.18 Uhr Ortszeit hellwach

Der Mendenhall Glacier aus der Adlerperspektive. Daneben Morgenstimmung an Bord, gute Laune trotz schlechten Wetters – und jede Menge Ausflugsangebote in Juneau, Alaska

bin. Das Schiff hingegen schläft noch im spiegelglatten Wasser. Ein Wal schwimmt langsam vorbei. Die aufgehende Sonne versucht durch die Nebelbänke zu dringen. Steuerbords ein Stück Küste: schroffe, steil aufragende Felswände, teils begrünt, teils mit einer Mütze aus Schnee. Ein faszinierendes Panorama.

Und dann ist es offiziell: Kapitän Rens van Eerten kündigt einen Traumtag an. Stahlblauer Himmel, ein paar Wolken, spiegelglatte See. Langsam lässt er sich die Westerdam um die eigene Achse drehen. Auf dem Bug bringen die Gletscher-Fans ihre Kameras in Stellung, langsam schiebt sich einer der imposantesten Brocken der nördlichen Hemisphäre ins Bild: der Margerie Glacier in voller Pracht. Inzwischen muss die Temperatur 20 Grad betragen. Plus, wohlgemerkt. Die Ersten stehen schon im Bikini an der Reling. Oder tauchen ihr Rückentattoo in den Außen-Whirlpool.

Aber schon am nächsten Tag ist es wieder vorbei. „Wahrscheinlich der kälteste Alaska-Sommer, den wir je erlebt haben", resümiert Mrs. Gere und zieht sich zum Lesen in die Neptun-Lounge zurück. Die nächsten Häfen, Juneau und Ketchikan, grüßen Grau in Grau und mit viel Regen. Und das, wo ich für beide Exkursionen per Wasserflugzeug gebucht habe. Doch die schlechte Laune verfliegt im wahrsten Sinn des Wortes. Alaska aus der Luft ist ähnlich spektakulär wie von der Wasserseite. Sowohl der „Taku Glacier Day Lodge"-Trip als auch das „Exclusive Mountaintop Flightseeing & Crab Feast" sind auch bei Niederschlag ein Erlebnis. Mit lustigen Sprüchen, gekonnten Flugeinlagen und zur Königskrabben-Orgie morgens um zehn dem ersten Bier ... in Sachen Entertainment kann man den Amerikanern einfach nichts vormachen. Auch an Bord nicht: Nicht weniger als 60 „Activities" werden im Tagesprogramm ausgelobt, vom Rückenschmerz-Seminar für Anfänger über Kunstauktionen bis zu Shopping-Aktionen auf dem Pool-Deck. ►

Cruise Director Michael Headla, daneben die „Wohlfühl-Offiziere“ Lewis und Tanner – und über ihnen Beispiele gelebter Dresscode-Vielfalt, am Pool wie beim „Fourth of July“-Buffet

Und wenn dann noch „Forth of July“ ist, der amerikanische Nationalfeiertag, dann legt man sich noch mal extra ins Zeug, sowohl was Speis und Trank angeht als auch beim Outfit. Der Hohepriester dieses geballten Programms ist Cruise Director Michael Headla, ein Mann mit Stehvermögen. Morgens um sechs geht er per Radioansprache auf Sendung, abends um neun lädt er zur „Line Dance Party“, und später kann man ihn noch auf einen Drink treffen.

Ich will wissen, wer sich für diese Kreuzfahrt entscheidet und warum? „Ganz einfach: Alaska delivers!“, antwortet er knapp. Heißt? „Für viele ist dies die ideale Einstiegs-Cruise, weil einfach alle Erwartungen erfüllt werden. Die Leute wollen die Gletscher sehen, die ursprüngliche Natur, die wilden Tiere und ... sie werden nicht enttäuscht.“

Stimmt. Ich habe auf einem Baum mehr Seeadler gesehen, als Schleswig-Holstein insgesamt hat. Und bevor ich schweren Herzens, aber leichten Ganges von Bord gehe, attestiert mir Brads „InBody-Test“ nur ein Plus von einem Kilo. Auch Ehepaar Gere geht an Land. Für wenige Stunden aber nur, dann geht's erneut los. Diesmal mit Sitka im Programm. Und, so Neptun will, ohne Probleme im Maschinenraum. ■

ALASKA MIT DEM SCHIFF

Die **Westerdam** (s. auch S. 211) ist eines von mehreren Holland-America-Schiffen, die jedes Jahr in Alaska kreuzen. 2015 wird sie u. a. von den Geschwistern **Oosterdam**, **Noordam**, **Zaandam** und **Statendam** unterstützt. Damit ist Holland America einer der Big Player vor Ort. Die anderen sind **Princess**, **Celebrity** und die **Norwegian Cruise Line**. Aber auch auf kleineren Schiffen wie Silver Shadow, Seven Seas Navigator oder L'Austral von Ponant kann man das Land der Gletscher 2015 erkunden.

Alaska-Cruises werden schon ab Ende März und bis in den September angeboten. Die beste Zeit dafür sind jedoch die Sommermonate Juni und Juli.

Mein Schiff.
„Mein Schiff lädt mich ein.
Jeden Tag."
PREMIUM
ALLES INKLUSIVE
Ohne Aufpreis
▪ Über 100 Markengetränke
▪ Spitzengastronomie
▪ Service am Platz
▪ Genießen rund um die Uhr
▪ Sauna und Fitness
▪ Entertainment
▪ Kinderbetreuung
Mehr unter tuicruises.com/pai
Mein Schiff sorgt dafür, dass Ihr Urlaub nicht nur besonders, sondern einzigartig wird. Genießen Sie persönlichen Service und Premium Alles Inklusive an Bord – rund um die Uhr ohne Extrakosten. Auf all unseren Routen. Wann entdecken Sie, was Wohlfühlen wirklich bedeutet?
Mehr unter www.tuicruises.com oder in Ihrem Reisebüro.
Mein Schiff
Mein Schiff. Wohlfühlen
TUI Cruises GmbH · Anckelmannsplatz 1 · 20537 Hamburg
TUI Cruises

„It's all in"

„All inclusive" kann vieles bedeuten. Bei Regent Seven Seas heißt es: Bis hin zu den Ausflügen ist tatsächlich so gut wie alles im Preis inkludiert. Eine Verwöhnwoche auf der Seven Seas Mariner

VON JOHANNES BOHMANN

(TEXT & FOTOS)

Abschied der Crew: Paul Reynolds (vordere Reihe rechts) und sein Team werden gefeiert

Mit Debbie und Bruce aus Baltimore, mit Chris und Julie aus Rochester, mit Wilma aus St. Louis, selbst mit dem knurrigen Harry aus Alabama war ich gleich verbündet. Über das gemeinsame Laster, ich geb's ja zu: die Glimmstängel. Denn weil auf den Kabinenbalkonen der Seven Seas Mariner das Rauchen, wie bei den meisten US-Reedereien, verboten ist, bleiben nur die Zigarren-Lounge oder ein Spaziergang an Land. Oder die Raucherecke auf dem Pooldeck, wo ich Debbie, Harry & Co. kennen lerne – und im Handumdrehen Mitglied einer fröhlichen Truppe bin. Schon vor dem ersten Abendessen bin ich eingeladen, morgen bei der „Trivia Time" mitzumachen, dem Quiz im Horizon Club. In Teams raten wir da, wie die Hauptstadt von Paraguay heißt, was die Währung der Seychellen ist ... und aus welchem Shakespeare-Stück das Zitat „Wahre Liebe verläuft nie reibungslos" stammt. Klar, „Romeo und Julia"! Nein: „Sommernachtstraum". Trotzdem holt Team Debbie mit 11 von 15 möglichen Punkten noch Platz zwei.

In Civitavecchia, dem Hafen Roms, bin ich eingestiegen, zur Halbzeit einer zweiwöchigen, „Mediterranean Crossroads" betitelten Reise, die von Athen bis Barcelona quer durchs Mittelmeer führt – und offenbar bin ich der einzige, dazu alleinreisende Deutsche an Bord. Ein Handicap? Mitnichten! Zum einen, weil die amerikanischen, australischen und britischen Gäste, die dieses Schiff hauptsächlich bevölkern, jedem Newcomer binnen kürzester Zeit das Gefühl geben, er wäre schon immer hier gewesen – und das nicht nur in der „Smokers Gang", wie Harry uns nennt. Nein, sie sind uns steiferen Teutonen da einfach voraus, die Angelsachsen. Wie auch die Crew: Wie sie dafür sorgt, dass das Miteinander auf diesem Schiff funktioniert – es ist schlicht famos.

Sie stammt, wie auf allen Cruiselinern dieser Welt, aus aller Herren Länder: Kapitän Teo Srdelic etwa ist Kroate, Chefkoch Aurelien Dumeylet Franzose, Cruise Director Paul Reynolds Engländer – ein Vollprofi, der auch am Broadway auf jeder Bühne stehen könn- ►

Mondänes Ausflugsziel an der Côte d'Azur: die Fondation Rothschild in Villefranche. Mit seinen herrlichen Gärten gilt das Anwesen als eines der schönsten in Südfrankreich

te. Wie die anderen verbindet er eine bewundernswerte Lässigkeit mit verblüffender Perfektion – die amerikanische Schule eben. Zu der aber auch der Humor gehört: Wenn etwa Andreas Kontogeorgios (nomen est omen!) sich als Purser vorstellt mit den Worten „I'm from Greece, I deal with money", dann hat er natürlich alle Lacher auf seiner Seite.

Abends an Deck: Lichtspiele am Pool

Aber noch etwas trägt zum Wohlbefinden der Gäste zweifellos bei: Kreuzfahrten mit Regent Seven Seas sind keine „all-inclusive"-Reisen – sie sind, wie es im Katalog heißt, „The Most Inclusive Luxury Experience". Will heißen: Nicht nur alle Drinks und die Menüs in den Gourmetrestaurants, auch fast alle Ausflüge sind im Reisepreis inkludiert. Und mehr noch: Sogar ein persönliches Bordguthaben für den Shop, für ein Spa-Treatment oder einfach nur für die Erinnerungs-DVD zum Reiseende gibt's gratis dazu. „It's all in!" – das ist die Auskunft, die man fast immer erhält, wenn man fragt, was es denn koste. Und die Formel, so Cruise Consultant Michael Coleman stolz, die dafür sorge, dass Regent-Kreuzfahrten oft zu zwei Dritteln von Stammgästen gebucht werden – und fast immer ausgebucht sind.

Was, zu meinem anfänglichen Erstaunen, auch für die Ausflüge gilt: 700 Passagiere sind

Vicenzo erklärt uns Pisa, Brigitte die Provence. Oben Norman Fosters Spiegeldach am Hafen von Marseille. Rechts der Turm von Pisa, der tatsächlich furchterregend schief steht

an Bord – und nach meiner groben, beim morgendlichen Aufrufen der Busgruppen im Theater vorgenommenen Schätzung nehmen in Livorno, meinem ersten Hafen, mindestens 650 teil! Klar doch, „it's all in" – also wird man es auch nicht verpassen.

Zumal die Bandbreite erstaunlich ist: Neun Exkursionen stehen in Livorno zur Wahl, 21 Busse stehen dafür bereit. Und so bricht das fast komplette Schiff auf nach Florenz, Siena, San Gimignano, Pisa, Lucca ... Livorno ist das Tor zur Toskana. Ich entscheide mich für die halbtägige Pisa-Tour – und habe Glück nicht nur mit schönstem Sommerwetter, sondern auch mit Vicenzo, dem exzellenten Guide. Er führt uns zum Dom und seinem Turm, der tatsächlich so schief steht, dass man um ihn fürchten möchte. Und beschert uns im Baptisterium neben dem Dom ein magisches Erlebnis: Für unsere Gruppe lässt er alle Türen schließen – und drei junge Männer beginnen einen Gesang, der im Mauerrund hinaufsteigt und sich in Echos vervielfältigt, als sänge ein ganzer Chor. Noch Tage später werden die, die dabei sind, von diesem Zauber schwärmen.

Überhaupt, die Guides auf dieser Reise. Anneliese in Monaco etwa: nein, keine Französin – sie ist aus Vorarlberg. In herrlichem „Alpine English", wie sie das nennt, erzählt sie von den Rothschilds, deren Palast wir in Villefranche besuchen, von den abstrusen Amouren König Leopolds von Belgien, von dessen Mätresse „Tres Belle". Egal, was davon stimmt – man schüttelt sich vor Lachen. Oder Brigitte in Aix-en-Provence, die flugs ins Spanische wechselt, als sie hört, dass Gäste aus Costa Rica unter uns sind. Und die in Marseille über Zidanes Kindheit oder über Norman Fosters überspiegelte Bushaltestelle mehr erzählt als über den Hafen oder die unvermeidliche ►

Verwöhnschiff für 700 Passagiere: gläserne Aufzüge im Atrium, gedeckter Tisch auf einem Balkon, die Köche beim Barbecue an Deck. Oben: die Seven Seas Mariner in Barcelona

Wallfahrtskirche auf dem Berg. Auch sie begeistert ihre Gäste mit Witz und Charme.

Doch zurück aufs Schiff – und zu den dort zelebrierten Gaumenfreuden. Im Prime 7 gibt Maître Archimedes mir einen Tisch am Fenster, durch das ich in den Sonnenuntergang blicke (Alleinreisen kann wunderbar sein!) – und ein butterzartes Steak vom Angus-Rind verzehre, das freilich so groß ist, dass ich einen Grappa als Digestif benötige. Keine Gnade jedoch: Auch der ist King Size! Typisch amerikanisch? Im Signatures, dem französischen Gourmettempel, bin ich anderntags wieder in Europa: in fröhlicher Runde, darunter, siehe da, ein Paar aus Österreich. Aurelien, der Chefkoch, begrüßt alle persönlich und legt uns den Heilbutt in Pistazienkruste und die Foie Gras ans Herz – mit Petersilie, Mandeln, einem Stück Graubrot ... das geht ohne Grappa.

Und die Zigarette danach? Nein, die entfällt heute: Im Theater beginnt die Abschieds-Show der Crew, die zu verpassen nicht sein darf. Tatsächlich: all in! Der Saal ist voll bis auf den letzten Platz. Und man spürt es heraus: Sie fühlen sich pudelwohl. Viele von ihnen werden sicher einmal wiederkommen. ■

REGENT SEVEN SEAS CRUISES

Die US-Reederei, manchen noch bekannt als **Radisson Seven Seas Cruises**, hat ihren Sitz in Miami und ist seit 2014 im Besitz der **Norwegian Cruise Line.** Ihre Schiffe **Seven Seas Mariner** (Foto; Baujahr 2001) und **Seven Seas Voyager** (2003) haben Platz für je 700 Passagiere; die **Seven Seas Navigator** (1999) befördert 510 Gäste. 2016 soll ein lang erwarteter Neubau die Flotte erweitern: die 450 Miillionen Dollar teure **Seven Seas Explorer.**

Fünf von der Crew –
und Eigner Hermann
Ebel in der Mitte

Das Küken der Crew: Kadettin Nicoletta aus Rumänien bei der Arbeit in den Wanten

Crew only!

Auf der Oasis of the Seas sind es über 2.000, auf der Sea Cloud gerade mal 60. Und diese Besatzungsmitglieder sind etwas ganz Besonderes

VON UWE BAHN (TEXT & FOTOS)

Die Sea Cloud hat kein Theater. Keinen Wellnessbereich, keine Diskothek und auch keinen Kidsclub. Dafür hat sie etwas anderes: Segel. Alle sind von Hand gesetzt. Über 3.000 Quadratmeter hängen an den vier Masten der Bark.

Und die Sea Cloud hat noch etwas ganz Besonderes: eine lange Tradition. Bereits 1931 wurde sie in der Germaniawerft in Kiel gebaut. Damals hieß sie **Hussar II** und war ein Hochzeitsgeschenk des amerikanischen Börsenmaklers Edward Hutton an seine Gattin. Die Dame, Marjorie Merriweather Post, war selbst Unternehmerin – und eine der reichsten Frauen Amerikas. Mit dem nötigen Kleingeld putzte sie das Schiff zur luxuriösesten Yacht der damaligen Zeit heraus.

Vier Jahre später – nach der Scheidung – hieß die Viermastbark dann zum ersten Mal Sea Cloud. Im Zweiten Weltkrieg bekämpfte sie um- und aufgerüstet feindliche U-Boote im Atlantik, dann kaufte sie der dominikanische Diktator Rafael Trujillo. Danach fuhr sie Chartertouren, ehe sie in Colón an der Küste Panamas vor sich hin rottete. Ein Konsortium Hamburger Kaufleute rettete die Segelyacht schließlich vor dem Schiffsfriedhof. Einer von ihnen, Hermann Ebel, führt seit 1994 die Reederei Sea Cloud Cruises.

Auch ein Stück – höchst lebendiger – Geschichte ist, wer zu den 60 auserwählten Besatzungsmitgliedern der Sea Cloud gehört. Um fünf von ihnen soll es hier gehen. Diese Story ist nur über sie – Crew only! ►

Sie sind immer für die Gäste da: Hausdame Katja Knopp und Hotelmanager Simon Kwinta

Simon Kwinta, Hotelmanager: Der Pole aus Krakau ist selbst eine Legende. 30 Jahre segelt er nun auf „seiner" Sea Cloud. Eine Ehe für die Ewigkeit, wie er selbst meint: „Niemals im Leben werde ich auf einem anderen Schiff arbeiten." Und mit 66 ist noch lange nicht Schluss. Simon ist die Seele der Sea Cloud. Sechs Monate nonstop an Bord, dann ein Monat frei. Das ist sein Arbeitsrhythmus.

Infotainment à la Patty Witzigmann

Welches ist der Lieblingsplatz auf dieser Karibiktour? „An Deck." An einem Seetag wie diesem unter vollen Segeln, das ist Simons Welt. „Kein Stress im Hafen mit den Ausflügen", erzählt er und bindet sich die Schürze vor den gepflegten Bauch. Buffet auf dem Lidodeck. Ein kurzer Check: Beim Obstsalat fehlt eine Gabel. Dann das Zeichen an die Bardame: „Ring the bell!" Mittagessen. Der nächste Tag, Chatham Bay, auf der kleinen Grenadinen-Insel Union Island. Beach-Barbecue, Steeldrum-Klänge schallen durch die Bucht. Eine Band mit Rastazöpfen spielt „Islands in the Sun". An der Gitarre: Simon Kwinta! Die Karibik-Combo hat er selbst gecastet, vor Jahren hat er sie in einer Bar auf der Insel kennengelernt. Und nun jammt Simon mit ihnen, immer wenn die Sea Cloud vor Union Island auf Reede liegt.

Nicoletta Sarghe, Kadettin: Sie ist das Kreuzfahrtküken auf dem Schiff, gerade mal

Originale aus Bozen und Berlin: Souschef Georg Niedermayer und „CD" Patty Witzigmann

zarte 22 Jahre alt. Und sie hat den vielleicht härtesten Job an Bord – 54 Meter über dem Meeresspiegel! Gesichert wie Reinhold Messner am Nanga Parbat, klettert die Kadettin den Großmast hinauf. Ein Segelmanöver steht an. Rau ist der Umgangston der männlichen Matrosen in solch einem Moment. Doch Nicoletta pariert das locker.

Sechs Monate macht Nicoletta ein Praktikum auf der Sea Cloud, sonst studiert sie Navigation in ihrer Heimat Rumänien. Geboren ist sie in Konstanza am Schwarzen Meer. Das Meer hat sie sozialisiert – kein Wunder, dass dort später ihr berufliches Zuhause sein soll: „Ich möchte Kapitänin werden. Am liebsten auf der Sea Cloud!" Das kann noch etwas dauern. Immerhin auf dem Zodiac ist sie schon mal Staff Captain zur Probe. Mit dem Schlauchboot shuttelt sie die Passagiere rund um die Sea Cloud für das Fotoshooting. Das Schiff fährt unter vollen Segeln vor Guadeloupe. Es gibt schlechtere Praktika.

Georg Niedermayer, Souschef: Wer aus Bozen in Südtirol kommt, für den ist es ein weiter Weg auf die Sea Cloud. Georg Niedermayer hat den Umweg über die Donau genommen. Dort hat er auf Flussschiffen gekocht. Und gelernt, wie es ist, auf engstem Raum Speisen zu kreieren. Auf der Sea Cloud arbeiten sie zu siebt in der Küche, fünf servieren, zwei weitere stehen an der Bar.

In Barbados ist Loading, dort werden die Waren für die Karibikkreuzfahrt gecheckt und gebunkert. Manchem Fisch hätte Küchenchef Maik durchaus etwas mehr Aufmerksamkeit schenken können. Jedenfalls gehören Red Snapper & Co. in dieser Woche nicht zu den Sternstunden. Wenn der Captain Segel setzen lässt, dann wird es schwer für Georg Niedermayer und seine Kollegen. Die Schieflage der Sea Cloud lässt keine Bouillabaisse zu. „Bei starkem Seegang müssen wir jeden Topf in der Küche sichern", erzählt der Souschef. ►

Das Karibikparadies Îles des Saintes bei Guadeloupe, rechts daneben Landgangsende in Dominica. Unten links: We're jammin' – Hotelmanager Simon Kwinta mit Band

Patricia Witzigmann, Cruise Director: Na ja, *offiziell* ist „Patty" Kreuzfahrtdirektorin, inoffiziell ist sie schlicht: ein Schatz. Mal schlüpft sie in die Rolle der schmerzfreien Piratenbraut, mal erzählt sie die Geschichte der Sea Cloud im Kostüm von Marjorie Merriweather Post, der legendären ersten Eignerin. Patty *ist* das Lektorat, Patty *ist* das Entertainment. Ein Glücksfall für das Schiff, dass sie für beides den umfassenden Background hat: Nach dem Schauspielunterricht studierte sie Theaterwissenschaften, Literaturwissenschaften und Anglistik an der Freien Universität in Berlin, ihrer Heimatstadt. Die Bühne ist ihr Element, aber auch das Walkie-Talkie, mit dem sie gerade den Landgang auf Dominica koordiniert.

Auf einem kleinen Schiff wie der Sea Cloud sind solche Allroundtalente von unschätzbarem Wert. Das wissen auch andere Reedereien, die Patricia Witzigmann buchen. Viele der Passagiere sind wegen Patty hier. Denn sie war neulich mit einer Sea-Cloud-Roadshow in Deutschland unterwegs. Da haben die Leute gleich danach gebucht. Wie gesagt: ein Glücksfall.

Katja Knopp, Hausdame: „Executive Housekeeping" ist die offizielle Bezeichnung ihrer Position. Will sagen: Um die Kabinen 1 bis 4 kümmert sie sich höchstpersönlich: Das sind die großzügigen Luxussuiten des Schiffs. In einer wohnt auf dieser Tour Hermann Ebel, der Eigner – da sollte jeder Handgriff des Housekeepings stimmen. Katja Knopp kommt aus Rostock, hat 2008 als Kabinenstewardess begonnen und ist nun die verantwortliche Hausdame. Was auf einem Schiff immer komisch klingt. Sechs Filipinos sind in ihrem Team, drei für die Kabinen und öffentlichen Räume, drei für die Wäscherei. Um zwölf Uhr mittags ist die tägliche Deadline, da müssen alle Kabinen hergerichtet sein. Dann setzt sich Katja mit einem Buch in die kleine Ecke am Vordeck der Sea Cloud und liest. Ungestört. Der Bereich ist „Crew only". ■

Jeder Fluss mündet ins Meer. Meine Reise mündet in Begeisterung.
Pulsierende Metropolen, zauberhafte Naturschauspiele und jeden Tag eine neue Stadt: Buchen Sie jetzt Ihre Kreuzfahrt mit A-ROSA und reisen Sie mit dem Tarif SELECT Premium alles inklusive entlang der schönsten Flussufer Europas. Einen kleinen Vorgeschmack finden Sie in unserem neuen Katalog.
Buchen Sie jetzt in Ihrem Reisebüro oder bei A-ROSA unter Tel. 0381-202 6014 oder auf www.a-rosa.de.
aROSA
Schöne Zeit
KREUZFAHRTEN 2015
AUF
Donau – Rhein/Main/Mosel – Rhône/Saône
Jetzt den neuen A-ROSA Katalog 2015 anfordern.
A-ROSA Flussschiff GmbH, Loggerweg 5, D-18055 Rostock
aROSA
Schöne Zeit

Kiss Kruise – das (B)Logbuch

Sie waren einst der Elternschreck: KISS, furchterregend geschminkt und eine der lautesten Rockgruppen der Welt. Seit drei Jahren fahren die US-Rockveteranen mit ihren Fans zur See. Wir waren dabei

VON UWE BAHN (TEXT & FOTOS)

„Sail Away"-Konzert auf dem Pool-Deck. Noch sind sie ungeschminkt – und spielen „unplugged"

Detroit Rock City" dröhnt durch den Cruise-Terminal. Aber hier ist nicht Detroit, hier ist Miami. Und hier in Florida beginnt der Wahnsinn, der einen Namen hat: „The KISS Kruise". „Rock City", das ist für fünf Tage die Norwegian Pearl. Um unseren Hals baumelt der Pass von der „KISS Navy". Darauf steht „Sailor" – was so viel heißt wie „Greenhorn". Die schon einmal dabei waren, tragen den „Officer"-Pass. Wer „Lieutenant" ist, hat noch keine KISS Kruise verpasst. Über 1.000 „Neue" fahren mit, sogar 75 Deutsche. Wir fallen auf: Nicht-Tätowierte sind hier eine Minderheit. Vielleicht lassen wir uns ein KISS-Tattoo an Bord stechen. So als Dresscode. Um 16 Uhr legt die KISS Kruise ab. Kurs Karibik. Auf dem Pool-Deck steht die große Open-Air-Bühne; der Soundcheck dröhnt bis nach Key West. Da ist Druck an Deck! Blauer Himmel, die Sonne brät in Fahrenheit und lässt das eiskalte Budweiser-Bier noch schneller wirken.

Gleich gibt es das „Sail Away"-Konzert von KISS. Unplugged und ungeschminkt. Im „klassischen" Outfit werden sie zwei Shows im Stardust Theater geben. 2.300 Passagiere sind oben auf dem Pool-Deck, um die Helden zu empfangen. Die Euphorie ist am Anschlag, als die KISS-Legenden Gene Simmons und Paul Stanley auf die Bühne steigen. Die Stimmung kocht, die Songs werden aus tausend Kehlen mitgesungen. Textsicher. Rund um die Reling hängen die Fahnen der Fans aus aller Herren Länder. Schweizer, Österreicher, Finnen, Belgier – über dreißig Nationen sind an Bord. Eine etwas andere Welt als noch gestern Abend im Sense Beach House, unserem schnuckeligen Hotel am Ocean Drive. Hier ist ein ganz anderer Drive.

Als ich 1984 bei NDR 2 begann, hatte ich eins meiner ersten Interviews mit KISS. Ich versuchte es zumindest. Vor dem Konzert in Hannover. Die Jungs hatten ihre Sensoren allerdings, wie meistens, auf eine Journalistin eingestellt. Also bekam ich statt eines Interviews eine Melone. Zugeworfen! Völlig frustriert befragte ich dann auf der Herrentoilette den hilfsbereiten Sänger der Vorgruppe. Der war zwar in Deutschland kaum bekannt, aber sehr nett: Jon Bon Jovi. History. Und nun gehe ich tatsächlich ein paar Jährchen später mit einer Band auf Kreuzfahrt, die mich mit einer Melone beworfen hat ... Vergessen. ►

Badetag vor Great Stirrup Cay, Bahamas – und für ein bisschen Lektüre darf auch mal Zeit sein ...

Erste Station der Cruise ist Key West. Der südlichste Punkt der USA hat sich sein Flair bewahrt: Holzhäuser im Kolonialstil, mit weißen Veranden und üppigem Grün drumherum – hier lässt es sich leben. Ernest Hemingway tat genau das auf Key West, und zwar intensiv. Vor allem in seinem Stamm-Pub Sloppy Joe's Bar. Zwar längst touristische Pflichtstation, aber immer noch urig. Heute ist der ganze Laden mit „KISS Kruisern" gefüllt. Der US-Barde auf der Bühne, ein Peter-Frampton-Verschnitt, begrüßt uns herzlich. Die KISS Kruise ist eben sehr besonders, auch für Key West. Dort reiht sich in der Duval Street ein Musikladen an den nächsten. Und überall handmade Music live. Wie im Hinterhof des Smokin' Tuna Saloon von Charlie Bauer, der einmal im Jahr das großartige „Songwriter's Festival" organisiert.

Zurück an Deck Rocken am Pool. Night Ranger mit Jeff Blades – der ist in den USA eine echte Größe. Und dann ist es so weit. 21 Uhr, Stardust Theatre auf der Norwegian Pearl: KISS steigen auf die Bühne und wirken frisch wie damals beim Melonenwurf. Die Schminke kaschiert die Spuren des Rock'n' Roll perfekt. Und als Gene Simmons seine Zunge ausrollt, ist es wie zu besten Zeiten (wenn auch manches Groupie schon im Gertrud-Alter ist). Frenetisch wird die Band gefeiert. KISS sind laut, KISS sind spielfreudig, KISS sind gut. Nach 90 Minuten, der Zugabe „Rock and Roll all Nite" und dem Konfettiregen ist Schluss. Paul Stanley erklärt später im Bord-TV, warum sie ihren größten Hit „I Was Made for Lovin' You" nicht spielen. Er habe den Song damals in zehn Minuten „hingeschmiert", und das sei ihm einfach peinlich.

Wer wie KISS aussehen will, der kann das. Täglich von 19 bis 22 Uhr wartet der Maskenbildner auf die Mutigen in der Bliss Lounge auf Deck 7 der Norwegian Pearl. 40 bis 60 US-Dollar kostet das Schminken – je nach Farbaufwand. Eine vierköpfige Familie aus Atlanta lässt sich einmal komplett auf KISS stylen. Mom, Dad und die beiden Kids könnten so glatt auf die Bühne steigen. Sogar der Staff Captain ist in den Schminktopf gefallen. KISS-Fans sind loyal über die Jahre. Sie tragen T-Shirts aus den 70ern oder von den ersten beiden KISS Kruises. Sogar die eigene Kabinentür haben die Passagiere

Einige Fans tragen T-Shirts von früheren KISS Kruises. Rechts die große Show im Stardust Theatre

kunstvoll mit KISS-Postern und selbst gemalten KISS-Bildern beklebt.

Am letzten Tag das letzte Happening. Ziel ist Great Stirrup Cay, eine kleine Insel der Bahamas, die der Norwegian Cruise Line gehört. Die Pearl ankert vor dem Eiland, in wenigen Minuten werden wir hinübergetendert. Clever, eine eigene Destination zu schaffen. So bleibt der Umsatz an Land quasi an Bord. Und an den Strandbars wird schon wieder kräftig ausgeschenkt. Die KISS Kruiser nehmen ihre Drinks und stoßen im Wasser an. Direkt am Strand steht die Bühne, auf der ab Mittag The Big Rock Show spielt, eine Coverband. Bei „Sweet Home Alabama" oder „I Was Made for Lovin' You" (ja, sie spielen es!) steigt die Stimmung. „Im März hat hier Kid Rock ein grandioses Strandkonzert gegeben", erzählt uns Andy Levine. Er ist der Chef von Sixthman, der Agentur, die seit 2002 Musik-Cruises in den USA perfekt produziert. KISS rocken nicht am Strand, aber sie geben – gut organisiert und geplant – eine Menge für ihre Fans. Über 2.000 Plakate haben sie unterschrieben. Okay, dafür müssen sie beim Captain's Dinner keine Hände schütteln, denn so etwas gibt es bei einer KISS Kruise nicht. Dafür kann sich jeder Passagier im Rahmen eines genauen Zeitplans mit KISS fotografieren lassen. Die Bilder gibt's dann als Gratis-Downloads im Internet. Überhaupt: Das Preis-Leistungs-Verhältnis bei der KISS Kruise stimmt. Immerhin zwölf Bands performen an diesen fünf Tagen auf der Pool-Bühne, im Stardust Theatre oder auf der Atrium-Bühne. Am nächsten Morgen erreicht die Pearl wieder den Hafen von Miami, und wir gehen von Bord. Ohne Tattoo. ■

RUND UM DIE „KISS KRUISE"

Vorprogramm: Der Ocean Drive in South Beach, Miami, ist eine der berühmtesten Straßen der Welt. Er ist Flaniermeile und Treffpunkt der Reichen und Schönen, viele bekannte Topmodels wurden hier abgelichtet. Der Art Deco District mit seiner einzigartigen Architektur ist das ideale Vorprogramm für die Kreuzfahrt. Viele der farbenfrohen Häuser aus den 30er- und 40er-Jahren werden heute als Restaurant oder Hotel genutzt.

Hoteltipp: Sense Beach House am Anfang des Ocean Drive (www.sensebeachhouse.com)

Infos zur Reise: www.thekisskruise.com

FOTOS: A. Haug (2), ILLUSTRATION: AIDA Cruises

„Wir bleiben Vorreiter“

Ein Kussmund-Schiff mit ganz neuer Silhouette und mit Platz für 3.300 Gäste: AIDA-Chef Michael Ungerer erklärt, was die AIDAprima bieten wird

Ein „neues Zeitalter der Kreuzfahrt“ – das ist wahrlich kein kleines Versprechen. Mit der **AIDAprima**, dem ersten Schiff der Hyperion-Klasse, das im Oktober 2015 in See sticht (siehe auch Seite 115), soll es eingelöst werden. Ein Schiff, so AIDA-Präsident Michael Ungerer, das „mehr Raum, mehr Vielfalt, mehr Individualität als je zuvor“ bieten soll – und das, auf jeden Fall ein Novum, ganzjährig ab Hamburg kreuzen soll, auf einer festen Wochenroute, auch im Winter. UV-durchlässige Foliendome, unter denen man sich auch im Winter bräunen kann, sollen den 3.300 Passagieren einen „Urlaub mit Schönwettergarantie“ bieten, auch wenn die Nordsee draußen schäumt. Und da auch in puncto Umwelttechnik neue Maßstäbe gesetzt werden sollen, ist die AIDAprima ein Schiff, über das man mehr wissen möchte. Johannes Bohmann traf deshalb Michael Ungerer zum Interview in Hamburg.

Herr Ungerer, Sie haben mal gesagt: „Wir haben Kreuzfahrten demokratisiert. Sie sind in der Mitte der Gesellschaft angekommen.“ Steht dafür auch die AIDAprima?

Ja, absolut. Sie ist sogar eine Weiterführung dessen – weil sie noch besser erreichbar sein wird für breitere Kundenschichten. Einfach buchbar, mit einfacher Anreise nach Hamburg, mit einer attraktiven Route für Stammgäste wie für Neukunden. Und das Schiff wird ein bisschen mehr zur Destination selbst.

Was ist neu am Schiff – und für die Gäste?

Zuerst einmal ist es der Technologie-Sprung, den wir mit jedem neuen Schiff erleben, von der Cara- über die Sphinx-Klasse bis eben zur Prima. Aber im Kern des touristischen Konzepts geht es in der Tat um die „demokratisierte Kreuzfahrt“ – ohne die alten Zöpfe, ohne den elitären Anstrich, ohne Einschränkungen. Damit folgen wir auch dem demogra-

Ins Innere geblickt: die AIDAprima im Aufriss. In der Mitte und achtern die beiden Foliendome

fischen Wandel: Vom perfekten Urlaub erwartet der Gast von heute mehr Zeit, mehr Freiheit, mehr Auswahl. Weniger Aktivität, mehr Genießen, könnte man auch sagen.

Gibt es noch den Clubschiff-Gedanken?

Das war seinerzeit ein Differenzierungsmerkmal, das großen Erfolg hatte. Aber eigentlich hat der Begriff jetzt ausgedient. Auch weil die Urlaubsansprüche von heute dem Gedanken, der dahinterstand, mittlerweile gefolgt sind.

Was wird der günstigste, was der höchste Tagespreis der AIDAprima pro Person sein?

Es beginnt bei unter 100 Euro pro Nacht und geht hoch bis an die 500 Euro für die Suiten.

Wo es die AIDA Lounge gibt, mit „VIP-Service". Was darf man davon erwarten?

Das ist ein Service für die Suiten-Gäste, ja, aber auch für AIDA-Club-Mitglieder der höchsten Stufe. Enthalten ist darin ein klassischer Lounge-Service mit eigenem Concierge ...

Butler wollen Sie das nicht nennen?

Nein, Butler haben wir nicht ... Nein, es gibt ein eigenes Angebot an Speisen und Getränken, freien Internetzugang und Ähnliches mehr.

Und die Kabinen dort?

Haben Balkone, die eigentlich Veranden sind. Und, ganz neu, zum Teil sogar einen eigenen Wintergarten, zwei getrennte Bäder, einen begehbaren Kleiderschrank ... viel Platz eben.

Gibt es besondere Schwerpunkte? Bei Sport, Entertainment? Oder für Familien?

Die Differenzierung spielt eine sehr große Rolle. Auf der viel größeren Plattform, wenn ich das Schiff mal so nennen darf, haben wir die Möglichkeit, auch ein viel breiteres Angebot aufzustellen – und zwar in jeder Hinsicht, vom Sport über die Shows bis zur Gastronomie. Zum Beispiel so: Wir haben als Erste eine Babykrippe an Bord, für Kinder ab sechs Monaten – aber eben auch „Adults only"-Bereiche.

Erwarten Sie, dass Ihre Gäste jünger werden mit der AIDAprima?

Wir haben ein Spektrum von im Schnitt Anfang 30 bis Anfang 50, je nach Reise oder Jahreszeit, jedenfalls unter dem Durchschnitt der Branche. Aber das ist nicht entscheidend ...

Homecruising ganzjährig ab Hamburg: das heißt 52-mal im Jahr 3.300 Gäste. Im Jahr sind das fast 170.000 Passagiere nur für dieses eine Schiff. Und rund zehn Prozent des aktuellen Gesamtmarkts Hochsee ...

Also, ambitioniert ist das sicher. Aber unsere Wachstumsraten in der Vergangenheit zeigen, dass das geht. Vor allem aber: Wenn wir die Basis mal ansehen, stehen wir ja nach wie ►

Mit Hafenblick: Ungerer im Gespräch

ILLUSTRATIONEN: AIDA Cruises

Noch als Zeichnungen: Kabine mit Wintergarten, der Sky Walk ganz oben und das Theatrium

vor am Anfang. Kreuzfahrt ist zwar bekannt, aber wenn Sie sehen, wie wenige immer noch buchen, und davon die Hälfte Wiederholer – das heißt, die Beschränkung existiert doch in den Köpfen. Wir sind jedenfalls sicher, dass wir die Neukunden bekommen werden, weil das Produkt so leicht verständlich ist.

Ist die Route denn so attraktiv? Sie bieten London, Amsterdam, Brüssel, Paris. Aber von Le Havre, wo das Schiff ja in Wirklichkeit liegt, sind es bis Paris 2,5 Stunden ...

Die Route spielt für Neukunden und Wiederholer eine unterschiedliche Rolle. Neukunden lockt man über Ziele, und da geht es mit diesen Weltstädten einfacher. Wiederholer wollen eher das Schiff. Und das lockt mit wetterunabhängigem Kreuzen! Mit Beach Club, zwei Foliendomen, unter denen man sich bräunen kann. Mit dem Theatrium, dem Brauhaus, der AIDA Plaza ... Außerdem: Wir haben ja schon Erfahrungen mit ganzjährigen Abfahrten ab Hamburg. Mit den Sphinx-Schiffen sind wir hier von Februar bis kurz vor Weihnachten.

Kommen wir zum Thema Nachhaltigkeit: Da möchte AIDA Vorreiter sein ...

Sind wir auch! Wir haben gerade Ende September den B.A.U.M.-Umweltpreis erhalten!

Wie haben Sie sich diesen Preis verdient?

Letztlich mit der ganzen Flotte, weil wir ja auch viel Geld investieren. Aber zur Prima: Da werden Technologien eingebaut, die es im kommerziellen Einsatz so noch nicht gibt. Das Air Lubrication System, die Energierückgewinnung, die hocheffizienten Filter, die Dual-Fuel-Motoren, die ermöglichen, dass das Schiff auch mit Gas betrieben werden kann ... Und, von außen sichtbar, der senkrechte Steven, der für weniger Treibstoffverbrauch sorgt. Wir sind Marktführer in Deutschland – und das sollten wir in Umweltdingen eben auch sein.

Ist Hamburg bereit für die AIDAprima?

Der neue Terminal Steinwerder wird gebaut. Südlich der Elbe, ja, aber zwischen zwei Autobahnen und deshalb für Bus- und Autoanreise ideal. Was Hamburg noch tun sollte, ist, die touristische Attraktivität im direkten Umfeld des Terminals zu erhöhen.

Wann und wo wird eigentlich getauft?

Da ... sind wir noch in der Planung.

Okay. Aber verraten Sie mir: Haben Sie schon einen Lieblingsplatz auf dem Schiff?

Viele ... Aber wenn ich mich festlegen soll: die Spray Bar ganz vorn im Steven – mit dem Aussichtsdeck darüber im Freien.

HAMBURG
Tourismus
Erlebnismetropole Hamburg
Ihr schönster Landgang beginnt schon vor dem ABLEGEN
Hamburg Tourismus App
www.hh-app.de
Diese Stadt sollten Sie sich nicht entgehen lassen.
Ihr individuelles Hamburg-Erlebnis buchen Sie bequem
und direkt bei den Hamburg Experten – per Telefon
oder online und natürlich inklusive persönlicher Beratung.
JETZT HIER BUCHEN:
Tel: +49 (0)40-300 51 914 oder www.hamburg-tourismus.de/kreuzfahrt
Foto: Ingo Boelter

Kettenrasseln vor Troja

Mein Fahrrad heißt also Dieter. Was man alles lernt, wenn man mit dem Bayerischen Rundfunk auf Radl-Kreuzfahrt geht

VON OLIVER SCHMIDT (TEXT & FOTOS)

Aufbruchstimmung auf der Pier

Einsame Idylle – große Häfen mit Massenpublikum spart die schlanke Berlin aus

Er sagt es wohl 280-mal an diesem Tag: „Gutte Morrgan!" Der untersetzte italienische Polizist, dessen zugeknöpfte Uniformjacke ein wenig spannt, hält begeistert das Smartphone hoch und fotografiert deutsche Radler. Er und seine Kollegen sichern die Strecke, sperren Zufahrten ab, erklären geduldig wartenden Autofahrern, dass hier eine deutsche Radsportgruppe unterwegs sei. Spätestens wenn die TV-Kamera in Sicht kommt, versteht jeder, dass das nicht irgendein Provinzverein ist, sondern der Bayerische Rundfunk. Für den hat die jährliche Radl-Kreuzfahrt Tradition, feiert sie doch in diesem Jahr ihr 25-jähriges Bestehen. Viele Schiffe hat sie ausprobiert, vormals die Delphin, jetzt die Berlin. Die Anforderungen sind hoch: Die Logistik von 280 gleichzeitig radelnden Teilnehmern klappt nur, wenn alle Räder pünktlich auf der Pier stehen. Ein Dutzend Filipinos, die sonst hinter den Kulissen Dienst tun, tragen artig Drahtesel für Drahtesel vom Sonnendeck durch die Sirocco Lounge, durchs Treppenhaus und die Gangway hinunter.

Ähnlicher Aufwand auf der Landseite: Ein Begleitbus steht bereit, ein Krankenwagen, dazu Einsatzfahrzeuge der Polizei. Nicht ►

ohne Stolz verkünden die Organisatoren, dass nach einigen Verhandlungen die Ordnungskräfte abermals für einen kostenlosen Einsatz gewonnen wurden. Mediterrane Gutmütigkeit und die Freude am Außergewöhnlichen begegnen der Frage, ob es für die mit italienischem Steuergeld bezahlten Beamten nicht Wichtigeres zu tun gäbe. Aber mit dieser Frage kann freilich nur ein mitreisender Preuße die friedliche bayerische Eintracht stören.

Heimat von BR und FTI Cruises: Bayern

Auch ich habe Verstärkung mitgebracht. Schulfreund Jörg, deutlich sportlicher als ich, mit dem mich viele Reiseerfahrungen verbinden, macht all die Touren mit, bei denen ich nur auf den „Besenwagen" hoffen könnte, der am Ende der kilometerlangen Gruppe fährt und malade Drahtesel ebenso aufsammelt wie wadenmüde Strampler. Jetzt brüte ich über dem Höhenprofil, das der BR netterweise für jede Route zur Verfügung stellt. Dass Anfangs- und Endpunkt einer Route auf Meeresniveau liegen, sagt nichts über den Straßenverlauf dazwischen aus. Da soll es an einem der nächsten Tage hinaufgehen auf 500 Höhenmeter – einmal bei der Hin-, noch mal bei der Rückfahrt. Spontan prüfe ich alternative Landgangsformen, denn sich mit dem Rad von der Gruppe abzusetzen, ist strikt verboten.

Misstrauisch beäugt man mein „Radl": eierschalenfarbener Rahmen, leicht angerostet, blauer Schriftzug „Heidemann". Zwei Bremsen, die einwandfrei funktionieren, sechs Gän-

Linke Seite: An einem radlfreien Tag passiert die Berlin den Korinth-Kanal. Diese Seite: Der erste Ausflug führt nach Tropea (links), in Kalamata gibt es griechische Leckereien (rechts)

ge, klassischer Dynamo. Jörg weist auf den Herstellernamen: „Nimm mir's nicht übel, aber ich vermute, die Firma ist seit 20 Jahren pleite und das Betriebsgelände renaturiert!" So wird es sein. Eigentlich sollte es längst mal ersetzt werden, aber für meine morgendlichen Fahrten zur Post und zum Bäcker hat es immer gereicht. Fahrräder zu leihen ist nicht möglich, das eigene muss mitgebracht werden.

Ich habe mir einen Tag „freigenommen". Nicht nur für den Landgang. Auch für den Charme der Berlin, deren gute Geister ich schon seit Langem kenne und schätze. Verständnisvoll sucht mir die immer fröhliche Ausflugsmanagerin Birgitta Hoffmann Abfahrtszeiten für Bootsausflüge heraus. Ihre Assistentin Monika kommt aus Polen und studiert eigentlich Kriminalistik. Im Augenblick vernichtet sie die Riesentüte Gummibärchen, die ich ihr aus der Bordboutique mitgebracht habe, und bietet mir ab und zu eines an. Wir plaudern über ihren künftigen Beruf und ihre Heimat. Schade, dass all die sympathischen FTI-Mitarbeiter nur im Hintergrund agieren, wenn der BR die Bühne besetzt. Ich blättere im täglichen „Radl-Blattl" und entdecke, dass ich ein „Fußball-Ignorant" bin, weil ich gestern nicht beim Großleinwand-Spektakel war.

Die Ausflüge mit 280 Radfahrern in einer Gruppe klappen erstaunlich gut. Schnell- und Langsamfahrer und solche, die erst schnell und dann immer langsamer sind, entzerren sich auf einem, manchmal zwei Straßenkilometern. Warnungen vor Schlaglöchern werden von vorn nach hinten durchgerufen. Vor dem riesigen Holzpferd von Troja hält das leise Rasseln der Fahrradketten inne; die Gruppe hat den exotischsten Punkt der Reise erreicht. Vom griechischen Kalamata gibt's den entspanntesten Ausflug: knapp 20 Kilometer Küstenstraße, dann winkt ein herrlicher Badestrand. Die Idylle setzt sich auf dem Achterdeck fort. Plötzlich eine Durchsage: ►

Links Sonnenbad am Seetag, oben das Achterdeck – Treffpunkt und Open-Air-Restaurant. Unten Lara und Sebastian, das Gute-Laune-Team von der FTI-Cruises-Reiseleitung

„Passagier Heidemann bitte zur Rezeption!" Jörg schaut mich verdutzt an: „Dein Fahrrad wird ausgerufen!" Dann die Wiederholung: „Dieter Heidemann, bitte kommen Sie zur Rezeption!" Die Frage musste kommen: „Wusstest du, dass dein Fahrrad Dieter heißt?!" Ich wusste es nicht.

Die Dramaturgie der Reise stimmt – die stärkste Nummer zum Schluss: Radeln an der Amalfiküste. Dieses Mal macht die Polizei nicht mit. Wer die endlosen Staus auf der Küstenstraße kennt, wo sich riesige Reisebusse durch Haarnadelkurven kämpfen, kann es ihr nachfühlen. Stattdessen heißt das Tagesziel Paestum, wo nicht nur die historische Ausgrabungsstätte wartet, sondern auch ein beeindruckendes Buffet, gestiftet von Bürgermeister und Bezirksregierung. Mein greises Fahrrad hat mich gut überall hingebracht. Die Idee, es beizeiten zu ersetzen, ist vom Tisch. Ich habe ein ganz neues, inniges Verhältnis zu meinem Radl – Pardon: zu Dieter. ■

PERFEKTE GASTGEBERIN

Die **Berlin** ist die Gastgeberin dieser Reise, und diese Rolle spielt sie sehr charmant. Das Show-Team wartet geduldig, bis das nicht enden wollende Radler-Treffen in der Lounge im besten Wortsinn über die Bühne ist. Bordleben und die Ansprüche der BR-Gruppe (es sind auch einige Nicht-Radler an Bord) werden harmonisch zusammengebracht: Im Yachtclub folgt auf den Gesundheits-Check mit Diabetes-Test, Blutdruckmessung etc. das traditionelle Bingo-Spiel. Viele Radler entdecken so die Vorzüge einer Kreuzfahrt. Zum Berlin-typischen Gesellschaftsspiel „Stadt, Land, Scheidungsgrund" kommen sie erst reserviert, dann mit bayerischer Gaudi ...

Die Gastgeber Karl Pojer (l.) und Herbert Seckler. Unten: Mariella Ahrens, Nandini Mitra, Sonja Kirchberger, Carolina Vera, Jochen Horst (Gewinner des Poetry-Pokals) und Wolfgang Kubicki

Ein VIP pro Düne

„MS Europa meets Sansibar“: Das Prominententreffen vor Sylt ist seit Jahren noble Tradition. Unter anderem erlebt man dabei, ob VIPs auch dichten könnnen

VON UWE BAHN (TEXT) & MARKO GREITSCHUS (FOTOS)

Otto Rehhagel ist an Bord. Hellmuth Karasek auch. Und auch Marcel Reif. Dazu zwei gute weitere Dutzend aus Funk, Fernsehen und Freizeit Revue. Selten stehen so viele bekannte Namen im Gästebuch der Europa wie bei diesem Sylt-Event: „MS Europa meets Sansibar“, seit Jahren Tradition bei Hapag-Lloyd Kreuzfahrten. Schließlich ist Sylt die Insel, auf der gefühlt ein VIP pro Düne sitzt. Und jeder saß schon mindestens einmal in der berühmten Strandbude von Herbert Seckler, der Sansibar.

Sie ist ein Ort, der alle vereint: Schauspieler und Schausteller, Schickis und Mickis. Dass Sansibar fast schon zum Synonym für Sylt geworden ist, spricht für sich. Die gekreuzten Sansibar-Säbel zieren so manche Luxuskarosse bei der Autoverladung in Niebüll. Die Europa, das ist die Luxuskarosse zur See, und sie liegt jetzt hier vor List auf Reede. Die Sansibar ist 40 Taximinuten entfernt. Dort zu ankern und die VIPs mit Zodiac-Schlauchbooten an Land zu shutteln ist ein Risiko. Vor allem bei Seegang. Niemand will, dass FDP-Mann Wolfgang Kubicki plötzlich mit Sonja Kirchberger in der Nordsee badet. Und so steht Herbert Seckler ausnahmsweise im Lister Hafen und begrüßt die Promi-Passagiere persönlich. Also eigentlich im Gosch-Hoheitsgebiet.

Es ist ein perfekter Tag – die Sonne hat sich Sylt ausgesucht. Im Süden Deutschlands soll es regnen. Hier glänzen die Strände des Sylter Ellenbogens – eine fast schon karibische Kulisse. Locker geht es zu an Bord der Europa, die schon deutlich steifere Zeiten erlebt hat. Liegt es an der chilligen Schwester Europa 2? Oder am neuen Hapag-Häuptling Karl Pojer? Er passt jedenfalls wie die ►

Dichten an Deck beim Poetry Slam: die Schauspielerin („Die Venusfalle“) Sonja Kirchberger, der Late-Night-Bandleader Helmut Zerlett und der Schauspieler Horst Janson (v. o. n. u.)

Auch wenn Errol Brown nicht mehr dabei ist: Bei den Hits von Hot Chocolate (links) geht jeder mit. Bis tief in die Nacht tanzt die Prominenz unter dem Sylter Sternenhimmel

Faust aufs (Bull-)Auge zum Schiff. Echte Gastgeber-Mentalität eben, wie sie auch in der Sansibar jeden Tag zu spüren ist.

Dass beim Poetry Slam literarisch Luft nach oben ist, sei verziehen. In kürzester Zeit müssen Prominente einen Mehrzeiler reimen, den sie dann vortragen. SchauspielerInnen wie Mariella Ahrens oder Horst Janson sind da natürlich klar im Vorteil. Hundert Wörter dürfen sie verwenden, darunter die drei „Pflichtbegriffe" Sylt, Sansibar und Europa. Eine Jury entscheidet schließlich – obwohl Schiedsrichter Dr. Markus Merk auch an Bord ist. Der kennt sich mit Schauspielern bestens aus. Männer-Model Marcus Schenkenberg hat sich derweil in den Halbschatten des Schiffs verzogen, wehrt im Laufe des Abends alle Flirtversuche routiniert ab.

Der abgedeckte Europa-Außenpool ist inzwischen zum Dancefloor geworden. Auf der Bühne stehen Hot Chocolate, die legendäre Disco-Soulband der Siebziger. Frontmann Errol Brown ist zwar nicht mehr dabei, aber immerhin drei Musiker aus der Urbesetzung. Zu „You Sexy Thing" und „Emma" hottet das halbe Schiff unterm Sternenhimmel ab.

Erst um zwei Uhr nachts fährt das letzte Tenderboot von der Europa zurück in den Hafen von List. Da ist Herbert Seckler schon längst wieder in der Sansibar. Aber am 18. Juli 2015 steht er dann wieder zur Begrüßung an der Kaimauer. Zur Neuauflage von „MS Europa meets Sylt", pardon, „Sansibar". Aber das ist ja eh dasselbe. ■

STRANDBAR DER PROMIS

Die **Sansibar** ist das Lebenswerk des Schwaben Herbert Seckler. Seit 1978 betreibt er die „nördlichste Skihütte Deutschlands" in den Dünen zwischen Rantum und Hörnum. Zunächst war sie ein Kiosk, nach und nach baute Seckler sie zu einem Strandrestaurant und Promi-Treff aus. Von Günter Jauch bis Udo Lindenberg reicht die Gästeliste. Infos: **www.sansibar.de**

40 JAHRE PHOENIX
Mehr vom Meer!
PHOENIX REISEN GMBH BONN
SEEREISEN 2015
Winter 2014 bis Frühjahr 2016
Amadea • Artania • Albatros
Der Katalog "Seereisen 2016" erscheint Mitte Dezember 2014.
Hier fängt Ihr Urlaub an!
Member of Quality Group
PHOENIX REISEN GMBH BONN
Seit über 40 Jahren –
Urlaub mit Phoenix Reisen
In Ihrem Reisebüro finden Sie noch weitere Kataloge für Ihren Urlaub mit Phoenix Reisen!
ORIENT 2015
KULTUR & BADEN
Ägypten • Marokko • Tunesien
Israel • Jordanien • Türkei
VA Emirate/Oman • Zentralasien • Indien/Nepal
Langzeiturlaub
Winter 2014/2015
FLUSS & KÜSTEN 2015
Donau – Deutschlands schönste Flüsse – Holland/Belgien – Frankreich – Portugal – Russland/Ukraine – Türkische Ägäis – China – Kambodscha/Vietnam – Myanmar – Indien – Westafrika – Ägypten – Ecuador/Galápagos – Brasilien
Internet: www.PhoenixReisen.com
Tel.: (0228) 9260-200

FOTO: Poseidon Expeditions

Mit dem Atomeisbrecher zum Nordpol: Poseidon Expeditions bietet das Abenteuer an

Das große Abenteuer

Expedition – das klingt nach Kälte und Anstrengung. Doch moderne Expeditionskreuzer sind komfortabel – und fahren auch in warmen Klimazonen

VON PEGGY GÜNTHER

Oft ist es eine Reise in die Antarktis, die den Einstieg in die Welt der Expeditionen bietet. Wen das schier unendliche Eis und die Stille gefangen genommen haben, der befährt zumeist als Nächstes die Arktis. Abwechslung im Angebot ist wichtig für Reedereien, die Expeditionskreuzfahrten anbieten: Die Kunden sind treu und wollen immer wieder neue Reviere entdecken. So absolvierte **Hapag-Lloyd** 2014 mit der **Hanseatic** als erstem nicht-russischem Schiff die Nordostpassage. Auch im Eis geht es dabei auf der Hanseatic durchaus mal festlich zu – Kapitänsdinner mit Smoking inklusive. Ein wenig legerer ist die Stimmung auf der kleineren **Bremen**, sie wiederholt die Premiere 2015.

Neben den zwei deutschen Expeditionsschiffen mit höchster Eisklasse gibt es Einstiegsmodelle. So dringen etwa die Yachten der französischen Reederei **Ponant** aufgrund einer niedrigeren Eisklasse nicht so weit in abgelegene Regionen vor. Zudem fallen sie etwas größer aus: Bis zu 264 Passagiere finden hier Platz. Auf den Reisen in die Antarktis werden jedoch nur 200 Plätze vergeben, um den Schutzbestimmungen zu entsprechen. Schiffe mit mehr als 200 Gästen an Bord dürfen nur an 15 Stellen halten, zudem können maximal 100 Passagiere gleichzeitig das Land betreten. Kreuzfahrtschiffen mit mehr als 500 Gästen sind Anlandungen gänzlich verboten. Außerdem können sie aufgrund fehlender Eisklasse nicht in abgelegene Regionen fahren, auch wenn beispielsweise Spitzbergen bei vielen Kreuzfahrtanbietern auf dem Programm steht. Ein genaues Studium des Routenplans und der Schiffsspezifikationen bewahrt vor Enttäuschungen. Interessant ist dabei bei- ►

FOTOS: Poseidon Exp. (1), Celebrity Cruises (1), Silversea Cruises (1), Hapag-Lloyd Kreuzf.

Die Sea Spirit (oben) vor arktischen Gletscherfronten. Zodiacs kommen vor den Galapagosinseln (unten l.) wie in der Antarktis (r.) zum Einsatz. In der Mitte die Silver Discoverer

AUSGEWÄHLTE ANBIETER

Hapag-Lloyd Kreuzfahrten hat zwei deutsche Expeditionsschiffe für bis zu 175 Passagiere im Einsatz. Wer das Leben an Bord erst einmal kennenlernen möchte, nimmt an einer „Expedition Wissen" teil und betrachtet nahegelegene Ziele unter neuen Aspekten.

Silversea Cruises ist mit drei Schiffen auf Entdeckerkurs: Die **Silver Explorer** fährt in Arktis und Antarktis, die **Silver Discoverer** erkundet den Pazifik von Australien bis Alaska. Und die **Silver Galapagos** beschränkt sich auf das Ziel, das im Schiffsnamen steckt.

Ponant bietet mit seinen schicken Yachten sowohl Expeditionen als auch „normale" Kreuzfahrten an.

Poseidon Expeditions wurde durch Atomeisbrecherfahrten zum Nordpol bekannt; noch bis 2018 sollen sie stattfinden. Aktuell fahren die **Sea Spirit** und die **Sea Explorer** in Arktis und Antarktis, mit deutschsprachigem Programm und Lektoren.

Hurtigruten überzeugt mit Schiffen hoher Eisklasse – und langer Tradition. Die **Fram** ist auf den Spuren großer Entdecker unterwegs.

spielsweise, wie viele Zodiacs an Bord sind. Die robusten Schlauchboote werden für die hautnahe Begegnung mit der Natur eingesetzt.

Auch die Konsultation von Spezialveranstaltern ist empfehlenswert: Ausgefallene und intensive Routen in der Arktis bietet zum Beispiel **Polar Kreuzfahrten** an. Und im Bereich „Soft Expeditions" ist die Hamburger Neugründung **Island Protravel** einzuordnen. Der erfahrene Islandveranstalter ist 2015 erstmals mit einem Kreuzfahrtschiff rund um die Insel aus Feuer und Eis unterwegs (S 184), auch Abstecher nach Grönland sind geplant.

Neben Arktis und Antarktis gehören aber auch die Südsee, der Indische Ozean und der nördliche Pazifik zu den Expeditionsrevieren. **Silversea** und **Celebrity Cruises** kreuzen mit kleinen Schiffen rund um die Galapagosinseln. Aufgrund strenger Vorschriften des geschützten Archipels arbeiten an Bord ausschließlich Inselbewohner und sorgen für Authentizität. Und Hapag-Lloyd befährt mit den Expeditionsschiffen auch Amazonas oder Orinoco. Kalte Füße sind also kein Muss. ■

EINZIGARTIGKEIT
IN IHRER SCHÖNSTEN FORM
MS EUROPA
Auf den Schiffen von Hapag-Lloyd Kreuzfahrten werden persönliche Reiseträume wahr: Wie wäre es mit der EUROPA, Ihrer schönsten Yacht der Welt. Das Luxusschiff wurde bereits zum 15. Mal in Folge vom renommierten Berlitz Cruise Guide mit der Höchstnote 5-Sterne-plus* ausgezeichnet. Genießen Sie die perfekte Kombination aus individuellem Service und exklusiven Programmen, exzellenter Küche und eleganter Ausstattung. Und wohin es Sie auch zieht – immer ist schon der Aufenthalt an Bord ein ebenso luxuriöses wie außergewöhnliches Erlebnis.
*Lt. Berlitz Cruise Guide 2015.
Hapag-Lloyd
Kreuzfahrten
Mehr im Reisebüro • 0800 2255556 (gebührenfrei)
www.hl-kreuzfahrten.de

22 Mädchen und Jungs sind dabei. Das Turnier gewinnt am Ende „Team Blau“

Torjubel auf Deck 16

Themenkreuzfahrten gibt es zuhauf. Eine schöne neue Idee sind nun Reisen für Kinder und Teens: Fußballcamps zur See – mit HSV, BVB & Co.

VON CHRISTIAN OLDENDORF (TEXT & FOTOS)

Es ist sonnig und angenehm warm für einen Nachmittag im April. Auf der **MSC Magnifica** passieren wir den Amsterdamer Hauptbahnhof, gleiten sanft in Richtung Kreuzfahrtterminal: herrlich, der Blick auf die Stadt! Die alten Giebelhäuser, die Kirchen, das neue Science Center NEMO. Fast alle der knapp 2.500 Passagiere stehen an der Reling und genießen die Einfahrt, halten Kamera oder Sektglas in der Hand. Und dazwischen: Vom Deck über uns hören wir Schreie, dann Jubel – und Kinderlachen. Für die Amsterdamer Skyline jedenfalls interessiert sich dort oben niemand. „Team Blau“ hat gerade das entscheidende Tor im Abschlussspiel geschossen und rennt jubelnd auf Trainer Dennis zu.

22 Jungen und Mädchen im Alter von sechs bis 14 Jahren sind dabei: auf der ersten „HSV Fußballschulen-Kreuzfahrt“, die MSC in Kooperation mit dem Hamburger Bundesliga-Dino ausrichtet, im Rahmen einer viertägigen Kreuzfahrt zu Ostern. Los ging sie am Tag zuvor in Hamburg mit einem morgendlichen Treffen der Kids im Stadion des HSV: Vorstellung des Trainerteams, Einkleidung der aufgeregten Jugendkicker, eine erste Trainingseinheit auf dem Gelände der Profis – und dann noch eine Stadionführung und als Highlight die Autogrammstunde mit HSV-Star Dennis Diekmeier. Bis zu 9.000 Kinder, so erfahren wir, trainieren jährlich in den Feriencamps und beim Fördertraining der HSV-Fußballschule. Eine Balleinheit auf See war bisher nicht dabei!

Am Nachmittag dann geht es aufs Schiff – und ganz klar, dass die Junioren begeistert bei der Sache sind. Bis zu fünf Stunden täglich trainieren sie während der Reise auf dem ►

Die ganze Welt der Kreuzfahrten.
berge & meer
Ihr Gutschein
€ 80.-
Gültig bis 31.03.2015
Einlösbar auf viele Reisen aus der Berge & Meer-Reisewelt.
Ferne Länder erleben!
Gutschein-Code*: 599776294CB2ELXW
Sparen Sie € 80.-
Jetzt Traumreise buchen unter www.berge-meer.de
oder 0 26 34/962 62 08 täglich von 8.00 - 22.00 Uhr
*Nur 1 Gutschein pro Buchung direkt bei Berge & Meer einlösbar. Keine Barauszahlung. Nicht einlösbar auf bestehende Buchungen und auf Kaufgutscheine. Nicht kombinierbar mit weiteren Rabatten. Mindestreisepreis: € 750.-
berge & meer
Veranstalter: Berge & Meer Touristik GmbH
Andréestraße 27, 56578 Rengsdorf
Email: info@berge-meer.de
You Tube

Trainer Dennis gibt Anweisungen (oben). Darunter die Visite im Stadion von Ajax Amsterdam und die Autogrammstunde mit den Stars. Rechts: „Ready for boarding" im Hamburger Hafen

Sportdeck – und werden von Dennis, Janine und Florian auch bei kräftigem Nordseewind auf Trab gehalten. Sprints, Koordinationsübungen – und natürlich Turniere. Zum Glück spielt das Wetter mit, sonst hätte man wohl ein Restaurant zweckentfremden müssen – oder das Ajax-Stadion mieten. Doch so bleibt es wie geplant nur beim Besuch der Amsterdam Arena, der Spielstätte des mehrmaligen niederländischen Meisters.

Alles gelb: AIDA Soccer Camp mit dem BVB

Der HSV, Fußballfans wissen das, spielte schon einmal besser als zurzeit. Ob die Fußball Cruise 2015 wieder stattfindet, steht deshalb wohl auch sportlich noch in den Sternen. Aber es gibt ja auch den BVB aus Dortmund: Die Borussen sind Partner der Soccer Camps, die AIDA Cruises schon mehrfach erfolgreich veranstaltet hat – und weiter veranstalten wird. Auf der **AIDAsol** verwandelt sich dann das Sportdeck in eine kleine Fußballarena, auf sieben- oder viertägigen Törns ab – nein, nicht Dortmund, sondern Hamburg. Auch hier gehören Ausflüge zu legendären Stadien zum Paket: Wembley in London, das Prinzenparkstadion in Paris und das Clubgelände der Ajax-Fußballschule in Amsterdam.

Schließlich TUI Cruises: Auch auf der **Mein Schiff 3** wird es 2015 Fußballcamps für Nachwuchskicker geben, jedoch ohne Vereinsbeteiligung, sondern in Eigenregie. Mit täglichem Training und Turnieren für Sieben- bis 17-Jährige und zum Abschluss einer Urkunde samt Medaille – wie auf unserer Reise. Gratulation an die Kids vom „Team Blau".

KARTE: VFF Verband der Fährschifffahrt und Fährtouristik e.V.

Britische Inseln, Norwegen, Baltikum: 95 Strecken bedienen die Fährgesellschaften im Norden

Seefahrt zur Probe

Kurz mal aufs Meer: Für Kreuzfahrteinsteiger sind „Mini Cruises" auf Fährschiffen ideal. Vor allem in der Ostsee haben sie Hochkonjunktur

VON JOHANNES BOHMANN

Leinen los, tagtäglich, zur Kreuzfahrt auf der Ostsee! 365 Mal im Jahr, jeden Tag um Punkt 14 Uhr, startet ein Schiff der **Color Line** zur „Mini-Kreuzfahrt" von Kiel nach Oslo und zurück. Ihrem Namen macht sie Ehre: Sie dauert 44 Stunden. Zwei Nächte und zwei Nachmittage an Bord – und vier Stunden Landgang in Norwegens Hauptstadt. Dass dabei neben 2.700 Passagieren auch 550 Fahrzeuge transportiert werden, ist eher Nebensache. Denn noch während die Lkws von der Pier in den Schiffsbauch rollen, dreht auf den Passagierdecks darüber die Musik bereits kräftig auf. Mit Show Lounge, Kasino, Fitnesscenter, Badelandschaft und einer gigantischen Shopping- und Restaurant-Promenade wollen diese „Kreuzfahrtfähren" Spaßschiffe sein. Betonung auf „Kreuzfahrt" – und nicht auf „Fähre".

Kreuzfahrt light also. Zumindest der wirtschaftliche Erfolg dieses Konzepts steht außer Zweifel. 15.000 „Mini-Kreuzfahrer" beförderte die Color Line 2005 – mittlerweile sind es fast eine Viertelmillion. Hinzugekommen sind jährlich über 54.000 Passagiere, die nicht gleich mit demselben Schiff zurückfahren, sondern eine Nacht oder mehr im Hotel in Oslo, ja, im Winter sogar in den nahen Skigebieten verbringen – der tägliche Pendelverkehr macht ja alle Varianten möglich. Und hat, nebenbei, die Color Line zum mittlerweile größten Anbieter von Norwegen-Reisen auf dem deutschen Touristikmarkt gemacht.

Aber ... Ob 44 Stunden oder verlängert um ein paar Nächte an Land: Ist das wirklich Kreuzfahrt? Die Antwort: Es ist zweifellos eine Einstiegsdroge, die perfekt funktioniert. Denn tatsächlich nutzt der Großteil der ►

SEABOURN LEGEND

FOTOS: Stena Line (1), DFDS Seaways (1), Tallink Silja (1)

Die Stena Scandinavica (o.) fährt täglich von Kiel nach Göteborg. Mit DFDS kreuzt man nach England – und erlebt ein Dinner im Freien. Bei Tallink Silja gibt es viele Familien-Specials

Passagiere diesen Kurztörn, um zum ersten Mal überhaupt am Abenteuer Kreuzfahrt zu schnuppern. Um festzustellen, was es mit der Seekrankheit auf sich hat, wie die Atmosphäre an Bord ist, wie es sich schläft in einem Bett überm Wasser. Und mehr als jeder Zweite, sagt die Reederei, hält den Daumen nach oben – und bucht anschließend die nächste „Mini Cruise". Oder eine „richtige", längere Kreuzfahrt bei Mitbewerbern, die sich also bedanken sollten für diese Entwicklungshilfe made in Norway.

Beziehungsweise in Schweden, Estland, Dänemark: Denn „Cruise Ferries" sind auch bei den dort beheimateten Fährlinien längst ein Teil des Programms: bei der **Stena Line** aus Stockholm ebenso wie bei **Tallink Silja** aus Tallinn und **DFDS Seaways** aus Kopenhagen. Zusammen mit einem halben Dutzend weiterer Gesellschaften bestreiten sie das Netz der Fährverbindungen in Nordeuropa: Insgesamt 95 Strecken, so der Verband der Fährschifffahrt und Fährtouristik (www.faehrverband.org), werden aktuell bedient.

Dass auf ihnen der Fracht- und Autotransport ein Kerngeschäft bleiben, steht außer Frage. Dass aber der Personentransport im Sog des Kreuzfahrtbooms einen ganz neuen Stellenwert erhalten hat, ebenso. Und so warten die Fährgesellschaften – die einen mehr, die anderen weniger – mit immer wieder neuen Ideen auf, um Schnuppergäste an Bord zu locken. Bei Tallink Silja etwa sind die Schiffe schon längst nicht mehr als Fähren zu erkennen. Mit Promenaden im Schiffsinneren, professionellem Entertainment und vielfältiger Gastronomie kommen sie wie echte Cruiseliner daher. Zwar kreuzen sie nur im nördlichen Baltikum; über ein Kombiticket kann man sie aber mit einer Stena-Line-Anreise ab Kiel kombinieren. Ein Schiff-Hopping also, bei dem man nicht nur mehrere Länder, sondern auch mehrere Schiffe in kurzer Zeit erlebt.

Interessiert? Dann darf dieser Tipp für Seefahrer zur Probe nicht fehlen: An Festtagen, vor allem zu Silvester, bieten Stena, Color, Tallink & Co. mit die besten Party-Cruises an, die es auf hoher See gibt. ■

HOLLAND AMERICA LINE
Eine atemberaubende und außergewöhnliche Kreuzfahrt

Die eleganten, geräumigen Schiffe von Holland America Line bieten mehr individuellen Freiraum und luxuriöse Balkonkabinen. Wir beherbergen weniger Passagiere, was unseren Gästen einen persönlicheren Service garantiert - mit anderen Worten: Unsere erstklassigen Kreuzfahrten zeichnen sich durch besondere Details aus.

Preisgekrönt: Das gastronomische Angebot

Vielfalt und Flexibilität im kulinarischen Angebot von Holland America Line - das heißt für die Passagiere „As you wish dining": Für Kreuzfahrt-Traditionalisten gibt es nach wie vor feste Essenszeiten am immer gleichen Tisch im Main Dining Room. Wer dagegen die Abwechslung liebt, kann sich jeden Tag neu und spontan entscheiden - zwischen Main Dining Room, Lido Restaurant oder einem der Spezialitätenrestaurants. Eines haben alle Restaurants gemeinsam: Die Qualität stimmt!

Zum Wohlfühlen: Die großzügigen Staterooms

„Signature of Excellence" hieß eine groß angelegte Qualitätsoffensive von Holland America Line, bei der u.a. alle Kabinen auf ein neues Komfort-Level gebracht wurden. Seither schlafen die Passagiere auf luxuriösen Euro-Top Matratzen und in hochwertiger Leinen-Bettwäsche, Handtücher und Bademäntel sind aus hochwertiger ägyptischer Baumwolle. Natürlich bieten die Kabinen genug Schrank- und Stauraum für die große und die kleine Garderobe.

Immer ein ehrliches Lächeln:

Unaufdringlicher Service, der von Herzen kommt - dafür stehen die Kabinenstewards und alle Servicemitarbeiter von Holland America Line. Und das Verhältnis von fast 2:1 zwischen Gästen und Crewmitgliedern macht sich in hoher Gästezufriedenheit bemerkbar.

Das Bunte Unterhaltungs- und Freizeitangebot

Der ganz persönliche Mix aus „allein Sein" und „dabei Sein" macht die perfekte Kreuzfahrt aus. „On Location" - Programme, die die jeweilige Destination in den Mittelpunkt stellen, Kochdemonstrationen oder Weinverkostungen: die Liste der Angebote ließe sich lange fortsetzen; und lässt trotzdem viel Raum für ruhige Momente.

Auf allen Meeren zu Hause

Holland America Line bietet jährlich mehr als 500 Kreuzfahrten zu 415 Häfen in 98 Ländern. Auf den Fahrplänen stehen exotische, tropische, historische, kulturelle und abenteuerliche Destinationen auf allen sieben Kontinenten. Höhepunkte sind die Antarktis, Südamerika, Australien/Neuseeland und Asien sowie natürlich die Weltreise von über 100 Tagen.

Bei ausgewählten Kreuzfahrten bietet Holland America Line übrigens je nach Buchungsstand Landausflüge in deutscher Sprache.

- Deutschsprachiger Gästeservice
- deutsche Speisekarten
- deutsche Tagesprogramme

Buchung und Beratung in Ihrem Reisebüro. Oder besuchen Sie uns unter www.hollandamerica.com

Hier beginnt die Kreuzfahrt der EUROPA 2: Mauritius im Indischen Ozean

e-hoi hin & weg

Traumhafte Luxusreisen auf erstklassigen Schiffen

Mit mehr als 40 Luxusschiffen im Portfolio sowie speziell geschulten Beratern ist e-hoi der Spezialist für Kreuzfahrten auf höchstem Niveau

Eine großzügige Suite mit Badewanne und Meerblick, 24-Stunden-Kabinenservice, VIP-Zugang zum Wellnessbereich und ein eigener Butler – das und vieles mehr erleben Gäste auf einer Luxuskreuzfahrt mit e-hoi. Das umfassende Buchungsportal für Kreuzfahrten weltweit präsentiert in seiner Luxusbroschüre Seereisen ausgewählter Reedereien und Schiffe der Extraklasse. Darüber hinaus liefern Kreuzfahrtexperten spannende Erfahrungsberichte und geben Tipps für den Aufenthalt an Bord der Luxuskreuzer. Bei einem durchschnittlichen Crew-Gäste-Verhältnis von 1:1,3 auf den Schiffen werden Freundlichkeit und persönlicher Service nicht nur groß geschrieben, sondern gelebt: Rund um die Uhr werden die Kreuzfahrer mit erlesenen Köstlichkeiten verwöhnt – gern auch auf der eigenen Veranda. Das zuvorkommende Bordpersonal kennt die individuellen Vorlieben der Gäste spätestens ab dem zweiten Reisetag und auf manchen Schiffen stehen den Urlaubern persönliche Butler zur Seite, die für eine maximale Wohlfühlatmosphäre sorgen.

Im neuen Katalog der eigenen Veranstaltermarke **e-hoi hin & weg** wurde das Luxus-Portfolio für 2015 weiter ausgebaut. Die Reisen bündeln das Wissen der Kreuzfahrt-Experten, die die Häfen und Reedereien dieser Welt bestens kennen. Die exklusiven Pakete, die nur bei e-hoi buchbar sind, zeichnen sich durch Luxusschiffe mit maximal 1.000 Gästen aus, die auch kleine Häfen ansteuern können und somit außergewöhnliche

FOTOS: istockphoto (2); Oceania Cruises (2)

Luxus genießen: mit der Regatta (o. r.) auf dem Amazonas, mit der EUROPA 2 in Südafrika

Traumrouten ermöglichen. Hochwertige Landprogramme mit kleinen Reisegruppen und weitere Extraleistungen wie Bordguthaben zählen ebenso zu den Merkmalen der Sorglos-Pakete. An Bord erwarten die Reisenden exzellenter Service sowie eine ausgezeichnete Gastronomie in Spezialitätenrestaurants. Das Besondere: Zu den Inklusivleistungen gehören auch Flüge und Transfers sowie oftmals Vor- und Nachprogramme, Hotelübernachtungen, Stadtrundfahrten und Ausflüge.

Zwei Empfehlungen der Experten aus dem ausgebauten Luxus-Portfolio sind die Kreuzfahrten „Vom Inselparadies ins Reich der wilden Tiere" und „Von Rio de Janeiro in das grüne Herz Amazoniens". Die erste Seereise führt von Mauritius nach Kapstadt, 20 Tage lang erleben die Gäste das vielfältige südliche Afrika und genießen modernen Luxus in legerer Atmosphäre auf der **MS EUROPA 2**. Im Reisepreis inklusive sind drei Übernachtungen mit Halbpension im Deluxe-Hotel „Beachcomber Trou aux Biches" auf Mauritius, eine Übernachtung mit Frühstück im Deluxe-Hotel „Table Bay" in Kapstadt sowie 200 Euro Bordguthaben pro Person. Die zweite Kreuzfahrt bringt die Reisenden an Bord der **Regatta** von Oceania Cruises in 25 Tagen von Rio de Janeiro nach Miami durch das faszinierende Amazonasgebiet. Das Reisepaket umfasst eine Übernachtung mit Frühstück im Deluxe-Hotel „Windsor Atlantica" in Rio de Janeiro, drei Halbtagesausflüge sowie 150 Dollar Bordguthaben. ■

Porträts von A bis Z

Schiffe

Immer größer, immer mehr ... Die Crew eines Schiffs des deutschen Marktführers AIDA Cruises

ABC der Reedereien

Von den Big Playern bis zum kleinen Spezialanbieter – auf den folgenden Seiten stellen wir Ihnen die Firmen hinter den Schiffen vor

Kreuzfahrtneulinge kennen meist nur zwei, drei Markennamen. Dabei sind allein auf dem deutschsprachigen Markt mehr als 30 Unternehmen präsent – viele davon unabhängig, die meisten jedoch unter den Fittichen eines größeren Konzerns, dessen Name in den Broschüren der Tochterfirmen allenfalls im Kleingedruckten erscheint: Das individuelle Profil der jeweiligen „Marke" ist Kern des Marketings. Umso interessanter ist es zu wissen: Wer hat eigentlich die Nase vorn? Welche Reederei ist unabhängig? Und welche gehört zu einem großen Verbund? Werfen wir also zunächst einen Blick aufs „große Ganze": Nur zwei Großkonzerne teilen sich den Löwenanteil des Markts.

Die Marktführer

Der unangefochtene Gigant in Sachen Kreuzfahrt ist die **Carnival Corporation** aus Miami. Das britisch-amerikanische Unternehmen vereint derzeit 105 Schiffe. Als erster Coup gelang Carnival 1989 die Übernahme der Holland America Line. Neben der „Hausmarke", der weltgrößten Reederei **Carnival Cruise Line**, zählen inzwischen zudem der italienische Big Player **Costa**, aber auch die Edelmarken **Cunard** und **Seabourn** zum Portfolio.

Eine Machtübernahme durch den größten Konkurrenten, **Royal Caribbean**, konnte 2003 durch den Einkauf der Nummer drei am Markt, **Princess Cruises**, verhindert werden. Im Zuge dessen verleibte sich Carnival auch **P&O Australia** und das bekannteste deutsche Unternehmen ein: **AIDA Cruises**. Insgesamt stehen derzeit 235.000 Betten zur Verfügung, weitere sieben Schiffe sind bestellt.

Gigant Nummer zwei startete Anfang der 1970er-Jahre als norwegische Gesellschaft: **Royal Caribbean Cruises**. 1988 eröffnete sie mit dem damals größten Schiff der Welt, der **Sovereign of the Seas**, die Ära des Massentourismus zur See. 1997 dann kaufte das inzwischen amerikanisch-norwegische Unternehmen **Celebrity Cruises**, und im Jahrzehnt darauf begann man mit Neugründungen: Mit dem spanischen Ableger **Pullmantur Cruises** (2006) und der französischen Marke **Croisières de France** besetzte Royal Caribbean weitere internationale Märkte. Zudem differenzierte sich der Konzern 2007 über die Deluxe-Marke **Azamara** weiter aus. Seit 2009 hält Royal Caribbean zudem in einem Joint Venture 50 Prozent der Anteile an **TUI Cruises**. Auf all seinen Schiffen kann Royal Caribbean Cruises (so der offizielle Name des Gesamtkonzerns) zurzeit rund 105.000 Betten anbieten. Geplant sind aktuell zwei Neubauten plus bis zu vier Schiffe für TUI Cruises.

Rang drei der Kreuzfahrtgiganten sicherte sich im September 2014 vorerst die **Norwegian Cruise Line** aus Miami – durch die Übernahme von **Prestige Cruises International** mit deren Marken **Oceania Cruises** und **Regent Seven Seas Cruises**. Ähnlich wie die Platzhirsche Carnival und Royal Caribbean verfügt das Unternehmen nun über ein breites Portfolio: Norwegian kreuzt im Standardsegment, Oceania ist ein gehobenes Premiumprodukt und Regent die Luxusalternative.

In den vergangenen Jahren hatte Norwegian sich mit dem Konkurrenten **MSC Crociere** ein Kopf-an-Kopf-Rennen geliefert. Inklusive der neuen Marken kann Norwegian 2015 knapp 42.300 Betten auf 22 Schiffen vorweisen, während MSC weiterhin zwölf Schiffe mit rund 30.000 Betten bereedert. Sie ist im Besitz der Familie Aponte aus Neapel, die auch in der Containerschifffahrt ganz oben mitspielt. Und ab 2020 könnte MSC auch in der Kreuzschifffahrt wieder aufholen: Wenn die angekündigten vier neuen Schiffe mit den zwei Optionen ergänzt werden, vergrößert MSC die Kapazität auf 62.228 Betten. Bei Norwegian und Regent stehen derzeit fünf Neubauten im Plan, mit rund 17.700 Betten. Das ergäbe 2020 eine Gesamtkapazität von 60.605 Passagieren.

Alle Reedereien im Überblick

Auf den folgenden Seiten stellen wir alle wichtigen Reedereien, die 2015 im deutschsprachigen Markt zu buchen sind, in Kurzporträts vor. Über 200 Schiffe werden dabei zumindest genannt. Alle, denen wir ein ausführliches Porträt widmen, sind mit einem ⚓ Anker-Symbol markiert. ►

Die Großen im Vergleich

Carnival, Royal Caribbean, Norwegian und MSC decken gemeinsam über 90 Prozent des weltweiten Angebots an Hotelbetten zur See ab

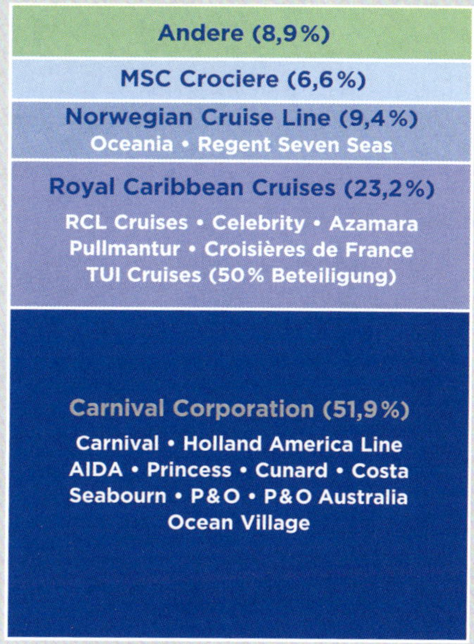

Noch im Bau ist die neue Generation von AIDA. Am blauen Rumpf erkennt man Azamara

AIDA Cruises

Der deutsche Marktführer aus Rostock führte bereits 1996 mit der ersten AIDA (der heutigen **AIDAcara**) das Clubschiff-Konzept ein. Statt strenger Tischordnungen gab es Buffets an Bord, Dresscodes und Captain's Dinner wurden abgeschafft. Dafür wurden professionelles Entertainment, Sport und Wellness und gastronomische Vielfalt ins Zentrum gerückt. Bemerkenswert sind etwa das Theatrium (zuerst auf der **AIDAdiva**) oder das Brauhaus zur See, das auf der **AIDAblu** Premiere feierte. Nach einer Neubaupause 2014 kommt 2015 mit der **AIDAprima** das erste Schiff einer neuen Generation. Es befördert über 3.000 Passagiere, soll wetterunabhängig ganzjährig ab Hamburg kreuzen – und setzt neue Standards in der Umwelttechnik. Auch hier möchte AIDA Cruises eine Vorreiterrolle spielen.

	Schiff	Baujahr	Passagiere*
⚓	AIDAcara	1996	1.180/1.340
⚓	AIDAvita	2002	1.266/1.528
⚓	AIDAaura	2003	1.266/1.528
⚓	AIDAdiva	2007	2.050/2.500
⚓	AIDAbella	2008	2.050/2.500
⚓	AIDAluna	2009	2.050/2.500
⚓	AIDAblu	2010	2.194/2.500
⚓	AIDAsol	2011	2.194/2.500
⚓	AIDAmar	2012	2.194/2.500
⚓	AIDAstella	2013	2.260/2.550
	AIDAprima	2015	3.286/3.300

Azamara Club Cruises

Mit zwei kleinen, feinen Schiffen bietet die 2007 gegründete Tochterfirma von Royal Caribbean ein Premium-Erlebnis mit ausgefeilten Routings und langen Hafenaufenthalten an. Die Schiffe, deren Gäste mehrheitlich aus den USA kommen, sind Umbauten der **R6** und der **R7** der Renaissance-Reederei.

⚓	Azamara Quest	2000	694/710
⚓	Azamara Journey	2000	694/710

Carnival Cruise Line

Als das erste Carnival-Schiff, die **TSS Mardi Gras**, bei seiner Jungfernfahrt 1972 auf eine Sandbank lief, machte Firmenchef Ted Arison aus der Not eine Tugend: Um die Passagiere bei Laune zu halten, wurden sie rund um die Uhr unterhalten. Die Funship-Idee war geboren; mit ihr stieg Carnival unter Teds Sohn Mickey Arison zum größten Kreuzfahrtveranstalter der Welt auf. Die Schiffe sind überwiegend ab amerikanischen Häfen im Einsatz. Sie bieten eine bunte Fantasiewelt, die „aus der tristen Realität in ein Abenteuerland voller Aktivitäten entführen" soll. Dazu verlocken viele Inklusivleistungen beim Essen, ein preisgekröntes Entertainment, ein hervorragendes Kinder- und Jugendprogramm und vieles mehr. Die meisten Gäste sind US-Amerikaner; alle Menükarten und Programme sind aber auch in deutscher Sprache erhältlich. Von den aktuell 23 Schiffen sind zehn älter als zwölf Jahre; als erstes erhielt die **Carnival Sunshine** (ehemals **Carnival Destiny**) 2013 einen Komplettumbau. Der nächste Neubau, ausgelegt auf 4.000 Passagiere, debütiert 2016. Wie schon 2014 kreuzt auch 2015 kein Carnival-Liner in europäischen Gewässern. Die Flotte seit 2002:

* Passagierzahlen: Standard-Doppelbelegung/Maximalkapazität

Spaß für die Kleinen und für die Großen: links auf der Carnival, rechts auf der Celebrity Solstice

Carnival Pride	2002	2.124/2.680
Carnival Legend	2002	2.124/2.680
Carnival Conquest	2002	2.974/3.700
Carnival Glory	2003	2.974/3.700
Carnival Miracle	2004	2.124/2.680
Carnival Valor	2004	2.974/3.730
Carnival Liberty	2005	2.974/3.730
Carnival Freedom	2007	2.974/3.730
Carnival Splendor	2008	3.006/3.914
Carnival Dream	2009	3.690/4.630
Carnival Magic	2011	3.690/4.630
Carnival Breeze	2012	3.690/4.630
Carnival Sunshine	2013	3.006/3.758

Celebrity Cruises

Das „X" am Schornstein erinnert daran: Celebrity ging aus einem griechischen Familienunternehmen hervor, dessen Gründer John Chandris das „X" (wie „Chi" für Chandris) im Firmenlogo führte. Es wurde beibehalten, als Celebrity Cruises 1989 entstand – und 1997 von Royal Caribbean übernommen wurde. Die Schiffe der heute weltweit verkehrenden Flotte zeichnen sich durch elegante, internationale Atmosphäre aus. Ein Qualitätssprung gelang mit der **Solstice**-Klasse, deren innovatives Design den Nerv eines kosmopolitischen, trendbewussten Publikums trifft. Klassische Schiffe sind dagegen die älteren Celebrity-Liner (von denen zwei zu **TUI Cruises** wechselten). Vor Galapagos fährt der Boutiquecruiser **Celebrity Xpedition**.

Celebrity Millennium	2000	2.052/2.368
Celebrity Summit	2001	2.052/2.368
Celebrity Infinity	2001	2.052/2.368
Celebrity Xpedition	2001	92
Celebrity Constellation	2002	1.950/2.300
⚓ Celebrity Solstice	2008	2.825/3.145
⚓ Celebrity Equinox	2009	2.825/3.145
⚓ Celebrity Eclipse	2010	2.825/3.145
⚓ Celebrity Silhouette	2011	2.825/3.145
⚓ Celebrity Reflection	2012	2.825/3.145

Club Med Cruises

Der Kreuzfahrtableger des französischen Cluburlaub-Spezialisten spricht eine sportliche, genussfreudige Klientel an; bei den Passagieren dominieren Franzosen. Das Schiff, ein 2008 renovierter Fünfmaster, ist baugleich mit der Ex-**Club Med 1**, die heute **Wind Surf** heißt.

Club Med 2	1992/2008	368

Color Line

Kurzkreuzfahrten auf Fährschiffen: Damit hat diese norwegische Firma großen Erfolg. Auf der Linie Kiel–Oslo bietet sie an Bord ihrer Autofähren, was man sonst nur von Kreuzfahrtschiffen kennt: Entertainment, Gastronomie sowie Sport und Spaß für die ganze Familie. Perfekt für Kreuzfahrtneulinge!

⚓ Color Fantasy	2004	2.750
⚓ Color Magic	2007	2.750

Costa Kreuzfahrten

Mit ihrer über 60-jährigen Geschichte zählt Costa Crociere aus Genua zu den Traditionsmarken in Europa – auch wenn die Erinnerung an das Unglück der **Costa Concordia** im Januar 2012 noch im Gedächtnis haftet. ►

Auf „Slow Cruise" setzt neuerdings Costa (l.), weiterhin rund um die Welt kreuzt Crystal

Das Stammpublikum sind Italiener. Je nach Route kommen Gäste aus aller Herren Länder hinzu; Bordansagen in fünf Sprachen (auch Deutsch) sind dann die Regel, und zu Ferienzeiten reisen viele Kinder mit. Auf Paare ausgelegt sind dagegen die Umbauten von drei älteren Schiffen zur Costa neoCollection. Unter dem Motto „Slow Cruise" bieten sie eine entspannte, genussbetonte Form der Seereise mit längeren Hafenzeiten – und haben damit Erfolg. Den größeren Costa-Schiffen (die 2014 gestartete **Costa Diadema** ist das größte Italiens) merkt man aber weiterhin die Handschrift von Carnival an: Die Amerikaner übernahmen Costa 2000.

	Costa neoClassica	2015	1.308/1.726
⚓	Costa neoRomantica	1993/2012	1.578/1.800
⚓	Costa neoRiviera	1996/2013	1.248/1.727
	Costa Victoria	1996	1.928/2.394
	Costa Atlantica	2000	2.112/2.680
	Costa Mediterranea	2003	2.112/2.680
	Costa Fortuna	2003	2.716/3.470
	Costa Magica	2004	2.716/3.470
	Costa Serena	2007	3.000/3.763
	Costa Pacifica	2009	3.000/3.763
	Costa Luminosa	2009	2.260/2.862
	Costa Deliziosa	2010	2.260/2.862
	Costa Favolosa	2011	3.000/3.780
⚓	Costa Fascinosa	2012	3.016/3.800
⚓	Costa Diadema	2014	3.724/4.947

Crystal Cruises

Luxus aus Fernost: Diese Schiffe gehören zu den besten in der Kreuzfahrtwelt. Das Publikum ist international, die Bordsprache Englisch. Oft sind viele Japaner an Bord: Crystal gehört der japanischen Containerlinie NYK.

⚓	Crystal Symphony	1995	998
⚓	Crystal Serenity	2003	1.100

Cunard Line

1840 als Transatlantik-Liniendienst gegründet, ist Cunard die traditionsreichste Kreuzfahrtmarke der Welt: Samuel Cunard entwickelte sie im Auftrag der Krone, um den Postweg zwischen England und Amerika zu beschleunigen. Die traditionellen Transatlantik-Passagen fährt die **Queen Mary 2** noch heute. Sie ist aber auch auf klassischen Kreuzfahrten unterwegs wie ihre jüngeren Schwestern **Queen Victoria** und **Queen Elizabeth**. Alle drei bieten Cruising auf britische Art, mit High Tea, Gentlemen Hosts usw. – auch wenn der Inhaber der Firma seit 1998 Carnival heißt.

⚓	Queen Mary 2	2004	2.620/3.090
⚓	Queen Victoria	2007	1.900/2.430
⚓	Queen Elizabeth	2010	2.068/2.447

Deilmann Reederei

Die Reederei aus Neustadt in Holstein betreibt das einzige Hochseeschiff unter deutscher Flagge: die als ZDF-Traumschiff bekannte **Deutschland**. Am klassischen Konzept wurde auch nach mehrfachem Inhaberwechsel seit 2010 wenig geändert. Eine breitere Marktpräsenz soll nun eine Vertriebskooperation mit FTI Cruises aus München ermöglichen.

⚓	Deutschland	1998	500/520

Stammgäste in Hamburg: Cunards Queen Mary 2 (l.) und die Europa 2 von Hapag-Lloyd

Disney Cruise Line

Für Familien mit Kindern gibt es kaum etwas Besseres als die Schiffe mit Micky Maus am Schornstein. In Europa sind sie, obwohl in Papenburg gebaut, leider selten zu Gast.

	Disney Magic	1998	2.700
	Disney Wonder	1999	2.700
⚓	Disney Dream	2011	4.000
⚓	Disney Fantasy	2012	4.000

FTI Cruises

Der Münchner Touristikkonzern FTI Reisen stieg 2012 in die Kreuzfahrt ein – mit einer alten Bekannten: der **Berlin**, die bis 1998 das TV-Traumschiff war. Dank der Partnerschaft mit der Deilmann Reederei (siehe dort) kreuzen damit zwei Fernsehstars zumindest im Reisebüro wieder Seite an Seite.

⚓	Berlin	1980/2014	412/456

Hansa Touristik

Die Stuttgarter Firma bietet mit jährlich wechselnden Programmen traditionelle Kreuzfahrten an – für Gäste, die mit den Funships von heute nichts anfangen können. 2013 wurde dafür ein neues Schiff eingeführt:

⚓	Ocean Majesty	1995	548

Hapag-Lloyd Kreuzfahrten

Wer sich auf Albert Ballin, den Erfinder der modernen Kreuzfahrt, als Gründer berufen kann, darf stolz auf die Tradition sein: So gesehen ist Hapag-Lloyd die deutsche Nummer eins. Sie ist es auch, was die Konsequenz in der Umsetzung des Luxusanspruchs betrifft: Mit der 2013 getauften **Europa 2** wurde das erneut überzeugend bewiesen. Mit 516 Passagieren ist auch sie wieder ein kleines Schiff – denn nur in dieser Größenordnung ist das möglich, wofür Hapag-Lloyd steht: das individuelle Erlebnis, der überragende Service, die anspruchsvollen Programme, neuerdings auch für Familien. Egal ob bei Expeditionen ins Eis oder bei Themenreisen zu Golf, Politik oder klassischer Musik.

⚓	Bremen	1990	164/178
⚓	Hanseatic	1993	184/194
⚓	Europa	1999	408
⚓	Europa 2	2013	516

Holland America Line

Ende des 19. Jahrhunderts war diese 1873 in Rotterdam gegründete Reederei einer der großen Player im Geschäft mit Auswanderern in die Neue Welt; die erste Kreuzfahrt wurde 1895 angeboten. Seit 1998 ist die Linie Teil der Carnival Corporation, wo sie heute im Premiumsegment kreuzt. Ihre 15 Schiffe starke Flotte (ab 2015 13, da zweiSchiffe zu **P&O Australia** wechseln) spricht ein internationales, traditionsbewusstes Publikum an. Die Signature-Class-Schiffe (ab **Eurodam**) bieten große Kabinen, luxuriöse Bettwaren, Showküchen, große Spa-Bereiche und Ähnliches mehr.

Statendam	1993	1.268/1.625
Maasdam	1993	1.258/1.625
Ryndam	1994	1.270/1.625
Veendam	1996	1.350/1.830

►

Königliche Taufe bei Holland America – und eine Expedition in die Antarktis mit Hurtigruten

	Rotterdam	1997	1.316/1.826
	Prinsendam	1998	793/910
	Volendam	1999	1.432/1.837
	Zaandam	2000	1.432/1837
	Amsterdam	2000	1.380/1.770
	Zuiderdam	2002	1.916/2.490
	Oosterdam	2003	1.916/2.490
⚓	Westerdam	2004	1.916/2.490
	Noordam	2006	1.918/2.502
⚓	Eurodam	2008	2.104/2.666
⚓	Nieuw Amsterdam	2010	2.106/2.670

Hurtigruten

Als der Norweger Richard With es 1893 als Erster wagte, im Winter mit seinem Dampfer **Vesterålen** bis in den hohen Norden Norwegens zu fahren, war die „Schnelle Route" – „Hurtigruten" auf Norwegisch – geboren. Im Geist dieser Zeit sind die Schiffe bis heute unterwegs: Sie sind Frachter, Post- und Passagierschiffe zugleich und fahren ganzjährig, also auch im Winter, auf festen Routen. Im Sommer stehen zusätzlich Geiranger- und Trollfjord im Programm. Seit 2007 gibt es auch Expeditionen in die Polargebiete auf der eigens hierfür gebauten **Fram**.

	Lofoten	1964	340
	Vesterålen	1983	510
	Kong Harald	1993	623
	Richard With	1993	623
	Nordlys	1994	622
	Nordkapp	1996	622
	Polarlys	1996	619
	Nordnorge	1997	623
	Finnmarken	2002	1.000
	Trollfjord	2002	822
⚓	Midnatsol	2003	1.000
⚓	Fram	2007	318

MSC Kreuzfahrten

Die Kreuzfahrttochter des neapolitanischen Frachtschiffgiganten **Mediterranean Shipping Company** besitzt die größte Kreuzfahrtflotte der Welt, die sich in privater Hand befindet. Gianluigi Aponte und sein Schwiegersohn Pierfrancesco Vago führen das Ruder, und die Aponte-Freundin Sophia Loren tauft traditionell alle neuen Schiffe. Mediterraner Lifestyle mit Zutaten aus allerlei Kulturen prägt das Leben an Bord. Intensiv wirbt man auch um deutsche Gäste, etwa mit der Taufe der **MSC Magnifica** 2010 in Hamburg, die dort im Sommer 2014 auch erstmals ihren Basishafen hatte. Wer MSC bucht, erhält viel Leistung zu günstigen Preisen auf modernen, mal bunten, mal dezenter gestalteten Linern. In die Luxusklasse wagt sich MSC mit dem von Butlern betreuten Yacht Club auf **MSC Fantasia, Splendida**, **Divina** und **Preziosa**. Die nächsten Neubauten, zwei Jumbos für über 5.000 Gäste, sind für 2017/18 angekündigt.

⚓	MSC Armonia	2001/2004	1.554/2.083
⚓	MSC Sinfonia	2002/2005	1.556/2.090
⚓	MSC Lirica	2003	1.560/2.055
⚓	MSC Opera	2004	1.560/2.055
	MSC Musica	2006	2.550/3.010
	MSC Orchestra	2007	2.550/3.010
	MSC Poesia	2007	2.550/3.010
⚓	MSC Fantasia	2008	3.300/3.959
⚓	MSC Splendida	2009	3.300/3.959

Bunt und fröhlich sind beide: Showtheater auf einem MSC-Schiff, Badespaß bei Norwegian

MSC Magnifica	2010	2.550/3.010
⚓ MSC Divina	2012	3.274/3.959
⚓ MSC Preziosa	2013	3.700/4.345

Norwegian Cruise Line

Eine innovative Kreuzfahrtlinie mit modernen Ideen: Schon als der Osloer Knut Kloster sie 1966 gründete, brachte sie mit Ein-Klassen-Kreuzfahrten oder regelmäßigen Karibikreisen ab Miami neue Konzepte auf den Markt. Seit 2013 ist die Firma börsennotiert, 2014 wurden Oceania Cruises und Regent Seven Seas Cruises aufgekauft. Die Erfolgsformel, die das Bordleben bei den Norwegians prägt, heißt Freestyle Cruising: keine steifen Dresscodes, keine festen Essenszeiten – stattdessen lockere Atmosphäre, eine Vielzahl frei wählbarer Restaurants und hochkarätiges Entertainment. Mit der **Norwegian Epic** antwortete man 2010 auf den Trend zum Megaschiff und bot zugleich als Erstes Kabinen für Singles an. Die gibt es auch auf den neuesten Norwegians **Breakaway** (2013) und **Getaway** (2014). Mit **Norwegian Bliss** und **Escape** kommen 2015/16 jeweils 4.200 weitere Betten hinzu.

Norwegian Spirit	1999	1.996/2.475
Norwegian Sky	1999	2.002/2.450
Norwegian Star	2001	2.240/2.846
Norwegian Sun	2001	1.936/2.400
Norwegian Dawn	2002	2.224/2.846
⚓ Norwegian Jewel	2005	2.376/2.846
Pride of America	2005	2.138/2.438
⚓ Norwegian Jade	2006	2.402/2.846
⚓ Norwegian Pearl	2006	2.394/2.834
⚓ Norwegian Gem	2007	2.394/2.834
⚓ Norwegian Epic	2010	4.228/5.368
⚓ Norwegian Breakaway	2013	4.028/4.941
⚓ Norwegian Getaway	2014	4.028/4.941
Norwegian Bliss	2015	ca. 4.200

Oceania Cruises

Drei Luxusliner für je 684 Gäste, allesamt vormalige „Renaissance-Schiffe" (daher R Class), nannte die 2002 gegründete Reederei lange ihr Eigen. Erst mit der O Class (**Marina**, **Riviera**) wurde die 1.000er-Grenze überschritten. Oceania gehört wie Regent Seven Seas seit 2014 zur Norwegian Cruise Line. Kern des Konzepts ist ausgefeilter, aber lässiger Luxus, amerikanisch interpretiert. Die Bordsprache ist Englisch.

⚓ Insignia	1998	684
⚓ Nautica	1998	684
⚓ Regatta	2009	684
⚓ Marina	2011	1.258/1.360
⚓ Riviera	2012	1.258/1.360

P&O Cruises

In Großbritannien seit nun schon 175 Jahren eine feste Größe, ist die Carnival-Tochter hierzulande noch immer eher unbekannt. Neue Werbemaßnahmen sollen dies 2015 ändern. Die Reederei ist auf allen Weltmeeren zu Hause und bietet ein traditionelles Hochsee-Erlebnis mit englischem Flair. 2015 kommt mit der **Britannia** ein neues Flaggschiff.

Oriana	1995	2.117/2.600
Oceana	2000	2.164/2.284
Aurora	2000	1.920/1.983 ►

Echte Weltenbummler: die Albatros von Phoenix Reisen und die Hamburg von Plantours

Adonia	2001	710/824
Arcadia	2005	2.480/2.640
Ventura	2008	3.480/3.592
Azura	2010	3.480/3.592
Britannia	2015	ca. 3.600

Phoenix Reisen

Das Publikum, das die türkisfarben markierten Fluss- und Seeschiffe dieses Bonner Veranstalters schätzt, ist deutschsprachig – und besonders treu: Wenige Veranstalter haben ähnlich hohe Repeater-Quoten. Phoenix-Gäste lieben den Kapitänstisch, die Kaffeestunde, den bayerischen Frühschoppen – und den stets freundlichen und familiären Service. 2013 feierte die Firma ihr 40-jähriges Bestehen.

⚓ Albatros	1973	850
⚓ Amadea	1991	600
⚓ Artania	1984/2011	1.200

Plantours Kreuzfahrten

Auch Plantours aus Bremen betreibt Flussschiffe und seit 2012 als Seeschiff die einstige **Columbus** von Hapag-Lloyd aus Hamburg – die nun für die Bremer unter dem Namen **Hamburg** fährt. Neuerdings sogar bis ins Eis.

⚓ Hamburg	1997	420

Ponant Cruises

Ein Segler und vier schmucke Motoryachten bilden die Flotte der französischen Nobelmarke, die seit 2012 dem Investor **Bridgepoint** gehört. Er verkaufte zwei ältere Einheiten und fokussiert sich auf die drei jüngeren Yachten; 2015 kommt mit der **Lyrial** eine vierte. Sie überzeugen mit hippem Ambiente und Reisen zu fernen Häfen, auch in Antarktis und Arktis.

Le Ponant (Segler)	1991	64
⚓ Le Boreal	2010	264
⚓ L'Austral	2011	264
⚓ Le Soléal	2013	264
Le Lyrial	2015	244

Princess Cruises

Was den Deutschen ihr „Traumschiff", ist den Amerikanern das „Love Boat": Die Erfolgsserie (1977 bis 1986) machte Princess Cruises berühmt. 19 Schiffe zählt die Flotte, und auf allen, egal ob für 700 oder 3.000 Passagiere, gilt die Maxime „Big Ship Choice, Small Ship Feel". Dafür wurden große Räume in kleine Cafés und gemütliche Bars unterteilt, aus zwei Restaurants vier gemacht. Nur im Theater, an den Buffets und beim Tendern merkt man, dass man auf einem Ozeanriesen reist. Princess gehört seit 2003 zu Carnival und wetteifert konzernintern mit Holland America um die Marktführung in Alaska, wo man „Cruise Tours" mit eigenen Lodges, Bussen und Zügen anbietet. Auf vielen Reisen sind deutschsprachige Reiseleiter an Bord.

Sun Princess	1995	1.990/2.250
Dawn Princess	1997	1.990/2.250
Sea Princess	1998	1.990/2.250
Pacific Princess	1999	680/802
Ocean Princess	1999	680/802
Golden Princess	2001	2.590/3.200
Star Princess	2002	2.590/3.200

Für Mutige: der Sky Walk auf der Royal Princess (l.) und die Zipline auf der Oasis of the Seas

	Coral Princess	2002	1.970/2.588
	Island Princess	2003	1.970/2.588
	Caribbean Princess	2004	3.252/3.760
	Diamond Princess	2004	2.670/3.286
	Sapphire Princess	2004	2.670/3.286
	Crown Princess	2006	3.252/3.760
	Emerald Princess	2007	3.252/3.760
	Ruby Princess	2008	3.252/3.760
	Grand Princess	2008	3.252/3.760
⚓	Royal Princess	2013	3.560/4.340
⚓	Regal Princess	2014	3.560/4.340

Regent Seven Seas Cruises

Hier zählt nicht die Schiffsgröße, sondern der Platz pro Passagier: Er liegt auf höchstem Niveau. Die drei Schiffe, seit 2014 im Besitz der Norwegian Cruise Line, kreuzen weltweit – und bieten ein komplettes Inklusivpaket, sogar bis hin zu vielen Landausflügen. Für 2016 ist der Neubau **Seven Seas Explorer** angekündigt. Die kleine **Paul Gauguin**, die bis 2010 für Regent fuhr, mit Französisch-Polynesien als ganzjährigem Fahrgebiet, kreuzt heute für eine eigene Firma: **Paul Gauguin Cruises**.

	Seven Seas Navigator	1999	510
⚓	Seven Seas Mariner	2001	700
	Seven Seas Voyager	2003	700

Royal Caribbean International

Royal Caribbean ist das zweitgrößte Kreuzfahrtunternehmen der Welt. Die Erfolgsgeschichte begann 1969 mit der **Song of Norway**, 1988 setzte die **Sovereign of the Seas** neue Größenstandards, und 2009 übertraf man die Konkurrenz abermals mit dem bis dato größten Schiff der Welt: der **Oasis of the Seas** für maximal fast 6.300 Passagiere. Auch wenn die nächsten beiden, **Quantum of the Seas** (2014) und **Anthem of the Seas** (2015), wieder etwas kleiner ausfallen: Sie alle bieten Dimensionen, angesichts derer das Schiff selbst endgültig zur Destination geworden ist. Die RCI-Liner punkten mit großzügigen Sportangeboten, auch im Outdoor-Bereich. Neben der Kletterwand auf allen Schiffen bieten die jüngeren auch Surfsimulatoren, Eislaufflächen oder gar Autoscooter. Auch Kindern wird nicht langweilig: „Adventure Ocean“ heißt das Spaßprogramm für die Kleinsten; für Kinder ab zwölf Monaten gibt es sogar Babysitter. Ende 2014 betreibt Royal Caribbean International 22 Schiffe aus sieben Generationen; aus Platzgründen werden hier nur die jüngsten fünf Generationen aufgeführt.

	Voyager of the Seas	1999	3.114/3.838
	Explorer of the Seas	2000	3.114/3.838
	Radiance of the Seas	2001	2.180/2.504
	Adventure of the Seas	2001	3.114/3.838
	Brilliance of the Seas	2002	2.180/2.504
	Navigator of the Seas	2002	3.114/3.838
	Serenade of the Seas	2003	2.200/2.501
	Mariner of the Seas	2003	3.114/3.839
	Jewel of the Seas	2004	2.200/2.501
⚓	Freedom of the Seas	2006	3.634/4.374
⚓	Liberty of the Seas	2007	3.634/4.374
⚓	Independence of the Seas	2008	3.634/4.374
⚓	Oasis of the Seas	2009	5.408/6.230
⚓	Allure of the Seas	2010	5.408/6.230
⚓	Quantum of the Seas	2014	4.188/4.905
	Anthem of the Seas	2015	4.188/4.905

►

Die Vorzüge der Kleinen: Segelabenteuer bei Sea Cloud (l.), Flussfahrt mit SeaDream

Sea Cloud Cruises

Die Tagesraten der Hamburger Reederei sind stolz – doch das Erlebnis, das sie bietet, ist einzigartig. Namensgeberin ist die wunderschöne Segelyacht, 1931 in Kiel gebaut, die mit nur 64 Gästen fährt. Eine Alternative ist der Nachbau im selben Geist, die **Sea Cloud II**, die für 94 Gäste Platz hat. Das Flussschiff der Reederei, die **River Cloud II**, wurde 2014 verkauft.

⚓	Sea Cloud	1931/2010	64
⚓	Sea Cloud II	2001	94

Seabourn Cruise Line

Wer mit Seabourn reist, wird nach allen Regeln der Kunst verwöhnt. Butlerservice, Personal Trainer, Kaviar satt – all das ist inklusive, für Preise um die 500 Euro täglich. Drei baugleiche Yachten machten lange die kleine „Flotte" aus. Sie wechseln nun bis Mitte 2015 zu Windstar Cruises, zuerst die **Seabourn Pride**, die seit April 2014 **Star Pride** heißt. Seabourn konzentriert sich ab dann auf die größeren und jüngeren Schiffe – ein Aufsehen erregendes Trio:

⚓	Seabourn Odyssey	2009	450
⚓	Seabourn Sojourn	2010	450
⚓	Seabourn Quest	2011	450

SeaDream Yacht Club

Auch hier ist nur das Beste die Richtschnur: Auf zwei baugleichen, allerdings nicht mehr ganz taufrischen Nobelyachten für je 112 Gäste wird einem jeder Wunsch von den Lippen abgelesen. Bemerkenswert ist die trotz der versammelten Millionen locker-sportliche Stimmung an Bord. Eigner der Firma ist der norwegische Geschäftsmann Atle Brynestad. Wer dem lässigen Multimillionär einmal begegnet ist, versteht diese Schiffe sofort.

⚓	SeaDream I	1984	95/112
⚓	SeaDream II	1985	95/112

Silversea Cruises

Die 1994 gegründete Reederei hat ihren Sitz in Monaco – und gibt sich so nobel wie jenes. Die Schiffe bieten erlesenen Luxus und sind klein genug, um auch Häfen abseits des Mainstreams anzulaufen. Man tafelt auf Gourmetniveau, reist ausschließlich in Außenkabinen und -suiten, und im All-inclusive-Konzept strömen Champagner und feine Weine (fast) unbegrenzt. Die Klientel ist international – auch auf den Expeditionsschiffen, auf die Silversea seit 2008 mit wachsendem Erfolg setzt – mit **Silver Explorer**, **Silver Galapagos** und zuletzt **Silver Discoverer**, einem Umbau der **Clipper Odyssey** aus den USA.

⚓	Silver Explorer	1989/2008	149
	Silver Galapagos	1990/2013	100
	Silver Discoverer	1989/2014	128
	Silver Cloud	1994	304
	Silver Wind	1995	304
	Silver Shadow	2000	294
	Silver Whisper	2001	294
⚓	Silver Spirit	2009	540

Starclipper Cruises

Auch der Schwede Mikael Krafft hat seinen ►

e-hoi
click and cruise
Traumkreuzfahrten weltweit
Wählen Sie aus unserem Angebot exklusiver Produkte Ihre Traumreise!
Jetzt buchen & 50 € Gutschein sichern!
Gutscheincode: 20kfg15*
e-hoi HIN & WEG
Nur bei e-hoi buchbare Reisepakete
• Zahlreiche Inklusivleistungen (Flüge, Hotel uvm.)
• Preisersparnis im Vergleich zur Einzelbuchung
DEAL
Attraktive DEALS für e-hoi Kunden
• Exklusive e-hoi Sonderpreise
• Bordguthaben, Getränkepakete uvm.
*Gültig für Buchungen bis 31.12.2015. Mindestbuchungswert: 1.000 €. Es gelten die Gutscheinbedingungen auf www.e-hoi.de/reisegutscheine
Buchung & Beratung täglich 8-20 Uhr:
0800 80 90 500 (kostenlos)
s@fer shopping TÜV SÜD
www.e-hoi.de

Flugversuche: unterm Klüverbaum bei Starclippers – und Helene Fischer bei TUI Cruises

Firmensitz in Monaco. Seine lebenslange Leidenschaft gilt der Kreuzfahrt unter Segeln: Drei prachtvolle Schiffe, eines davon ein veritabler Fünfmaster, bilden seine Flotte. Sie sind nicht so nobel (und teuer) wie die Sea Clouds, bieten aber exotischere Routen an – und eine erstaunlich gute Gastronomie. Und das Segelerlebnis ist dasselbe.

⚓ Star Clipper	1991	170
⚓ Star Flyer	1992	170
⚓ Royal Clipper	2000	227

Transocean Kreuzfahrten

Mit nur noch einem Seeschiff wurde der Bremer Veranstalter (zuvor **Transocean Tours**) 2010 neu positioniert. In Zusammenarbeit mit dem Investor **Premicon AG** wurde der Publikumsliebling **Astor** in Bremerhaven runderneuert und mit neuen Suiten ausgestattet. Der neue Slogan „Höchst persönlich" drückt aus, was man den Gästen bieten will. Das zweite Standbein der Bremer sind Flussreisen vom Rhein über die Rhône bis nach Russland.

⚓ Astor	1987	578

TUI Cruises

Ein Schiffsumbau in Rekordzeit und ausgefuchste Marketingideen (z. B. „Rock Liner" oder „Full Metal Cruise") für deutsche Babyboomer: Das Joint Venture von TUI und Royal Caribbean positionierte sich mit der **Mein Schiff 1** (zuvor **Celebrity Galaxy**) 2009 rasch am Markt. Mittlerweile steht fest, dass die Hamburger die Lücke zwischen klassischem Luxus-Cruising und legerem Spaßschiff-Feeling treffsicher gefunden haben. „Premium alles inklusive" heißt einer der Bausteine, die Anklang fanden: So gut wie alle Bordnebenkosten sind im Reisepreis eingeschlossen. So war es nur folgerichtig, dass 2011 die **Mein Schiff 2** folgte (zuvor **Celebrity Mercury**) und im Frühjahr 2014 der erste eigene Neubau: **Mein Schiff 3**. Wie die beiden anderen wurde sie an der Elbe getauft, mit Helene Fischer als publikumswirksamer Patin und mit Platz für gut 2.500 Passagiere. Der zweite Neubau, die **Mein Schiff 4**, folgt 2015 – und für noch zwei weitere gibt es bereits Optionen.

⚓ Mein Schiff 1	1996/2009	1.924/2.405
⚓ Mein Schiff 2	1997/2011	1.912/2.390
⚓ Mein Schiff 3	2014	2.506/ k.A.

Windstar Cruises

Zwanglose Bordatmosphäre und gute bis sehr gute Gastronomie, dafür steht Windstar Cruises aus den USA. Bisher mit einem Fünfmaster und zwei Viermastern – und seit April 2014 erstmals mit einem Schiff ohne Masten, der **Star Pride** – der von Seabourn übernommenen **Seabourn Pride**. **Seabourn Star** und **Seabourn Legend** folgen nun: Unter den Namen **Star Breeze** und **Star Legend** gehen sie 2015 für Windstar Cruises an den Start.

Wind Star (Segler)	1986	148
Wind Spirit (Segler)	1988	148
⚓ Star Pride	1988/2014	212
Wind Surf (Segler)	1990/1998	312
Star Breeze	1989/2015	212
Star Legend	1992/2015	212

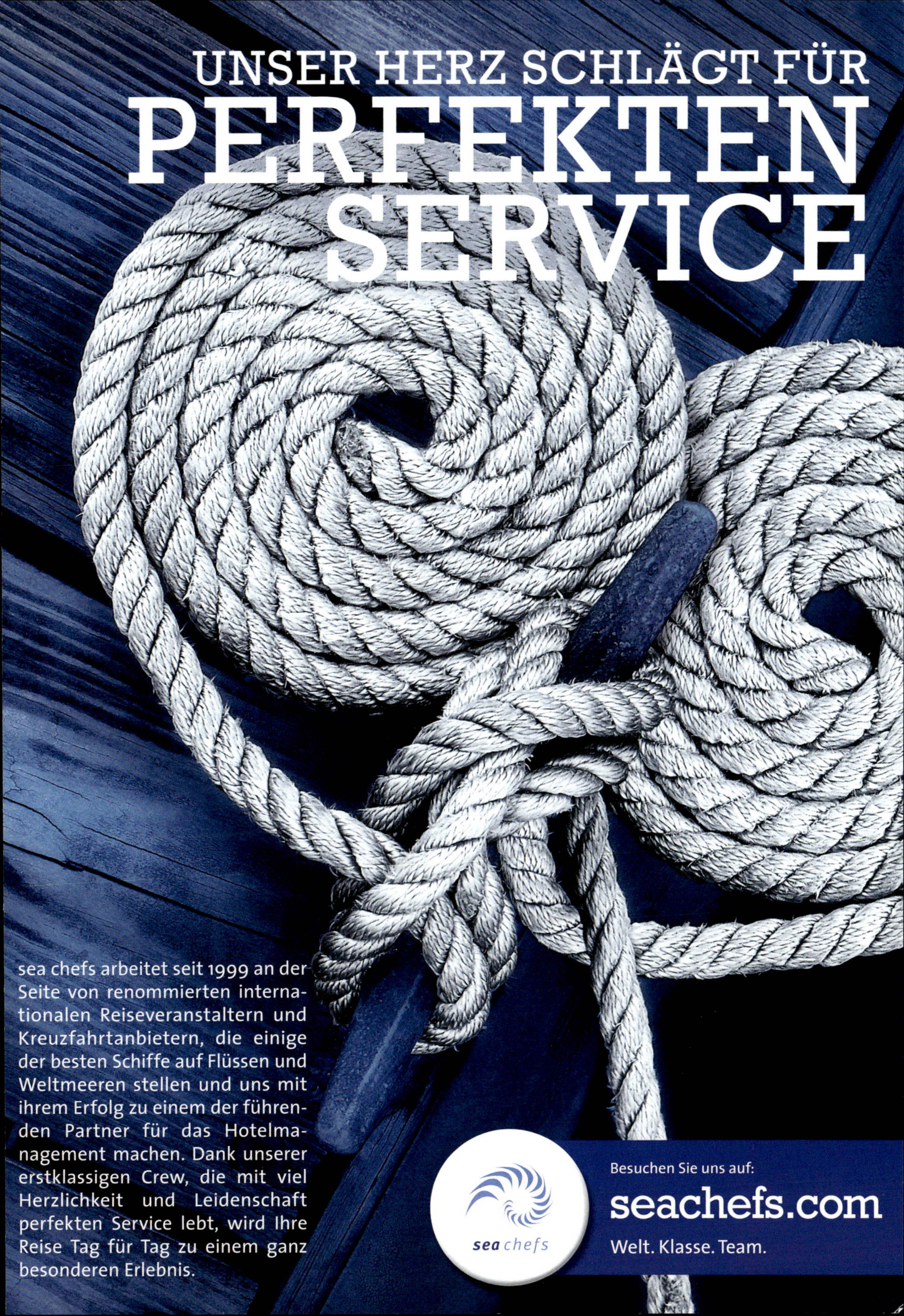
UNSER HERZ SCHLÄGT FÜR
PERFEKTEN
SERVICE
sea chefs arbeitet seit 1999 an der Seite von renommierten internationalen Reiseveranstaltern und Kreuzfahrtanbietern, die einige der besten Schiffe auf Flüssen und Weltmeeren stellen und uns mit ihrem Erfolg zu einem der führenden Partner für das Hotelmanagement machen. Dank unserer erstklassigen Crew, die mit viel Herzlichkeit und Leidenschaft perfekten Service lebt, wird Ihre Reise Tag für Tag zu einem ganz besonderen Erlebnis.
sea chefs
Besuchen Sie uns auf:
seachefs.com
Welt. Klasse. Team.

Meilenstein für die deutsche Kreuzfahrtwelt: Die AIDAprima kommt im Oktober 2015

Sechs Große und eine Yacht

Sieben Premieren erwarten Schiffsfans im Kreuzfahrtjahr 2015. Die spannendste wurde vom Anfang auf das Ende des Jahres verschoben

VON PEGGY GÜNTHER

Die Parade der Neuen beginnt im April – mit der britischen Hymne: **Britannia** heißt das neue Flaggschiff von P & O Cruises aus Southampton. Seit 2013 kümmert sich die britische Reederei, die seit 2003 eine Tochter des US-Marktführers Carnival ist, verstärkt um deutsche Passagiere: Sie werden aktiv willkommen geheißen. 1.800 Kabinen werden auf dem neuen Schiff ab/bis Southampton zu füllen sein – Rekord für P & O. Und ein echtes Novum ist: Es gibt 27 Kabinen für Alleinreisende, davon 15 mit Balkon. Neben dem größten Spa-Bereich der damit auf acht Schiffe wachsenden Flotte wartet die Britannia mit kulinarischen Finessen auf: Stars der britischen Gastro-Szene sollen als „Food Heroes" ihre Ideen ins gastronomische Konzept einbringen. Rezepte ausprobieren können die Passagiere an zwölf Kochstationen im „Cookery Club". Und im „Limelight Club" wird Abendunterhaltung mit Essen kombiniert.

Konkurrenz ab Southampton kommt nur einen Monat später: Die **Anthem of the Seas** von Royal Caribbean International ist das Schwesterschiff der im November 2014 gestarteten **Quantum of the Seas** (S. 186). Die Aussichtskugel „North Star" und das „Two 70°" – ein Multifunktionsraum mit Autoscoo-

Oben links: Anthem of the Seas ist eine Schwester der Quantum of the Seas. Unten und rechts ist die Britannia zu sehen. Sie hat auf 141.000 BRT Raum für 3.611 Passagiere

tern & Co. – gehören wieder zum Konzept. Und auch hier gibt es gastronomische Neuerungen: Zu den Spezialitätenrestaurants zählt das erste „Jamie's Italian" auf hoher See, mit Gerichten von Jamie Oliver. Zudem testet die Reederei ein neues Konzept namens „Dynamic Dining". Ähnlich wie bei Norwegian sollen feste Tischzeiten, Sitzordnungen und formelle Abende der Vergangenheit angehören. Dabei wird das klassische Hauptrestaurant durch fünf Alternativen ersetzt, die bereits im Reisepreis enthalten sind.

Ähnlich macht es TUI Cruises auf der **Mein Schiff 4**: Das Hauptrestaurant Atlantik ist unterteilt in ein klassisches, ein mediterranes und ein eurasisches Segment. Darüber hinaus enthält das Premium-alles-inklusive-Konzept nicht nur einen Ableger des Gosch Sylt und eine Backstube, sondern auch die Mehrzahl der Getränke. Lediglich die attraktiv im Heck gelegenen Angebote– das Steakhouse Surf & Turf, die Coffee Lounge und die Champagner Bar – sind nicht im Preis inkludiert. Bei all den gastronomischen Verführungen kommt es gerade recht, dass der Sport- & Spa-Bereich auf der Mein Schiff 4 gegenüber der Schwester **Mein Schiff 3** noch einmal wächst. Dieses Mal steht er unter einem skandinavischen Motto. Auch das maritime Museum „Meerleben" wird unter Einbeziehung ►

Mein Schiff 4 bietet gegenüber der Schwester Mein Schiff 3 mehr Außensitzplätze im Steakhouse. 99.300 BRT, 2.500 Passagiere

Le Lyrial (oben links) ist der kleinste Neubau des Jahres. Unten/rechts: Die Viking Star hat einen spektakulären Infinity-Pool an Bord. Sie bietet mit 48.000 BRT Platz für 928 Gäste

neuer Partner weiterentwickelt. Ebenso wird es den ersten kammermusikalischen Konzertsaal auf See – das Klanghaus – wieder geben. Die Jungfernfahrt startet im Mai in Kiel, wo auch die Schiffstaufe stattfinden soll.

Ebenfalls im Mai präsentiert sich **Le Lyrial**. Mit dem vierten Neubau in fünf Jahren vollendet die französische Compagnie du Ponant ihre Baureihe kleiner Luxusyachten, die auch für Expeditionen einsetzbar sind. Le Lyrial setzt einen luxuriösen Schlusspunkt: Sie wird größere Kabinen haben, darunter Suiten mit bis zu 56 Quadratmetern Grundfläche; die Gesamtzahl der Unterkünfte sinkt dadurch von 132 auf 122. Der Name der neuen Yacht basiert übrigens wie bei den Schwesterschiffen wieder auf einem Himmelsphänomen: Das Sternbild Lyra wird geprägt vom Hauptstern Wega, dem zweithellsten Stern der nördlichen Hemisphäre. Sein bläuliches Licht wird auch die Farbgebung an Bord inspirieren.

Auch für die USA kommt im Mai 2015 ein neuer Kreuzer. Das erste Hochseeschiff des führenden Flusskreuzfahrtenanbieters Viking Cruises wird auf den Namen **Viking Star** getauft; mindestens zwei weitere sollen folgen. 928 Passagiere treffen an Bord auf mindestens 25 Quadratmeter große Kabinen, alle mit eigener Veranda. Ein Highlight ist der erste Infinity-Pool auf See (Bild oben), mit einer Glaswand am Heck. Ebenfalls beeindruckend: Die Explorer's Lounge am Bug erstreckt sich über zwei Decks und bietet Ausblicke durch eine riesige Fensterfront. Dafür wurde das Spa auf Deck 1 verlegt. Insgesamt wendet sich das neue Projekt wieder der klassischen Kreuzfahrt zu – mit Fokus auf die Destinationen und lange Liegezeiten. Geschickter Schachzug: Ein Landausflug pro Hafen sowie Bier und Wein zu den Mahlzeiten sind bereits im Preis enthalten.

Norwegian Bliss, das bisher größte Schiff der Norwegian Cruise Line. Ihre Schwester Norwegian Escape folgt 2016

Unter dem Foliendach der AIDAprima lädt ein Beach Club zum Bräunen ein. Oben rechts: Die Lanaikabinen messen 26 Quadratmeter, die Verandakabinen haben eine separate Dusche

Im Oktober liefert die Papenburger Meyer Werft ihr zehntes Schiff an die Norwegian Cruise Line ab: die **Norwegian Escape**. Das größte Schiff der Flotte wird Ende Oktober in Hamburg vorgestellt und befährt dann von Miami aus die östliche Karibik. 2016 folgt die Schwester **Norwegian Bliss**. Beide sind angelehnt an die **Norwegian Breakaway**, haben aber ein zusätzliches Deck mit Innovationen an Bord. Den Rumpf bemalt dieses Mal der Künstler und Meeresbiologe Guy Harvey mit zwei Unterwasserszenen. Er wird auch Lizenzprodukte an Bord anbieten, deren Kauf seine Stiftung zum Schutz der Meere unterstützt.

Und zu guter Letzt kommt auch die **AIDAprima** im Oktober in Fahrt (S. 68). Der erste von zwei Neubauten, die auf der Mitsubishi-Werft in Japan entstehen, bietet Raum für 3.300 Passagiere und wird wetterunabhängig gestaltet. Möglich wird das durch ein auffahrbares Foliendach, das ein neues „Activity Deck" namens 4 Elements und einen Beach Club schützt. Abends finden hier Strandpartys statt, unter einem virtuellen Sternenhimmel. Auch viele Highlights anderer Anbieter integriert die Rostocker Reederei auf dem Schiff: Wasserrutschen, Klettergarten und Kochschule kommen genauso neu an Bord wie ein Skywalk und Infinity-Pools. Letztere gehören zu den Annehmlichkeiten des Lanai-Decks, auf dem sich Kabinen mit Wintergärten finden. Noch exklusiver ist der Luxusbereich auf dem Patio-Deck: Dort kommen die Bewohner von Panoramakabinen und -suiten in den Genuss eines eigenen Poolbereichs mit Bar. In der Spray-Bar kann man einen Platz zum Champagnerschlürfen reservieren und zum Bug hinausgehen, um der Gischt nahe zu sein. Apropos Bug: Erstmals in der neueren Kreuzfahrtwelt verläuft er senkrecht, was für einen geringeren Treibstoffverbrauch sorgen soll. Auch ein Dual-Fuel-Antrieb, der das Umschalten von Schweröl auf Gas erlaubt, ist geplant. Und die Filter zur Reduzierung von Emissionen gehören bei Neubauten heute ohnehin zum Standard. ■

DIE NEUBAUTEN IM NETZ

Britannia www.pocruises.com/britannia/

Anthem of the Seas www.royalcaribbean.de/schiffe/anthem-of-the-seas.htm

Mein Schiff 4 www.tuicruises.com/mein-schiff-4

Le Lyrial www.de.ponant.com/Unsere-Schiffe/Le-Lyrial

Viking Star www.vikingcruises.com/vikingstar

Norwegian Escape www.ncl.de/schiffe/norwegian-escape/

AIDAprima http://www.aida.de/neue-generation/home.26514.html

Welches Schiff passt zu mir?

92 Seeschiffe stellen wir auf den folgenden Seiten im Detail vor. Eine kurze Erläuterung zum Aufbau der Porträts und zu unseren Bewertungen

Vielfalt ist das hervorstechendste Merkmal der weltweiten Kreuzfahrtflotte. Es gibt Schiffe für 60 Passagiere – und mittlerweile auch für fast 6.000. Sie geben sich schick oder sportlich, familiär oder elitär, sind teuer oder günstig, deutschsprachig oder international. Auf vielen ist die Gastronomie das Maß aller Dinge – auf anderen sind es Sport, Entertainment und Fun. Ganz unterschiedliche Bedürfnisse und Zielgruppen werden also bedient – und das ist auch gut so: Das Elitäre, das der Kreuzfahrt einst anhaftete, ist passé.

Zu der ganzen Vielfalt dieses Angebots möchte dieses Buch einen Leitfaden anbieten. Aus dem mittlerweile fast 400 Hochseeschiffe zählenden Angebot haben wir 92 ausgewählt, um sie im Detail vorzustellen und zu bewerten. Diese Auswahl folgt der Perspektive des deutschsprachigen Markts: Wir beschreiben die Schiffe, die in Deutschland, Österreich und der Schweiz am bekanntesten sind. Weil sie von hiesigen Reedern betrieben werden, weil an Bord (auch) Deutsch gesprochen wird oder weil sie 2015 hauptsächlich in europäischen Gewässern anzutreffen sind. Alle bekannten Reedereien sind so mit wenigstens einem ihrer Schiffe vertreten. Ist „Ihr" Traumschiff nicht dabei? Eine Übersicht zu allen weiteren gibt es ab Seite 98 – und ein vollständiges Register ab Seite 302.

Info-/Entertainment

1 Anker einfache Unterhaltung; Musik, Spiele etc.
2 Anker Bordprogramme mit Künstlern und/oder Lektoren
3 Anker gehobene Bordprogramme mit Künstlern und/oder Lektoren
4 Anker professionelle Bordprogramme, Lektorate/Vorträge; zusätzliche Angebote wie z. B. Diskothek, Kino o. Ä.
5 Anker hochklassige Bühnenshows in großen Bordtheatern; Lektorate/Vorträge; professionelles Equipment; viele Zusatzangebote

Sport & Wellness

1 Anker Sport und Gymnastik ohne spezielle Geräte
2 Anker einfache Sportgeräte vorhanden; kein Wellnessangebot
3 Anker Fitnessbereich und Wellnessangebot mit Betreuung; Pool(s) und Sauna vorhanden
4 Anker Fitnessbereich und Wellnessangebot mit professioneller Betreuung; Zusatzangebote wie z. B. Joggingpfad, Spielflächen für Ballsport o. Ä.
5 Anker hochklassig geführter Fitness-, Spa- und Wellnessbereich; großzügiger Pool bzw. Poollandschaft; Zusatzangebote wie Mountainbikes, Kletterwand, Golfsimulator o. Ä.

Gastronomie

1 Anker einfachstes Angebot in schlichtem Ambiente
2 Anker solides Angebot ohne besonderen Anspruch
3 Anker gutes Angebot in gepflegtem Ambiente
4 Anker anspruchsvolles und vielfältiges Angebot in niveauvollem Ambiente
5 Anker herausragendes Angebot auf Sterneniveau in entsprechendem Ambiente

Familienfreundlichkeit

1 Anker für Kinder eher ungeeignet
2 Anker für Kinder bedingt geeignet; keine speziellen Einrichtungen
3 Anker Kinder willkommen; einfache Einrichtungen und/oder Aktivitäten für Kinder
4 Anker Kinder willkommen; gute Einrichtungen und Aktivitäten mit professioneller Betreuung
5 Anker Kinder willkommen; vorbildliche Einrichtungen und Aktivitäten mit professioneller Betreuung; Zusatzangebote wie z. B. Babysitter

Service

1 Anker nur passive Gästebetreuung
2 Anker solider Service auf einfachem Niveau
3 Anker guter Service in Restaurants, Kabinen und allen anderen öffentlichen Bereichen
4 Anker freundlicher und professioneller Service; jederzeit aufmerksames und ansprechbereites Personal
5 Anker perfekter Service – der Gast ist König

Routing

1 Anker eine ganzjährig befahrene feste Route
2 Anker zwei im Wechsel ganzjährig befahrene feste Routen in einem Fahrgebiet
3 Anker im Wechsel ganzjährig befahrene feste Routen in unterschiedlichen saisonalen Fahrgebieten
4 Anker ganzjährig wechselnde Routen in aller Welt, aber ohne neue und/oder besondere Häfen und Fahrgebiete
5 Anker kreative Routen in aller Welt mit wenigen Wiederholungen und ungewöhnlichen Häfen und Revieren in jedem Jahr

Diese ausgewählten Schiffe betrachten wir im Detail. In von Fachjournalisten verfassten Porträts, mit allen wichtigen Daten, Fakten und Kennzahlen (dazu mehr auf der folgenden Seite). Und mit einem „Profil", in dem in je sechs Kategorien bis zu fünf Punkte („Anker") vergeben werden: 1. für Entertainment und Infotainment; 2. für das Sport- und Wellnessangebot; 3. für die Gastronomie; 4. für die Familienfreundlichkeit; 5. für den Service; 6. für das Routing des jeweiligen Schiffs. Diese Aufteilung nach Kategorien ermöglicht Ihnen die individuelle Auswahl des Schiffs, das am besten zu Ihnen passt. Und sie ersetzt die – problematische – Bewertung mit einer „Gesamtnote" in „Sternen".

Alle genannten Preise gelten pro Nacht und Person und ohne Kosten für An- und Abreise. Sie basieren auf den Preisen, die an einem Stichtag, dem 29. September 2014, bei **www.e-hoi.de** im Internet buchbar waren (siehe dazu auch die hintere Buchinnenklappe). ►

Schiffe, Daten, Fakten

Hinweise zu den Porträts

Auf den ersten Blick mag manches verwirrend erscheinen – doch die wichtigsten Kennzahlen eines Schiffs geben objektiv Auskunft über seine Stärken und Schwächen

BRZ: Die Brutto-Raumzahl bezeichnet die Größe der Schiffe. Früher sprach man von BRT (Brutto-Registertonnen), doch die Raumzahl ist präziser und wird daher auch im „internationalen Schiffsmessbrief" für jedes Schiff geführt

Passagierdecks: Gezählt werden nur die Decks, die auch für Passagiere zugänglich sind, also keine reinen Crew- und Maschinendecks

Preis pro Nacht: Werte auf Basis einer Stichtags-Datenbankabfrage eines führenden Internetportals für Kreuzfahrten. Siehe dazu auch die hintere Buchinnenklappe

PROFIL: zu den Kriterien siehe Seite 117. **NEU** ist seit 2013 die Kategorie **Routing**

DATEN & FAKTEN

BRZ	113.500	**Passagiere**	3.252/3.760
Länge	288,60 m	**Crew-Mitglieder**	1.200
Breite	36,00 m	**PCR (Pass. pro Crew)**	3,1
Indienststellung	2007	**PSR (Platzangebot)**	30,2
Renovierung	2012	**Passagierdecks**	15
Bordsprache	Englisch	**Restaurants/Bars**	7/12

Kabinen	1.524 (849 außen, 436 innen), 675 mit Balkon, davon 13 Suiten und 178 Minisuiten; Größen: 15 bis 64 m²
Sport & Wellness	4 Pools, 6 Whirlpools, Fitnesscenter, Lotus Spa und „Sanctuary" für Erw., Golfsimulator, Putting Green
Info-/Entertainment	Show-Theater, Casino, Nightclub, „Movies under the Stars", Bibliothek, Internetcafé, Kinder- und Teensclub, Hochzeitskapelle
Dresscode	meist leger, zwei formelle Abende
Preis pro Nacht	€ 63 bis € 1.408; Durchschnitt € 175
Info	**Princess Cruises** München, Tel. (089) 51 70 34 50 www.princesscruises.de

PROFIL

Info-/Entertainment
Sport & Wellness
Gastronomie
Familienfreundlichkeit
Service
Routing

Passagiere: Soweit verfügbar, stehen hier zwei Werte. Der erste nennt die Gästezahl bei Standardbelegung aller Kabinen und Suiten, der zweite die Maximalbelegung, d.h. inklusive aller Zustell- und Oberbetten

PCR (Passenger Crew Ratio): Diese Kennzahl misst das Verhältnis zwischen Passagieren und Crew-Mitgliedern. Hier: Auf 1 Crew-Mitglied kommen 3,1 Passagiere. Spitzenwerte liegen bei 1,2 bis 1,6 – niedrige Werte bei 3,5 und höher

PSR (Passenger Space Ratio): Diese Kennzahl gibt Auskunft über den Platz, der einem einzelnen Passagier rein rechnerisch an Bord zur Verfügung steht. Dafür wird die Tonnage durch die maximale Gästezahl geteilt. Bei Werten unter 10 ist das Platzangebot sehr beengt, bei Werten über 40 sehr großzügig

Die AIDAcara in Kiel

AIDAcara, AIDAaura & AIDAvita

Die drei „kleinen" AIDAs sind die Pioniere der Kussmund-Flotte. Die ersten Clubschiffe sind noch immer ein Symbol für die neue Lockerheit auf See

Die erste AIDA hat die deutsche Kreuzfahrt 1996 revolutioniert. Damals schlicht **AIDA** genannt (den Zusatz „**cara**" bekam sie erst mit den folgenden Schwesterschiffen), warf dieses „Clubschiff" reihenweise Traditionen über Bord: Es gab keinen Dresscode mehr, kein Captain's Dinner, keine festen Tischzeiten. Passagiere und Crew duzten sich. Auch durch ein anderes Entertainment – eigene Shows mit Profi-Ensembles statt betagter Schlagerstars – sollte eine jüngere Zielgruppe erreicht werden. Ebenfalls deshalb setzte man bei Seetours (wie AIDA früher hieß) großflächig auf Wellness und Fitness. Erstaunlich gut erhalten kreuzt diese Ur-AIDA auch nach 18 Jahren noch. Und darf als Pionierin der Flotte immer als Erste neue Routen und Destinationen testen. Ihre beiden nahezu baugleichen Schwestern **AIDAaura** (2002) und **AIDAvita** (2003) arbeiteten das Konzept weiter aus. Epizentren des Entertainments wurden die AIDA-Bar mit dem sternförmigen Tresen, das geschlossene Showtheater und die Disco-Bar Anytime. Ruhe findet man in der Hemingway Lounge oder der Nightfly Bar. Das (kostenpflichtige) Rossini ist die einzige gastronomische Alternative zu den oft überfüllten Buffetrestaurants (Markt und Calypso). Bester Ort für den Sundowner ist die kleine Ocean Bar mit nur wenigen Plätzen im Heck. Darunter liegt der Kidsclub mit kleinem Theater und Kinderpool, der bei der AIDAcara fehlt.

Anytime Bar der AIDAaura

Sauna auf der AIDAvita

Fahrgebiete & Reisen 2015

Von den Kanaren kommend, trifft die **AIDA-cara** im April in Kiel ein, ihrem Basishafen für den Sommer; im November kehrt sie zurück zu den Kanaren. Die **AIDAvita** ist bis Mai in Miami stationiert, im Sommer in Venedig und ab November im Roten Meer (Sharm-el-Sheikh). Die **AIDAaura** kreuzt zu Saisonbeginn und -ende im Arabischen Golf ab/bis Dubai – und im Sommer im Mittelmeer ab/bis Palma de Mallorca.

Kurzreise mit AIDAcara

Am 17.10. von Kiel nach Göteborg und Kopenhagen. **3 Nächte, ab € 395 ab/bis Kiel**

Rotes Meer mit AIDAvita

Von Nov. 2015 bis Febr. 2016: ab/bis Sharm-el-Sheikh nach Aqaba/Jordanien, Eilat/Israel, Safaga/Ägypten und Sokhna (Ausflug Kairo). **7 Nächte, ab € 1.135 inkl. Flügen**

Lounge auf der AIDAcara

DATEN & FAKTEN

BRZ	38.557 | 42.289	**Pass.**	1.180/1.340 | 1.266/1.528
Länge	193 | 203 m	**Crew-Mitglieder**	370 | 418
Breite	27,60 | 28,10 m	**PCR (Pass. pro Crew)**	3,6
Indienstst.	1996 | 2002/03	**PSR (Platzangebot)**	28,5
Renovierungen	laufend	**Passagierdecks**	11/12
Bordsprache	Deutsch	**Restaurants/Bars**	3/5

Kabinen	633 (422 außen, 211 innen), davon 60 mit Balkon, 2 Suiten
Sport & Wellness	Pool, Golf, Basketball, Volleyball, Jogging, Tauchen, Biking, Fitness-center/-kurse, Tischtennis, Mountainbikes für Landausflüge
Info-/Entertainment	täglich wechselnde Vorstellungen des AIDA-Show-Ensembles, Poolpartys, Livebands, DJ, Disco
Dresscode	leger bis sportlich-elegant
Preis pro Nacht	€ 80 bis € 755; Durchschnitt € 166
Info	**AIDA Cruises** Rostock, Tel. (0381) 20 27 07 22 www.aida.de

PROFIL

Info-/Entertainment	⚓⚓⚓⚓
Sport & Wellness	⚓⚓⚓⚓
Gastronomie	⚓⚓⚓½
Familienfreundlichkeit	⚓⚓⚓⚓½
Service	⚓⚓⚓
Routing	⚓⚓⚓½

AIDAluna in der Karibik

AIDAdiva, AIDAbella & AIDAluna

Aufbruch in eine neue Kreuzfahrtepoche: Die AIDAs der „Sphinx-Klasse" waren die ersten deutschen Schiffe für mehr als 2.000 Passagiere

Mit der furiosen Taufe der **AIDAdiva** im Hamburger Hafen wurde 2007 eine neue AIDA-Ära eingeläutet. Ein Jahr später gesellte sich die **AIDAbella** und 2009 die **AIDAluna** hinzu, das dritte Clubschiff dieser neuen Baureihe aus der Papenburger Meyer Werft. Herzstück der Schiffe ist das Theatrium, eine Mischung aus Marktplatz und Theater. Vorteil für die Passagiere (und die Reederei): Es kann während der Shows fleißig konsumiert werden. Das eigene AIDA-Ensemble präsentiert im Theatrium (und auf der Zweitbühne auf dem Sonnendeck) sein Programm, dazu gehören auch Kunstauktionen. Schwankend ist die Qualität der „Live"-Bands an Bord, die oft emotionslos nach Retorte klingen. Schwächen zeigt auch die „Land und Leute"-Abteilung, der es nur um „Ausflugsverkaufe" zu gehen scheint und die individuelle Landgänge bewusst verschweigt. Eine Bereicherung wären gute Lektoren, zumal die Präsentationsmöglichkeiten durch die LED-Wand im Theatrium ideal sind. Konsequent ausgebaut wurde die Passagier-Privatsphäre: Fast die Hälfte der Kabinen hat einen eigenen Balkon (auf Anfrage mit Hängematte): ein schöner Rückzugsort an Seetagen. Und wem der Andrang in den Buffetrestaurants zu groß wird, der findet (gegen Aufpreis) Alternativen im sterneverdächtigen Gourmetrestaurant Rossini, in der Sushi-Bar und im Buffalo Steakhouse. Dort wird den Suitengästen auch individuell das Frühstück serviert.

Buffalo Steakhouse

Die Wellness-Oase

Show auf der AIDAbella

DATEN & FAKTEN

BRZ	68.200	Passagiere	2.050/2.500
Länge	252,00 m	Crew-Mitglieder	646
Breite	32,20 m	PCR (Pass. pro Crew)	3,9
Indienststellung	2007/8/9	PSR (Platzangebot)	27,3
letzte Renovierung	–	Passagierdecks	13
Bordsprache	Deutsch	Restaurants/Bars	7/11

Kabinen	1.025 (666 außen, 359 innen), davon 439 mit Balkon, 18 Suiten Größen: 13,5–44 m²
Sport & Wellness	3 Pools, 4 Jacuzzis, Wellnessbereich, Behandlungskabinen/Spa-Suite, Golfabschlag, Volleyball, Jogging, Fitnessgeräte, Tauchen, Biken
Info-/Entertainment	Theatrium mit täglich wechselnden Shows rund um die Uhr, Poolpartys, Livebands, DJ, Disco, Casino, Vorträge, Bord-TV/-Radio, 4-D-Kino
Dresscode	leger bis sportlich-elegant
Preis pro Nacht	€ 84 bis € 607; Durchschnitt € 186
Info	**AIDA Cruises**, Rostock, Tel. (0381) 20 27 07 22, www.aida.de

PROFIL

Info-/Entertainment	⚓⚓⚓⚓½
Sport & Wellness	⚓⚓⚓⚓⚓
Gastronomie	⚓⚓⚓⚓
Familienfreundlichkeit	⚓⚓⚓⚓⚓
Service	⚓⚓⚓
Routing	⚓⚓⚓

Fahrgebiete & Reisen 2015

Von Dubai kommend, fährt die **AIDAdiva** über Suez und Mallorca nach Nordeuropa; ihr sommerlicher Basishafen ist Warnemünde. Die **AIDAbella** fährt bis April in der Karibik und im Sommer in Nord- und Ostsee (ab/bis Hamburg oder Amsterdam); zum Winter geht sie nach Südostasien. Ebenfalls Karibik, dann Nordeuropa (ab/bis Kiel) sind die Ziele der **AIDAluna**. Sie beschließt das Jahr vor der US-Ostküste und in der Karibik.

Kurs Asien mit AIDAbella

Die große Reise im Herbst (ab 25.10.): von Mallorca über Malta, Kreta und Rotes Meer nach Indien, Sri Lanka, Indochina (Malaysia, Vietnam, Thailand, Singapur). **50 Nächte, ab € 4.480 ohne Flüge**

Kurzkreuzfahrt mit AIDAluna

An 3 Terminen im Mai/Juni: ab/bis Kiel nach Oslo und Kopenhagen. **3 Nächte, ab € 610**

Die AIDAblu in den norwegischen Fjorden

AIDAstella, AIDAmar, AIDAsol, AIDAblu

Brauhaus an Bord, Restaurant-Vielfalt, frisches Design und ein Spa-Bereich der Extraklasse: das bewährte Erfolgsrezept der jüngsten AIDAs

Mit der **AIDAstella** wurde 2013 das letzte Schiff dieser Baureihe auf die Weltmeere entlassen. Wie **AIDAblu**, **sol** und **mar** hat es eine besondere Institution an Bord, die konsequent auf die deutsche Volksseele zielt: ein eigenes Brauhaus. An langen Tischen genießen die Passagiere das an Bord gebraute „AIDA Zwickel", u. a. auch beim Public Viewing zur Fußball-WM (das auch auf der LED-Wand an Deck übertragen wird). Neu bei dem Quartett ist das East, das mit Abstand beste Buffetrestaurant der AIDA-Flotte. Nur die (kostenpflichtige) Sushi-Bar wirkt darin etwas deplatziert. Um ein halbes Deck erweitert wurde der 2.600 Quadratmeter große „Body & Soul"-Bereich. Mit seinem geschmackvollen Interieur sucht er auf See seinesgleichen. Wichtig: Die kostenpflichtigen Plätze in der Wellness-Oase sind begrenzt. Sport und Wellness sind der größte Trumpf bei AIDA. Unbedingt empfehlenswert: die Radtouren mit den schiffseigenen Bikes. Neu im Angebot ist das AIDA Pedelec, ein Rad mit Hilfsmotor! Wer ganz individuell gesunden will, kann eine der 34 Spa-Kabinen mit direktem Zugang zum Wellnessbereich buchen. Die nächste AIDA-Generation wird in Japan gebaut. Das erste Schiff, die **AIDAprima** (S. 68, 115) wird jedoch verspätet abgeliefert: Sie geht erst im Oktober 2015 auf Jungfernfahrt und wird im April 2016 erstmals den Basishafen Hamburg anlaufen. Mit einer Tonnage von 125.000 BRZ und Platz für

Sauna mit Meerblick

Public Viewing an Deck

Restaurant Rossini

3.300 Passagiere wird die AIDAprima dann das größte deutsche Kreuzfahrtschiff sein.

Fahrgebiete & Reisen 2015

Die **AIDAmar** fährt bis Mai im Mittelmeer (ab Mallorca), dann in der Ostsee (ab Warnemünde) und im Winter in der Karibik. Die **AIDAsol** kommt von Südostasien über Mallorca nach Hamburg (Mai bis August), bevor sie zu den Kanaren verholt wird. Die **AIDAblu** bietet im Winter Kanaren- und im Sommer Mittelmeer-Törns an. Kanaren und östliches Mittelmeer stehen im Plan der **AIDAstella**.

Norwegen mit AIDAsol

Achtmal im Sommer: ab/bis Hamburg zu den Fjorden. **10 N.; ab € 1.645 ab/bis Hamburg**

Östliches Mittelmeer mit AIDAstella

Ab/bis Antalya nach Limassol/Zypern, Ashdod/Israel, Port Said/Ägypten und Marmaris/Türkei. **7 Nächte, ab € 1.365 inkl. Flügen**

DATEN & FAKTEN

BRZ	71.100	**Passagiere**	2.194/2.500
Länge	252,00 m	**Crew-Mitglieder**	607
Breite	32,20 m	**PCR (Pass. pro Crew)**	4,1
Indienststellung	2010 (blu) bis 2013 (stella)	**PSR (Platzangebot)**	28,4
		Passagierdecks	12
Bordsprache	Deutsch	**Restaurants/Bars**	7/12

Kabinen	1.097 (700 außen, 397 innen), davon 508 mit Balkon, 23 Suiten und Juniorsuiten; Größen: 14–87 m²
Sport & Wellness	Spa mit Wellness-Oase, Sauna u. v. m., Pool, Fitnesscenter, Golf, Basketball, Volleyball, Streetsoccer, Jogging, Tauchen
Info-/Entertainment	Showprogramme, Tageskünstler, Tanz, Musik, Theatrium mit tägl. wechselnden Shows, Livebands, Disco, 4-D-Kino
Dresscode	leger, sportlich-elegant
Preis pro Nacht	€ 72 bis € 594; Durchschnitt € 188
Info	**AIDA Cruises** Rostock, Tel. (0381) 20 27 07 22 www.aida.de

PROFIL

Info-/Entertainment	⚓⚓⚓⚓½
Sport & Wellness	⚓⚓⚓⚓⚓
Gastronomie	⚓⚓⚓⚓
Familienfreundlichkeit	⚓⚓⚓⚓⚓
Service	⚓⚓⚓
Routing	⚓⚓⚓

Auch im fünften Jahrzehnt noch rundum in Schuss

Albatros

Bestgepflegter Oldie, zu Discountpreisen zu buchen

Wenn eine Reederei ein Lehrstück dafür braucht, wie man ein vier Jahrzehnte altes Schiff mit beständigen Investitionen, mit Respekt vor seinen bestehenden Strukturen und dennoch zeitgemäßem Konzept erfolgreich in die fünfte Dekade steuert, dann taugt die Albatros perfekt dazu. Ihre beiden ineinander übergehenden Hauptrestaurants wurden mit neuem Mobiliar zu feinen Dinnertempeln, und das Publikum schätzt die fest reservierten Tischplätze in einer Sitzung. Mittelpunkt des gepflegten Achterdecks ist der große Swimmingpool; hinzugekommen ist ein Buffetrestaurant unter freiem Himmel mit einer Pizzabäckerei. Die Lounge im Stil eines Tanzsalons ist ein erhaltenswertes Relikt aus den 70er-Jahren und

Eine Suite; das Restaurant Pelikan

bietet auf ihrer Kombination aus Bühne und Tanzfläche eine aus Einzelnummern und Gastkünstlern zusammengestellte Show. Auf den weitläufigen Sonnendecks gibt es eine Bar und einen Golfabschlagplatz. Den Kabinen sieht man bis hinunter aufs vierte Deck an, dass sie mit der Großzügigkeit eines Fünf-Sterne-Liners geplant wurden. Im oberen Bereich wurden einige Balkone nachgerüstet. Aber auch die riesigen Kabinen auf Deck 7 mit ihrem getrennten Wohn-/Schlafbereich erfüllen die Ansprüche heutiger Kreuzfahrtgäste. Phoenix Reisen hat nicht nur in die Passagierbereiche ständig investiert. Mit einer neuen Maschinenanlage und einem kraftstoffsparenden Wulstbug sind rund 100 Millionen Euro auch in die Technik der Albatros geflossen.

Fahrgebiete & Reisen 2015

Anfang 2015 steckt die Albatros mitten in ihrer Weltreise, die sie bis April über Australien und Fernost nach Arabien und via Suez nach Europa zurück führt. Nach zwei Reisen durch Mittelmeer, Ägäis und das Schwarze Meer nimmt sie Kurs auf Nordeuropa. Nach Reisen nach Norwegen und Spitzbergen, in die Ostsee und nach Großbritannien geht das Schiff auf Westkurs, um auf einer langen Spätsommerreise den Zauber des Indian Summer einzufangen. Nach einer „Verrückt nach Meer"-Reise zu den Kanaren beginnt die nächste Weltreise.

Zu den schönsten Zielen der Ägäis

Sieben selten besuchte Inseln der Ägäis (Kos, Chios, Inousses, Limnos, Kavala, Skiathos, Ithaka) verbindet diese Reise ab 13.5. mit Santorin, Sizilien, Bodrum und Rom zur Pfingstkreuzfahrt. **14 Nächte, ab € 1.799 ab/bis Genua**

Indian Summer in der Neuen Welt

Zwei Transatlantik-Passagen geben dieser langen Reise Langsamkeit, 19 Häfen in der Neuen Welt auf dem Weg bis Montreal und retour geben ihr Gründlichkeit, und vier Häfen auf Neufundland sowie drei auf den Azoren geben ihr Vielfalt. **44 Nächte, ab € 5.199 ab/bis Bremerhaven**

Frühsport auf der Promenade

DATEN & FAKTEN

BRZ	28.000	**Passagiere**	850
Länge	205,00 m	**Crew-Mitglieder**	ca. 340
Breite	25,00 m	**PCR (Pass. pro Crew)**	2,5
Indienststellung	1973	**PSR (Platzangebot)**	32,9
Umbau/Renov.	2004/10	**Passagierdecks**	8
Bordsprache	Deutsch	**Restaurants/Bars**	2/5

Kabinen	420 (359 außen, 61 innen), davon 9 mit Balkon, 56 Suiten; Größen: 11–64 m²
Sport & Wellness	Pool, 3 Whirlpools, Sauna, türkische Dampfbäder, Fitnessstudio, Solarium/Massage gegen Gebühr
Info-/Entertainment	Showprogramme, Tageskünstler, Tanz, Musik
Dresscode	leger bis elegant; Abendgarderobe ist nicht vorgeschrieben
Preis pro Nacht	€ 92 bis € 475; Durchschnitt € 203
Info	**Phoenix Reisen** Bonn, Tel. (0228) 92 60-200 www.phoenixreisen.com

PROFIL

Info-/Entertainment	⚓⚓½
Sport & Wellness	⚓⚓⚓
Gastronomie	⚓⚓⚓
Familienfreundlichkeit	⚓⚓⚓
Service	⚓⚓⚓⚓
Routing	⚓⚓⚓⚓½

Das jüngere der beiden Rekordschiffe, die Allure of the Seas

Allure of the Seas & Oasis of the Seas

Die beiden Zwillinge faszinieren jeden, der sie live erlebt: Mit über 6.000 Passagieren sind sie auch weiterhin die größten Kreuzfahrtschiffe der Welt

Die Oasis of the Seas kam 2014 erstmals ins Mittelmeer – auf eine Stippvisite mit nur wenigen Abfahrten. 2015 nun kommt die Allure of the Seas – und bleibt gleich den ganzen Sommer. Die beiden Schwestern sind die größten Kreuzfahrtschiffe der Welt, mit Platz für knapp 8.500 Menschen, davon bis zu 6.296 zahlende Gäste. Die Schiffe sind 360 Meter lang – länger, als der Eiffelturm hoch ist. Mit 225.282 BRZ wird ihre Tonnage angegeben; das derzeit größte deutsche Schiff, die **Mein Schiff 3**, hat mit 99.526 weniger als die Hälfte. Aus 80 Nationen stammt die Crew. Zu den über 2.000 Crew-Mitgliedern zählen allein 350 Köche, die in 24 Küchen täglich bis zu 30.000 Mahlzeiten zaubern und 18 Restaurants und 19 Bars an Bord beliefern – mit schon mal 5.000 Hummern an einem Abend, um nur ein Beispiel zu nennen. Was erwartet die Gäste? Zu viel, um auf einer Reise alles zu erleben. Flowrider, Zip-Line oder Kletterwand fordern Sportliche heraus. Musicals (Oasis: „Cats", Allure: für Sommer 2015 noch nicht bekannt), Eislaufshows, Wasserakrobatik und Paraden mit DreamWorks-Figuren („Ice Age", „Madagascar" etc.) liefern glitzerndes Entertainment. Und über die Royal Promenade im Schiffsinneren, die breiter ist als so manche Fußgängerzone hierzulande, staunt jeder – wie über den Central Park mit seinen über 12.000 echten Pflanzen auf den Decks darüber. Und bei den insgesamt 2.700 Kabinen hat man die

Das Aqua Theater im Heck

Die Royal Promenade

Wahl aus 37 verschiedenen Kategorien: Die kleinste ist knapp 14, die größte, eine zweistöckige Loft Suite, 192 Quadratmeter groß. Sie hat eine Bar, eine Bibliothek, 80 Quadratmeter Balkon – und einen Konzertflügel, der computergesteuert spielen kann. Kurzum: ein Mix aus Freizeitpark, Las Vegas, Hollywood, Broadway und, ja, auch Kreuzfahrtschiff. Die beiden nächsten Schiffe dieser Größe sind bei STX in Saint-Nazaire geplant oder schon in Bau. 2016 und 2018 sollen sie in Dienst gehen.

Fahrgebiete & Reisen 2015

Beide Schiffe fahren in der Karibik, die Oasis ganzjährig, die Allure im Winter. Von Mai bis Oktober hat die Allure ihren Basishafen in Barcelona. Auf ihrer Route im westlichen Mittelmeer läuft sie Palma de Mallorca, Marseille, La Spezia, Civitavecchia und Neapel an. Auf Transatlantik-Reisen (**11 Nächte, ab € 730**) legt sie lediglich einen Stopp in Málaga ein.

Minigolf auf dem Sportdeck

DATEN & FAKTEN

BRZ	225.282	**Passagiere**	5.408/6.296
Länge	360,00 m	**Crew-Mitglieder**	2.165
Breite	64,00 m	**PCR (Pass. pro Crew)**	2,9
Indienststellung	2009 (Oasis), 2010 (Allure)	**PSR (Platzangebot)**	35,5
		Passagierdecks	16
Bordsprache	Englisch	**Restaurants/Bars**	18/19

Kabinen	2.700 (2.210 außen, 490 innen), davon 1.956 mit Balkon, 166 Suiten; Größen: 13,8–92 m²
Sport & Wellness	4 Pools, 2 Surfsimulatoren, Kletterwand, Eislaufbahn, Joggingpfad, Basketball, Minigolf, Tauchkurse, Fitnesscenter, Spa u. v. m.
Info-/Entertainment	Theater für 1.400 Gäste, Comedy, Casino, Eisrevuen, Kinderbetreuung, Boardwalk mit Karussell u. v. m.
Dresscode	leger, abends je nach Anlass schicker
Preis pro Nacht	€ 55 bis € 4.420; Durchschnitt € 185
Info	**RCL Cruises**, Frankfurt Tel. (069) 92 00 71-85 www.royalcaribbean.de

PROFIL

Info-/Entertainment	⚓⚓⚓⚓⚓
Sport & Wellness	⚓⚓⚓⚓⚓
Gastronomie	⚓⚓⚓⚓
Familienfreundlichkeit	⚓⚓⚓⚓⚓
Service	⚓⚓⚓½
Routing	⚓⚓

Klassischer Boutiquekreuzer für 600 Passagiere

Amadea

Flaggschiff und Boutiqueschiff in einem: der Stolz von Phoenix Reisen

Dass sie einst eine Japanerin war, daran erinnern auf der Amadea nur noch die kurzen Badewannen und ein paar Komfort-Toiletten mit einem Dutzend Elektronikfunktionen. Daran, dass sie als Luxusschiff im Fünf-Sterne-Segment gebaut wurde, erinnert deutlich mehr: Die großzügigen Achterdecks, das helle Foyer, die Aussichts-Lounge mit Blick in Fahrtrichtung, das über zwei Decks angelegte Theater und die vielen Balkone hat längst nicht jedes Schiff dieser Größe. Dabei kamen etliche unverwechselbare Details erst unter der Hand von Phoenix Reisen hinzu. Dazu gehören der neu gestaltete Poolbereich, die große Wellnesslandschaft und der Golfplatz ganz oben vor dem Schornstein. Den wirklichen Reiz aber

Das Achterdeck und der Golfpark ganz oben

macht die „Software“ aus. Das Phoenix-Team ist mit einer verschwenderisch großen (und guten!) Riege erfahrener Reiseleiter vertreten. Die Restaurants bieten freie Platzwahl, wobei das in Poolnähe liegende Amadea am Mittag ein Buffet, am Abend À-la-carte-Service bereithält. Nach dem Dinner wird im Theater eine professionelle Production-Show gespielt. Zur faszinierendsten Entwicklung in ihrem Schiffsleben hat die Amadea selbst nichts beigetragen: Als sie 1991 in Dienst gestellt wurde, war sie ein großer Oceanliner; in der Riege der heutigen Mitbewerberinnen ist sie ein Boutiqueschiff. Diesen Vorteil nutzt sie mit Routen, die nur wenige andere bedienen. Da kann zum Beispiel der ungeliebte Rund-Westeuropa-Kurs leicht zur Entdeckungsreise mit Stopps in Algerien, Ceuta, Bilbao und Bordeaux werden.

Fahrgebiete & Reisen 2015

Von der klassischen Weltreise kehrt die Amadea über eine beeindruckende, aber bereits ausgebuchte US-Ostküstenroute aus der Karibik nach Europa zurück. In einer ausgedehnten Sommersaison bereist sie u. a. Grönland bis hinauf nach Thule. Im Oktober geht die Amadea auf eine 65-tägige Reise rund um den afrikanischen Kontinent, von der sie vor Weihnachten zurückkehrt. Zum Fest nimmt sie Kurs auf Rio de Janeiro. Diese Reise ist der Auftakt zu einer 105-tägigen Umrundung Südamerikas.

Fünf Länder in 15 Tagen

Vier isländische und fünf britische Häfen fasst die Amadea zu einer neuen „Premierenroute“ zusammen. Von Hamburg geht es zum letzten Tag des Hafengeburtstags am 10.5. über Invergordon auf Nordkurs, Rückkehr via Amsterdam. **15 Nächte, ab € 2.799 ab/bis Hamburg**

Auf den Spuren der Postschiffe

Ab 25.5.: die ganze Schönheit Norwegens auf dem Weg zum Nordkap. Dazu gehören beide Innenpassagen zwischen Festland und Inseln, aber auch eine Alternative zum Nordkap-Ausflug – eine Königskrabbensafari. **13 Nächte, ab € 2.699 ab/bis Hamburg**

Die Havanna Bar

DATEN & FAKTEN

BRZ	29.000	**Passagiere**	600
Länge	193,00 m	**Crew-Mitglieder**	280
Breite	25,00 m	**PCR (Pass. pro Crew)**	2,1
Indienststellung	1991	**PSR (Platzangebot)**	48,3
letzte Renovierung	2011	**Passagierdecks**	8
Bordsprache	Deutsch	**Restaurants/Bars**	2/5

Kabinen	314 Außenkabinen, davon 116 mit Balkon, 46 Suiten; Größen: 15–71 m²
Sport & Wellness	Golfabschlag/Putting Greens, Pool, Whirlpools, Spa-Bereich mit Sauna, Massagen, Dampfbad etc., Fitness, Joggingpfad, Morgengymnastik
Info-/Entertainment	Showprogramme, Tageskünstler, Tanz, Musik, Bibliothek, Internetcafé
Dresscode	leger bis festlich-elegant
Preis pro Nacht	€ 131 bis € 999; Durchschnitt € 254
Info	**Phoenix Reisen** Bonn, Tel. (0228) 92 60-200 www.phoenixreisen.com

PROFIL

Info-/Entertainment	⚓⚓⚓½
Sport & Wellness	⚓⚓⚓⚓
Gastronomie	⚓⚓⚓⚓
Familienfreundlichkeit	⚓⚓⚓
Service	⚓⚓⚓⚓½
Routing	⚓⚓⚓⚓½

Schleusung im Panamakanal

Artania

Eine klassische Lady, die schon immer mit der Zeit gegangen ist

Das größte Schiff der familiären Phoenix-Flotte deckt mit Raum für 1.200 Passagiere eine seltene Größe auf dem deutschen Markt ab und bietet Intimität zum erschwinglichen Preis. Fortschrittlich für seine Zeit, entstand der Kreuzfahrer 1984 bereits ohne Innenkabinen. Vor der Übernahme durch Phoenix Reisen im Mai 2011 und bei der Werftzeit 2012 wurden zudem zusätzliche Balkone installiert, so dass der Anteil der Balkonkabinen nun bei knapp der Hälfte liegt. Das Heck ist klassisch stufenförmig gestaltet und bietet auf fünf Decks miteinander verbundene Außenbereiche, inklusive Outdoor-Fitnessgeräten. Eine Rundumpromenade sowie zwei Sonnendecks mit Swimmingpools runden das üppige Raumangebot mit Frischluftzufuhr

Restaurant Vier Jahreszeiten; das Achterdeck

ab. Bei der letzten, langen Werftzeit im Oktober und November 2014 wurden all diese Außenbereiche überarbeitet. Außerdem erhielten die Suiten und die Balkonkabinen auf Deck 7 neue Duschbäder. Auch die Lobby, Harry's Bar sowie die Lido-Café-Terrasse und das Restaurant Vier Jahreszeiten präsentieren sich in neuem Stil. Gespeist wird in einer langen Tischzeit, was problemlos funktioniert – vielleicht auch, weil alle Tagesangebote zusätzlich am Lido-Buffet erhältlich sind, das hochwertig und gemütlich daherkommt. Vielfältige Bars, ein Theater/Kino sowie die Show Lounge sorgen für Abwechslung. Ein Raum für viele Gelegenheiten ist die ebenfalls frisch renovierte Pazifik-Lounge achtern: Der Blick ins Kielwasser durch schräg gestellte Scheiben ist umwerfend. Hier ist die Herkunft des Schiffs als britischer Oceanliner zu spüren, und das nicht nur beim Nachmittagskaffee.

Fahrgebiete & Reisen 2015

Das Jahr beginnt mit 96 Tagen rund um Südamerika (auch in Teilabschnitten buchbar). Im April geht es weiter ins Schwarze Meer, dann rund um Westeuropa nach Bremerhaven. Hier und in Kiel starten und enden 13 Reisen zu den Fjorden, in Nord- und Ostsee und bis nach Spitzbergen und Grönland. Von Oktober bis zum Beginn der nächsten Weltreise bleibt das Schiff im Mittelmeer. Die 140-tägige Route führt zunächst in den Pazifik.

Kreuzfahrt über den Polarkreis

Am 5.7. geht es ab/bis Bremerhaven nach Island, Norwegen und bis nach Spitzbergen. Auf dem Rückweg Kreuzen in den Fjorden und Schären Norwegens. **16 Nächte, ab € 2.399 ab/bis Bremerhaven**

Von Genua nach Istanbul

Von Genua aus am 27.10. rund um Italien, mit Stopps in Neapel, Messina und über Nacht in Venedig, inklusive Lagunenfahrt. Nach Dubrovnik und Korfu folgen der Peleponnes und Piräus (Athen) . Durch die Dardanellen geht es zur letzten Übernachtung im Hafen von Istanbul. **11 Nächte, ab € 1.149 inkl. Rückflug**

Suite mit Veranda

DATEN & FAKTEN

BRZ	44.500	**Passagiere**	1.200
Länge	231,00 m	**Crew-Mitglieder**	420
Breite	29,00 m	**PCR (Pass. pro Crew)**	2,9
Indienststellung	1984	**PSR (Platzangebot)**	37,1
letzte Renovierung	2014	**Passagierdecks**	9
Bordsprache	Deutsch	**Restaurants/Bars**	3/7

Kabinen	600 Außenkabinen, davon 252 mit Balkon, 14 Suiten, 57 Juniorsuiten; Größen: 16–50 m²
Sport & Wellness	2 Pools, mehrere Whirlpools, Wellnessbereich mit Beautysalon, Fitnesscenter, Massage, Sauna
Info-/Entertainment	Showprogramme, Tageskünstler, Tanz, Musik, Bibliothek, Kino, Theater, Internetcafé, Spielzimmer
Dresscode	leger bis festlich-elegant
Preis pro Nacht	€ 100 bis € 825; Durchschnitt € 213
Info	**Phoenix Reisen** Bonn, Tel. (0228) 92 60-200 www.phoenixreisen.com

PROFIL

Info-/Entertainment	⚓⚓⚓½
Sport & Wellness	⚓⚓⚓⚓
Gastronomie	⚓⚓⚓⚓
Familienfreundlichkeit	⚓⚓⚓
Service	⚓⚓⚓⚓
Routing	⚓⚓⚓⚓

Unterwegs in der Südsee

Astor

Deutsche Schiffslady mit einem Hang zur weiten Welt

„Die Astor ist ein Klassiker, der eigentlich unter Artenschutz gestellt werden müsste", schrieb unlängst die Journalistin Gudrun Schlüter. Diesen Satz mag Transocean sehr – und hat auf sie gehört. Denn Stammgäste fragten sich: Eine halbe Saison in Australien, eine halbe in Deutschland, Transocean unter dem Dach eines britischen Veranstalters und ein griechisches Management an Bord – wird das gut gehen? Wie schon 2010 überrascht die Astor damit, dass sie alles locker wegsteckt. Sie ist ein perfektes Schiff für lange Reisen, verfügt über große Achterdecks mit Loungebereich, zwei vollwertige Restaurants, zwei Bars, einen großen Show- und Tanzsalon und ein Innenschwimmbad mit Sauna. Wer

Der Captain's Club und die Galerie

FOTOS: O. Schmidt (3), Transocean (1)

dachte, die Astor werde nun eine englische Lady, hat sich getäuscht. Das Showprogramm etwa ist so deutsch wie noch nie, seit es internationalisiert wurde. Mit dem Udo-Jürgens-Musical „Ich war noch niemals in New York", deutschen Evergreens von 1940 bis 2014 und einer deutschen Sängerin für Solo-Auftritte hat man es liebevoll angepasst. Stammgäste, die vom „Club Columbus" für 1.500 und mehr Bordnächte ausgezeichnet werden, ärgern sich höchstens über die Getränkepreise – bei 3,50 Euro für eine Flasche Wasser bleibt ihnen das kühle Nass im Halse stecken. Wenn aber Küchenchef Erwin Unterberger an keinem Abend vergisst, bei seiner Runde durchs Restaurant jeden Einzelnen zu fragen, ob er noch etwas für ihn tun könne, sind auch sie wieder versöhnt. Die aufwendige Renovierung der Kabinen und der Einbau neuer Suiten im Jahr 2010 tun dem Schiff noch heute sehr gut.

Fahrgebiete & Reisen 2015

Den Winter verbringt die Astor in Australien; für deutsches Publikum interessant ist nur die 33-tägige Umrundung des Kontinents und die Rückreise nach Europa über Westafrika (über den britischen Mutterkonzern von Transocean buchbar). Die Sommerreisen sind kurz, jedoch kombinierbar. Nordland, Ostsee, Britische Inseln und Westeuropa stehen im Programm, darin zwei Partynächte zur Kieler Woche.

City Lights Westeuropa

Hier stehen die Destinationen eindeutig im Vordergrund: Das Schiff fährt die Seine und die Themse hinauf – und liegt jeweils über Nacht in Tilbury (London) und in Rouen, 2 Std. von Paris entfernt. Termine: 2.5., 29.9. **7 Nächte, ab € 1.219 ab/bis Bremerhaven**

Auszeit Nordsee-Inseln

Die Astor hat das britische Konzept vom „Home Cruising" eingedeutscht und läuft auf dieser Reise Sylt und Helgoland an – jeweils mit einem Overnight. Dazu ein Stopp in Esbjerg/Dänemark. **4 Nächte, ab € 819 ab/bis Bremerhaven bzw. Kiel**

Kochshow mit Erwin Unterberger

DATEN & FAKTEN

BRZ	21.000	**Passagiere**	578
Länge	176,50 m	**Crew-Mitglieder**	278
Breite	23,00	**PCR (Pass. pro Crew)**	2,1
Indienststellung	1987	**PSR (Platzangebot)**	36,3
letzte Renovierung	2010	**Passagierdecks**	7
Bordsprache	Deutsch	**Restaurants/Bars**	4/3

Kabinen	289 (198 außen, 91 außen), davon 39 Suiten; Größen: 13–59 m²
Sport & Wellness	Fitnesscenter, Innen- u. Außenpool, Wellness-Oase (Sauna, Dampfbad, Massage, Kosmetik), Volleyball, Tischtennis, Joggingpfad, Yoga, Rücken- und Wassergymnastik
Info-/Entertainment	Showprogramme, Tanz, Klassik, Vorträge/Lesungen, Kursangebote
Dresscode	sportlich-leger bis festlich
Preis pro Nacht	€ 94 bis € 78; Durchschnitt € 247
Info	**Transocean Kreuzfahrten** München, Tel. (089) 12 28 15 99 www.transocean.de

PROFIL

Info-/Entertainment	⚓⚓⚓½
Sport & Wellness	⚓⚓⚓½
Gastronomie	⚓⚓⚓½
Familienfreundlichkeit	⚓½
Service	⚓⚓⚓⚓
Routing	⚓⚓⚓

Erstanlauf der Azamara Quest in Hamburg 2013

Azamara Journey & Azamara Quest

Cruisen im schicken Boutiquehotel-Style: Die beiden US-Premiumschiffe bieten familiäres Flair, persönlichen Service und tolle Landerlebnisse

Massenaufläufe und hektische Betriebsamkeit im Stil großer Megaliner sind diesem Schiffsduo fremd. Stattdessen wird in gediegener und gleichwohl entspannter Atmosphäre individuelle Gastfreundschaft zelebriert. Die moderate Schiffsgröße erlaubt auch das Anlaufen von Häfen abseits der Rennstrecken – oft, und als besonderes Merkmal der Reederei, mit Aufenthalten bis zum späten Abend oder gar über Nacht! Dazu gehört pro Kreuzfahrt eine im Reisepreis eingeschlossene Abendveranstaltung an Land, die es so nirgends sonst zu buchen gibt („AzAmazing Evenings"). Die Bordinfrastruktur ist überraschend vielfältig und komplett, allerdings zum Preis kompakter Standardkabinen (lohnend: das Upgrade in eine der 32 vorzüglichen Club-Continent-Suiten) und relativ wenig Außendecksfläche. Die elegante Inneneinrichtung verströmt ein klassisches Flair zwischen privatem Country Club und nostalgischem Oceanliner-Charme. Zahlreiche inkludierte Leistungen wie täglich wechselnde liebevoll und kompetent ausgewählte Weine sowie eine Auswahl an Spirituosen und Bieren (weitere Marken/Sorten gegen Aufpreis) erhöhen den Wohlfühlfaktor ungemein. Gespeist wird im Hauptrestaurant mit freier Tischwahl, in zwei Spezialitätenrestaurants oder am Buffet. Ein sichere Wahl: das hervorragende Filet mignon im Steakhouse Prime C. Das machen auch die Küchenchefs der etablierten Luxuslinien nicht besser!

Das Pooldeck

Restaurant Discoveries

Im Restaurant

DATEN & FAKTEN

BRZ	30.277	Passagiere	694/710
Länge	180,75 m	Crew-Mitglieder	407
Breite	28,95 m	PCR (Pass. pro Crew)	1,7
Indienststellung	2000	PSR (Platzangebot)	43,6
letzte Renovierung	2012/13	Passagierdecks	9
Bordsprache	Englisch	Restaurants/Bars	4/8

Kabinen	347 (321 außen, 26 innen), davon 197 mit Veranda und 42 Suiten mit Butlerservice; Größen: 14–76 m²
Sport & Wellness	Spa und Wellnesscenter (Thalasso, Akupunktur), Fitnessclub, Pool mit Jacuzzi, „Aesthetics"-Schönheitssalon, Tischtennis, Joggingpfad
Info-/Entertainment	Showprogramme, Vorträge zu den Landausflügen, Pianobar
Dresscode	kein fester Dresscode; sportlich-leger bis elegant
Preis pro Nacht	€ 94 bis € 1.644; Durchschnitt € 272
Info	**Azamara Club Cruises** Frankfurt, Tel. (069) 92 00 71-55 www.azamaraclubcruises.de

PROFIL

Info-/Entertainment	⚓ ⚓ ⚓ ½
Sport & Wellness	⚓ ⚓ ⚓ ½
Gastronomie	⚓ ⚓ ⚓ ⚓ ½
Familienfreundlichkeit	⚓ ½
Service	⚓ ⚓ ⚓ ⚓ ½
Routing	⚓ ⚓ ⚓ ⚓ ⚓

Fahrgebiete & Reisen 2015

Die **Azamara Quest** startet das Jahr in Asien, die **Azamara Journey** in Süd- und Mittelamerika. Im April beginnt für die Journey die Mittelmeersaison (mit Schwarzmeer-Abstechern im August). Die Quest ist im Sommer in Nordeuropa, im Herbst im Mittelmeer und zum Jahresende wieder in Asien unterwegs. Die Journey beendet das Jahr in der Karibik.

Ins Schwarze Meer (Az. Journey)

Am 6.8. ab/bis Istanbul zunächst nach Batumi in Georgien, weiter über Sotschi, Jalta, Sevastopol, Odessa, Konstanza und Nessebar. **10 Nächte, ab € 2.205 ab/bis Istanbul**

Von Athen nach Dubai (Az. Quest)

Am 19.10. von Piräus über Rhodos, Kas in der Türkei und Zypern zum Roten Meer und nach 6 Seetagen via Oman (Muscat) zum Ziel Dubai. **15 Nächte, ab € 2.220 ab/bis Hafen**

Seit 2014 heißt sie wieder Berlin – ohne den früheren Zusatz „FTI"

Berlin

Große Yacht oder kleiner Oceanliner – je nach Sichtweise

Zwei Faktoren sind entscheidend für den Charme, der die Berlin in ihrem dritten Schiffsleben unverwechselbar macht. 1980 von einer deutschen Reederei als ihr Flaggschiff geplant, verfügt sie über eine klassische Lounge, die am Tag als Wohnzimmer der Passagiere, abends als Brettl-Bühne und später als Tanzpalast dient, dazu ein Achterdeck mit Pool, zwei Restaurants und eine riesige Bibliothek. Sie ist ein kleines, yachtähnliches, aber vollwertiges Kreuzfahrtschiff. Hinzu kommt der Faktor Mensch. Jeder an Bord setzt sich mit Leib und Seele für das Nischenprodukt „deutsche Kreuzfahrt" ein, allen voran Produktmanagerin Julia Dieckhöner. Sie ist fünf Jahre jünger als ihr „Baby" MS Berlin,

FOTO: O. Schmidt

Neu gestaltete Berlin-Lounge; im Yacht Club

weiß aber ganz genau, was das Publikum von FTI sucht. Zur Sauna tief im Bauch des Schiffs kamen Ruhe- und Ankleideräume und ein schlichter, aber guter Fitnessbereich. Die Decksfläche vor dem Schornstein wurde unter ihrer Hand zur Berlin-Lounge mit Open-Air-Bar, Liegestühlen und Sitzmöbeln und ist stets gut besucht. Nach britischem Vorbild ist die Bibliothek nicht nur Lesesaal, sondern auch Treffpunkt für Gesellschaftsspiele. Dennoch wünscht man sich, dass die Unmenge englischsprachiger Bücher durch deutsche ersetzt wird. Die Fangemeinde der Berlin, die sich überraschend schnell einstellte und nie ein anderes Schiff buchen würde, ist ein bisschen traurig, dass die Hälfte der Reisen per Charter abgewickelt wird und ihr nicht zur Verfügung steht. Zeit dürfte ihr jedoch genug bleiben: Bei guter Pflege, da ist sich FTI-Geschäftsführer Alexander Gessl sicher, kann die Berlin spielend die 50 erreichen.

Fahrgebiete & Reisen 2015

Überraschend geht die Berlin in eine Wintersaison im Roten Meer. Danach widmet sie sich intensiv ihren liebsten Fahrgebieten in der Adria und der griechischen Inselwelt. Nach kurzem Abstecher nach Nordeuropa kehrt sie dorthin zurück.

„Antike Schätze an Steuerbord"

Am 8. Februar kehrt die Berlin ihrem Winterfahrgebiet im Roten Meer den Rücken und nimmt Kurs aufs Mittelmeer. Das Besondere an dieser Reise: Zwei berühmte Kanäle der Welt werden passiert, der Suez- und der kleinere Korinth-Kanal. **14 Nächte, ab € 999 ab Hurghada bis Venedig**

„Zwischen zwei Meeren an Deck"

Die Berlin liebt es, mit ihrem schlanken Körper zu „spielen". Wenn sie sich am 21.5. auf den Weg rund um Westeuropa macht, legt sie u. a. direkt unter der Londoner Tower Bridge an. Weitere Stopps: Barcelona, Málaga, Lissabon, Vigo und die Kanalinsel Guernsey. **12 Nächte, ab € 1.399 ab Nizza bis Amsterdam**

Eine Doppelkabine

DATEN & FAKTEN

BRZ	9.570	**Passagiere**	412/456
Länge	139,00 m	**Crew-Mitglieder**	180
Breite	17,50 m	**PCR (Pass. pro Crew)**	2,5
Indienststellung	1980	**PSR (Platzangebot)**	21,0
letzte Renovierung	2006	**Passagierdecks**	6
Bordsprache	Deutsch	**Restaurants/Bars**	2/5

Kabinen	206 insgesamt, davon 158 außen, 48 innen; Größen: 14–37 m²
Sport & Wellness	Sauna, Fitnesscenter, Innen- und Außen-Swimmingpool
Info-/Entertainment	Shows mit Einzelkünstlern, Lektoren (Vorträge und individuelle Sprechstunden), Bibliothek
Dresscode	„Freestyle elegant"
Preis pro Nacht	€ 69 bis € 420; Durchschnitt € 177
Info	**FTI Cruises** München, Tel. (0361) 518 03 43 00 www.fti-cruises.com

PROFIL

Info-/Entertainment	⚓⚓
Sport & Wellness	⚓⚓⚓
Gastronomie	⚓⚓⚓½
Familienfreundlichkeit	⚓⚓½
Service	⚓⚓⚓½
Routing	⚓⚓⚓⚓

Auch 2015 wieder im Programm: die Amazonas-Reise bis Iquitos

Bremen

Ein Schiff für viele Abenteuer – jetzt auch mit großer Fotokunst an Bord

Das kleinste Schiff von Hapag-Lloyd Kreuzfahrten wartet beim Abenteuer Expeditionen nicht nur mit Fachinformationen und einer guten Küche auf, sondern bietet seit Neuestem auch Kunstgenuss: Nach einem Werftaufenthalt 2014 sorgen an Bord 170 Bilder des Naturfotografen Michael Poliza für eine stimmungsvolle Umgebung. Während auf der etwas größeren **Hanseatic** auch schon mal schicke Roben zum Zuge kommen, ist der Dresscode auf der Bremen elegant-sportlich: Wer weiß, ob es nach dem Abendessen nicht noch einmal in die zwölf Schlauchboote geht, weil Wale gesichtet wurden. Die Panorama-Lounge am höchsten Punkt des Schiffs gewährt beste Aussichten und wurde 2014 mit einer

Bären hautnah – im Eis und in Kamtschatka

zusätzlichen Bar ausgestattet. In der 2012 neu gestalteten Club Lounge finden anspruchsvolle Vorträge von Fachlektoren statt. Komfortable Kabinen, eine offene Brücke und großzügige Außendecks bieten beste Voraussetzungen für das Programm der Bremen: abgelegene wie außergewöhnliche Destinationen zu erfahren, aber auch Nahegelegenes bei Studienreisen neu wahrzunehmen. Dank höchster Eisklasse befährt das Schiff Arktis und Antarktis ebenso wie das Mittelmeer. Und es gibt immer wieder neue Routen und Ziele: 2015 zieht es die Bremen erstmals nach Brasilien sowie in den westlichsten Teil des Pazifischen Ozeans – zu den Karolinen und Marshallinseln.

Fahrgebiete & Reisen 2015

Nach der Antarktis-Saison von Januar bis März kreuzt die Bremen auf Orinoco und Amazonas und weiter nach Mittelamerika. Im Mai beginnt ihr Europa- und Nordlandprogramm, mit Reisen u. a. nach Südnorwegen, zu den Shetlands, nach Island und Spitzbergen, gefolgt von der Nordostpassage mit Kamtschatka und Kurilen. Im Herbst geht es von dort in die Südsee (u. a. Marshallinseln, Karolinen, Australinseln) und im November über die Osterinsel gen Kap Hoorn zu neuen Antarktis-Expeditionen bis März 2016.

Spitzbergen „für junge Entdecker"

Vom 2. bis 12.8. Expedition und Abenteuer „für junge Entdecker" (kostenfrei für Kinder bis elf Jahre, 50 Euro/Tag für Kinder von 12 bis 17 Jahren): Spitzbergen-Umrundung ab Longyearbyen und Rückreise nach Tromsø/Norwegen. **9 Nächte, ab € 5.610 inkl. Flügen ab/bis Deutschland**

Marshallinseln und Karolinen

28.9. bis 26.10.: Pazifik-Expedition von Kanazawa/Japan über Hiroshima zu den Karolinen und Marshallinseln und weiter über Kiribati, Tuvalu und Fidschi nach Sydney in Australien. **27 Nächte, ab € 12.610 inkl. Flügen ab/bis Deutschland**

Eine der beiden Suiten

DATEN & FAKTEN

BRZ	6.752	**Passagiere**	164/178
Länge	111,00 m	**Crew-Mitglieder**	100
Breite	17,00 m	**PCR (Pass. pro Crew)**	1,6
Indienststellung	1990	**PSR (Platzangebot)**	41,2
letzte Renovierung	2012	**Passagierdecks**	6
Bordsprache	Deutsch	**Restaurants/Bars**	1/1

Kabinen	80 Außenkabinen (18 m²), davon 16 mit Balkon sowie 2 Suiten (24 m²) mit Balkon
Sport & Wellness	Pool, Fitnessraum, Schnorchelausrüstung, Nordic Walking, Fahrräder und Kajaks (Gratisausleihe)
Info-/Entertainment	Wissensvermittlung durch Experten verschiedener Fachrichtungen auch für Teens von 10 bis 17 Jahren
Dresscode	sportlich-leger bis sportlich-elegant
Preis pro Nacht	€ 218 bis € 1.156; Durchschnitt € 658
Info	**Hapag-Lloyd Kreuzfahrten** Hamburg, Tel. (040) 30 70 30 70 www.hlkf.de

PROFIL

Info-/Entertainment	⚓ ⚓ ⚓ ½
Sport & Wellness	⚓ ⚓ ½
Gastronomie	⚓ ⚓ ⚓ ⚓ ½
Familienfreundlichkeit	⚓ ½
Service	⚓ ⚓ ⚓ ⚓ ½
Routing	⚓ ⚓ ⚓ ⚓ ⚓

Aus der Luft gut zu erkennen: der Lawn Club

Celebrity Reflection (Solstice-Klasse)

Celebrity Cruises entwickelt die jüngste Schiffsklasse kontinuierlich weiter. Suitengäste genießen nun mehr Vorteile, und es gibt die erste Gastrobar

2.000 Quadratmeter Echtrasen auf Deck 15 gelten als einzigartiges Merkmal der Solstice-Klasse von Celebrity Cruises. Dieser Lawn Club präsentiert sich auf den fünf Schiffen mit unterschiedlichen Akzenten: Sie reichen von der Glasbläsershow über einen Freiluftgrill bis hin zu privaten Rückzugsmöglichkeiten. Das jüngste Schiff der Reihe, die 2012 getaufte Celebrity Reflection, hat 72 Kabinen mehr als ihre Schwestern, darunter auch neue Suiten. In einem abgetrennten Bereich des Schiffs bietet etwa die 147 Quadratmeter große Reflection Suite ein hoch oben über dem Wasser schwebendes Bad. Ab 2015 gewährt Celebrity Cruises Suitenbewohnern exklusive Vorteile: Ihnen stehen unter anderem ein Separee im Hauptrestaurant, eine VIP-Lounge (der ehemalige Michael's Club), kostenlose Premiumgetränke und ein Butlerservice zur Verfügung. Wer die Aqua-Class bucht, erhält direkten Zugang zum Spa sowie eine Reservierung im Restaurant Blu, das mit exzellenter leichter Küche punktet. Ansonsten bleibt es bei dem edlen modernen Design, natürlich auch in allen 24 Restaurants und Bars. Abendlicher Hotspot ist die Martini Bar, neu auf der **Celebrity Equinox** sind zudem das Slush mit Frozen Drinks sowie die Gastrobar. Hier gibt es über 40 Biersorten und Live-Unterhaltung zum Essen. Qualitativ hochwertige Speisen, ein aufmerksamer Service, aber auch manchmal ausgelassene Mottopartys bilden eine gute

Signature Suite

Außendusche einer Suite

Im Restaurant Blu

Mischung an Bord dieser Premiumschiffe mit ihrem kosmopolitischen Flair.

Fahrgebiete & Reisen 2015

Silhouette und **Eclipse** verbringen den Sommer in Nordeuropa, Letztere fährt zudem von Southampton aus zu den Kanaren. **Equinox** und **Reflection** kreuzen im Mittelmeer, zum Teil sind die Routen kombinierbar. Im Winter bieten vier der Schwestern Karibikrouten an, nur die **Solstice** ist rund um Australien, Neuseeland und im Pazifik unterwegs.

Skandinavien/Russland (Silhouette)

Am 17.5. von Amsterdam nach Stockholm, mit Overnights in Kopenhagen, Stockholm, St. Petersburg. **12 Nächte, ab € 1.791 ab/bis Hafen**

Griechenland/Türkei (Equinox)

Erstmals ab/bis Athen nach Rhodos, Mykonos, Santorini, Kusadasi & Istanbul, kombinierbare Route. **7 Nächte, ab € 1.035 ab/bis Hafen**

DATEN & FAKTEN

BRZ	121.870	**Passagiere**	2.852/3.145
Länge	317,20 m	**Crew-Mitglieder**	1.250
Breite	36,80 m	**PCR (Pass. pro Crew)**	2,5
Indienststellung	2012 (Solstice-Klasse: ab 2008)	**PSR (Platzangebot)**	38,8
Bordsprache	Englisch	**Passagierdecks**	14
		Restaurants/Bars	9/15

Kabinen	1.426, davon 140 innen, 1.286 außen, 85 % mit Balkon, 64 Suiten; Größen: 16–120 m²
Sport & Wellness	Pool, AquaSpa mit Solarium, „Persian Garden", Pool, AquaClass-Kabinen, Spa-Café
Info-/Entertainment	Shows im Broadway-Stil, Akrobaten, Lawn Club mit diversen Aktivitäten (u. a. einer Glasbläserwerkstatt) u. v. m.
Dresscode	sportlich-elegant
Preis pro Nacht	€ 57 bis € 3.318; Durchschnitt € 178
Info	**Celebrity Cruises** Frankfurt, Tel. (069) 92 00 71-85 www.celebritycruises.de

PROFIL

Info-/Entertainment	⚓⚓⚓⚓½
Sport & Wellness	⚓⚓⚓⚓½
Gastronomie	⚓⚓⚓⚓½
Familienfreundlichkeit	⚓⚓⚓⚓
Service	⚓⚓⚓⚓
Routing	⚓⚓⚓½

Silvester in Oslo

Color Fantasy & Color Magic

Die „Mini-Kreuzfahrt" zum Reinschnuppern ist auf der Strecke Kiel–Oslo ein Renner. Jetzt gibt es sie auch als Themenkreuzfahrt mit klassischer Musik

Diese Kreuzfahrt kann man für jeden Tag des Jahres buchen: den Törn von Kiel nach Oslo und retour – eine Linienschiffsreise von gerade mal zwei Nächten. Die beiden fast baugleichen Color-Line-Fähren bieten die pfiffige und enorm erfolgreiche Idee an: Seit dem ersten Jahr der Fantasy 2005 haben sich die Gästezahlen fast verzwanzigfacht. Auch weil naheliegt, dass man ein paar Nächte bleiben könnte, wenn man schon mal da ist in Oslo: Mit seinen zubuchbaren Hotel- und Ferienhauspaketen (besonders beliebt: Skiurlaub in Südnorwegen im Winter!) hat sich die Color Line zu Deutschlands größtem Norwegen-Veranstalter gemausert. Dabei kann auch das eigene Auto mitfahren: Nebenbei sind die Liner auch Transporter. Das – und überhaupt die Tatsache, dass man auf einem Schiff ist – vergisst man aber schnell, wenn man die 160 Meter lange und drei Decks hohe Flaniermeile im Bauch des Schiffs betritt: Shoppingmall und Casino, Cocktailbar und Pizzeria, Fashion Store und Duty-free-Shop geben sich die Hand. Sehenswert sind die Shows im Bordtheater, zu manchen Terminen gibt es auch Themen-Entertainment (Silvester, Klassik, Kabarett mit dem Hamburger „Schmidt Theater") oder – ein Novum – „Dating-Reisen" mit Parship. Auch für Tagungen sind die Schiffe ausgerüstet und werden gern gebucht. Gespeist wird vom skandinavischen Buffet oder mehrgängig im Heckrestaurant mit Blick aufs Ach-

Die Observation Lounge

Im Oceanic Restaurant

FOTOS: J. Bohmann (2), Color Line (2)

Ein echter Tipp: Skikreuzfahrt im Winter

terwasser; sofern nicht als Paket gebucht, sind die Mahlzeiten aber extra zu zahlen. Das gilt auch für das Spaßbad Aqualand auf Deck 12 – und für alle Drinks in den Bars. Die 2013 frisch renovierten Kabinen sind bequem und solide, und die 2.700 Passagiere verteilen sich gut auf dem Riesenschiff. Nur bei den Revierfahrten auf der Kieler Förde und im Oslofjord wollen alle am schönsten Platz des Schiffs sein: in der Observation Lounge, 15 Decks überm Meer.

Fahrgebiete & Reisen 2015

Die Schiffe fahren im täglichen Wechsel; Abfahrt ist jeweils um 14, Ankunft um 10 Uhr. Fährt man mit demselben Schiff zurück (**ab € 79 ab/bis Kiel**; mit Frühstück und Buffet **ab € 159**), hat man knapp vier Stunden Zeit für den Oslo-Besuch. Man kann aber auch beliebig viele Abfahrten überspringen und z. B. mit dem eigenen Auto nach Bergen fahren (520 km; ein bis zwei Tage Fahrzeit).

DATEN & FAKTEN COLOR MAGIC

BRZ	75.100	**Passagiere**	2.700
Länge	224,00 m	**Crew-Mitglieder**	250
Breite	35,00 m	**PCR (Pass. pro Crew)**	11
Indienststellung	2005/07	**PSR (Platzangebot)**	27,1
Bordsprache	Deutsch, Norwegisch, Englisch	**Passagierdecks**	10
		Restaurants/Bars	8/10

Kabinen	1.016 (343 innen, 673 außen), davon 34 Suiten; Größen: 10,5–35 m²
Sport & Wellness	Color Spa & Fitnesscenter, Aqualand, Golfsimulator
Info-/Entertainment	Show Lounge, Pianobar, Pub, Observation Lounge, Casino, große Shopping-Promenade
Dresscode	sportlich bis elegant
Besonderheit	Das Schiff verfügt über Autodecks für 550 Fahrzeuge
Preis pro Nacht	€ 75 bis € 622; Durchschnitt € 212
Info	**Color Line** Kiel, Tel. (0431) 73 00-100 www.colorline.com

PROFIL

Info-/Entertainment	⚓⚓⚓⚓
Sport & Wellness	⚓⚓⚓½
Gastronomie	⚓⚓⚓½
Familienfreundlichkeit	⚓⚓⚓⚓
Service	⚓⚓⚓
Routing	⚓

Im Hafen von Katakolon auf dem Peloponnes

FOTO: T. P. Illes
marinepress fotomarine

Costa Fascinosa & Costa Favolosa

Farbenprächtig illuminierte Traumwelten innen, solide maritime Werte außen: Die beiden Costa-Flaggschiffe bieten ein buntes Kontrastprogramm

Obwohl die Genueser Traditionsreederei seit 1997 dem Carnival-Konzern angehört und das „Buongiorno!" von einer mehrheitlich asiatisch-südamerikanischen Servicecrew kommt: Auch auf den beiden neuesten Flottenmitgliedern dieser Schiffsserie wird dem fröhlich-bunten (nach dem Geschmack mancher deutschsprachiger Gäste zuweilen zu lauten) „Italian Lifestyle" gefrönt. Unverkennbar Las-Vegas-inspiriert ist das Innendekor: bunt, mutig, verspielt. Zu schriller Kitsch wird dabei aber im Gegensatz zu einigen früheren Schwesterschiffen vermieden. Die Standardkabinen sind hell und freundlich, die Außenbereiche erstaunlich „schiffig": So viel Decksfläche mit teils echtem Teakbelag und tollen Aussichtspunkten von Bug bis Heck findet man auf manch anderen Mainstream-Schiffen von heute nicht mehr. Abends speist man, inklusive Kapitänsgala, traditionell in zwei Sitzungen mit fester Tischzuteilung oder im Selbstbedienungsbuffet – wobei Letzteres etwas restriktive Öffnungszeiten hat. Alternativ bieten sich das aufpreispflichtige À-la-carte-Clubrestaurant und das Wellness-Restaurant der Samsara-Klasse in entspanntem Ambiente an. Und während die kleinen (aber auch etliche große) Gäste bei Ritterburg und Piratenschiff fast aus dem Häuschen geraten, finden Ruhesuchende ihr Dorado in den großzügigen Spa-Bereichen. Die Weiterentwicklung der erfolgreichen Costa-Formel wird im November 2014

Auf dem Achterdeck

Der Formel-1-Rennsimulator

Ritterburg und Piratenschiff

präsentiert – mit Inbetriebnahme der **Costa Diadema**: größer, noch mehr Außenbereiche für inspirierenden Kontakt zu Luft und Meer sowie ein ausgeweitetes Gastronomieangebot – man darf gespannt sein!

Fahrgebiete & Reisen 2015

Die **Costa Fascinosa** kreuzt ganzjährig ab/bis Rom (Civitavecchia) oder Savona im Mittelmeer. Die **Costa Favolosa** ist von Ende Mai bis August in Warnemünde stationiert.

Italien, Malta, Spanien (Fascinosa)

21 Termine von März bis November: von Savona bei Genua über Rom nach Palermo/Sizilien, Malta, Mallorca und Barcelona.
7 Nächte, ab € 529 ab/bis Savona

Baltische Metropolen (Favolosa)

An fünf Terminen von Mai bis August: Kopenhagen, Stockholm, Tallinn und St. Petersburg.
7 Nächte, ab € 899 ab/bis Warnemünde

DATEN & FAKTEN

BRZ	114.500	**Passagiere**	3.016/3.800
Länge	290,20 m	**Crew**	1.100
Breite	35,50 m	**PCR (Pass. pro Crew)**	3,5
Indienststellung	2012	**PSR (Platzangebot)**	30,1
Bordsprachen	Italienisch, Englisch, Deutsch, Franz.	**Passagierdecks**	14
		Restaurants/Bars	5/13

Kabinen	1.508 (dav. 103 mit Spa-Zugang, 594 mit Balkon, 56 Suiten mit Balkon, 12 Suiten mit Spa-Zugang, 321 Außenkabinen); Größen: 18–43 m²
Sport & Wellness	4 Pools, 5 Whirlpools, Samsara Spa über 2 Decks, Fitness, Sauna, Solarium, Thalasso-Therapie, Sportplatz, Jogging-Parcours, Golf
Info-/Entertainment	Theater, Casino, 4-D-Kino, Disco, Grand-Prix-Simulator, Internet
Dresscode	sportlich-leger; Gala-Abende
Preis pro Nacht	€ 47 bis € 672; Durchschnitt € 156
Info	**Costa Kreuzfahrten** Hamburg, Tel. (040) 570 12 13 14 www.costakreuzfahrten.de

PROFIL

Info-/Entertainment	⚓⚓⚓⚓
Sport & Wellness	⚓⚓⚓⚓½
Gastronomie	⚓⚓⚓½
Familienfreundlichkeit	⚓⚓⚓⚓½
Service	⚓⚓⚓½
Routing	⚓⚓⚓½

Costa neoRiviera in Valletta, Malta

Costa neoRiviera (mit neoRomantica & neoClassica)

Mit „Slow Cruising" hat Costa alte Tugenden neu entdeckt: zwanglos, leger mit regionaler Küche und langen Hafenliegezeiten zu günstigen Preisen

Drei recht unterschiedliche Schiffe hat Costa zur „neoCollection" zusammengefasst: die 2012 umgebaute **neoRomantica**, die Ende 2013 renovierte **neoRiviera** (ehemals **Grand Mistral**) und ab Dezember 2015 die **neoClassica**. Gemeinsam ist ihnen die vergleichsweise geringe Passagierzahl, dezentes Farbdesign und eine Raumgestaltung, die noch nicht wie bei neueren Schiffen auf Umsatzoptimierung getrimmt ist. Damit eignen sie sich bestens für die wiederentdeckten Tugenden des Slow Cruising: geruhsames Kreuzen ohne Animations-Stress, kaum Durchsagen über den Bordlautsprecher, dafür gute Livemusik in den Bars, legere Kleiderordnung, interessante Fahrtrouten, lange Liegezeiten in den Häfen. Im Restaurant werden bei freier Platzwahl ohne feste Tischzeiten ganz im Sinne der Slow-Food-Bewegung vor allem Spezialitäten aus der besuchten Region serviert – à la minute zubereitet und lecker. Für Costa ungewöhnlich: Familien gehören nicht zur Zielgruppe, entsprechend reisen Kinder hier auch nicht kostenlos mit. Mit Slow Cruising zu günstigen Preisen hat die Costa neoRiviera mit ihren beiden Schwestern fast ein Alleinstellungsmerkmal. Alle essenziellen Bestandteile von Slow Cruising sind enthalten, verzichtet wird aber auf die große Show bei Hotel- und Service-Luxus, die viele Passagiere gar nicht brauchen, anderswo aber mitbezahlen müssen, wenn sie auf diese Weise reisen wollen. Trotz

Das Café Positano

Das Pooldeck

FOTOS: F. Neumeier

günstiger Preise würde dem noch jungen Konzept aber zumindest beim Bar-Service etwas mehr Konsistenz gut zu Gesicht stehen.

Fahrgebiete & Reisen 2015

Von Dubai aus startet die **neoRiviera** Anfang Februar eine 61-tägige Reise rund um Afrika. Im Sommer fährt sie ab Savona zwei Routen im westlichen Mittelmeer, bevor sie via Suezkanal nach Dubai zurückkehrt (**11 Nächte, ab € 849**). Die **neoRomantica** kreuzt im April sowie im September/November im Mittelmeer, im Sommer in der Ostsee und nach Norwegen, teils mit Spitzbergen, ab Amsterdam und Hamburg (**12 Nächte, ab € 1.399**). Die **neoClassica** bietet 14-Nächte-Reisen nach Mauritius und Madagaskar an, ab März von Venedig aus der Adria oder östlichem Mittelmeer mit Schwarzem Meer sowie ab Istanbul die griechischen Inseln (**7 Nächte, ab € 949**; alle Preise ab/bis Hafen).

Whirlpool XXL

DATEN & FAKTEN Costa neoRiviera

BRZ	48.200	**Passagiere**	1.248/1.727
Länge	216,48 m	**Crew**	500
Breite	32,70 m	**PCR (Pass. pro Crew)**	3,5
Indienststellung	1999	**PSR (Platzangebot)**	27,9
Renovierung	2013	**Passagierdecks**	8
Bordspr.	Dt., It., Engl., Frz.	**Restaurants/Bars**	3/6

Kabinen	624, davon 94 Suiten (10 mit Balkon), Größen: 13–47 m²
Sport & Wellness	2 Pools, 2 Whirlpools, Samsara Spa mit Sauna, Thalasso-Pool und Massagen, Fitnessraum, Joggingtrack
Info-/Entertainment	Casino, Disco, Show Lounge, Bibliothek, Internet, Kinderclub; kulinarische Ausflüge und Degustationen
Dresscode	sportlich-leger bis elegant
Preis pro Nacht	€ 63 bis € 552; Durchschnitt € 145
Info	**Costa Kreuzfahrten** Hamburg, Tel. (040) 570 12 13 14 www.costakreuzfahrten.de

PROFIL

Info-/Entertainment	⚓⚓⚓
Sport & Wellness	⚓⚓⚓
Gastronomie	⚓⚓⚓⚓
Familienfreundlichkeit	⚓⚓½
Service	⚓⚓⚓½
Routing	⚓⚓⚓⚓

Vor der Skyline von Sydney

Crystal Symphony (mit Crystal Serenity)

Das Luxusschiff aus Japan bietet internationale Atmosphäre, ist extrem großzügig und erreicht ein Spitzenniveau bei Service und Gastronomie

Schon beim Check-in punktet Crystal Cruises: Der findet auf dem Schiff statt – und nicht in den meist trostlosen Terminals. Überhaupt ist es schon erstaunlich, auf welchem Niveau die Crystal Symphony ihre immerhin fast 1.000 Passagiere verwöhnt. Gastronomie und Service spielen in der Champions League der Kreuzfahrt. Die Küchencrew kann aus 30.000 (!) Rezepten wählen, alle Zutaten und Arbeitsschritte sind digital mit Fotos im Computer erfasst. Das sorgt für Abwechslung und gleichbleibend höchste Qualität. Ob im Hauptrestaurant, dem Crystal Dining Room, dem italienischen Spezialitätenrestaurant Prego oder dem Asia-Dinner Silk Road. Nicht nur das Essen, auch die Getränke überzeugen – und sind seit 2012 all-inclusive. Der Service ist nahezu perfekt, die Crew ist bestens eingespielt. Dass die meisten Mitarbeiter schon jahrelang dabei sind, verwundert nicht: „Happy crew – happy guests“ lautet die Philosophie der Reederei, die ihre Besatzung überdurchschnittlich bezahlt, hegt und pflegt. Diese positive Crystal-Crew-Chemie fällt auf. Der Gästemix ist international: Japaner, Amerikaner, Briten, Kanadier, Skandinavier. Deutsche sind in der Minderheit, was einen Vorteil hat: Auf der Crystal Symphony werden keine Liegen besetzt ... Das ist auch nicht nötig: Das Passagier-Raum-Verhältnis ist extrem großzügig. Andere Reedereien bringen auf der Deckfläche das Doppelte an Gästen unter. Das Bordleben ist bei Crystal

Eine Penthouse-Suite

Golftraining an Bord

Cruises eher dezent, das Entertainment ist niveauvoll, eher traditionell als originell.

Fahrgebiete & Reisen 2015

Die **Symphony** beginnt das Jahr in Ostasien; via Panamakanal und New York kommt sie im Juni nach Nordeuropa. Im September kehrt sie über Kanada und die US-Ostküste in die Karibik zurück. Die **Serenity** trifft, von Südamerika kommend, im Mai in Lissabon ein. Bis kurz vor Weihnachten kreuzt sie im Mittelmeer.

Ostsee mit Crystal Symphony

Am 16.8. ab/bis Kopenhagen nach Warnemünde, Helsinki und St. Petersburg. Kinder reisen auf dieser Kreuzfahrt gratis mit. **7 Nächte, ab € 2.626 ab/bis Kopenhagen**

Schwarzes Meer mit Crystal Serenity

Am 13.9. ab/bis Istanbul (overnight) nach Burgas, Jalta, Konstanza und Odessa. **7 Nächte, ab € 2.570 ab/bis Istanbul**

Im Spa-Bereich

DATEN & FAKTEN

BRZ	51.044	**Passagiere**	960/1.010
Länge	237,10 m	**Crew-Mitglieder**	545
Breite	30,20 m	**PCR (Pass. pro Crew)**	1,8
Indienststellung	1995	**PSR (Platzangebot)**	53,2
letzte Renovierung	2011	**Passagierdecks**	8
Bordsprache	Englisch	**Restaurants/Bars**	3/7

Kabinen	480 Außenkabinen, davon 276 mit Balkon und 64 Penthouses; Größen: 19–92 m²
Sport & Wellness	2 Pools, 2 Jacuzzis, Fitnesscenter, Spa mit Sauna, Dampfbad und Beautysalon, Tennis, Golfabschlag
Info-/Entertainment	Shows, Konzerte, Comedy, Kino, Kurse, Casino, Gentleman Hosts
Dresscode	leger, elegant oder informell
Preis pro Nacht	€ 193 bis € 2.727; Durchschnitt € 548
Info	**Aviation & Tourism International** Tel. (06023) 91 71 50, www.atiworld.de **Vista Travel**, Tel. (040) 30 97 98 40, www.vistatravel.de

PROFIL

Info-/Entertainment	⚓⚓⚓⚓
Sport & Wellness	⚓⚓⚓⚓
Gastronomie	⚓⚓⚓⚓⚓
Familienfreundlichkeit	⚓⚓⚓½
Service	⚓⚓⚓⚓⚓
Routing	⚓⚓⚓⚓

In der Bucht von Kotor in Montenegro

Deutschland

Warmherziger Luxus in rotem Plüsch: klassisch - aber durchaus fröhlich

Sie ist das letzte Kreuzfahrtschiff unter deutscher Flagge, sie ist das „Traumschiff" des ZDF, sie ist ein schwimmendes Grandhotel mit dem Schick der Golden Twenties – Alleinstellungsmerkmale hat die Deutschland genug. Wie so oft liegt der wahre Zauber im Unsichtbaren, denn entgegen landläufiger Auffassung ist die Deutschland ein durch und durch freundliches, fröhliches Schiff. Die jungen, überwiegend deutschen Servicekräfte füllen die Würstchenstation in der Bierbar Zum Alten Fritz – statistisch isst jeder Deutschland-Passagier täglich ein paar Frankfurter! – genauso diskret nach, wie sie am letzten Abend zur fulminanten Party alle Passagiere in die Kombüse bitten und sich in blauen Hosen

Eine Grand Suite; das Hauptrestaurant

zum gigantischen Shantychor formieren. Diese Mannschaft weiß, was ihre Passagiere wollen. Ebenso das Management: Nicht auf dem Privatbalkon sitzen will das gesellige Deutschland-Publikum, sondern nur französische Balkone als Frischluftzufuhr wünscht es sich, die jetzt in etliche Kabinen auf Deck 7 und 8 eingebaut werden. Mit einem stufigen Achterdeck, einem echten Innenschwimmbad, dem Kaisersaal für Abendveranstaltungen und fest reservierten Restaurantplätzen hat die Deutschland klassische Elemente, die es nur noch auf wenigen Schiffen gibt. Mit einem zusätzlichen Buffet- und einem À-la-carte-Restaurant, einer Sauna mit Meerblick und Schlauchbooten für exotische Fahrtgebiete wird sie zum modernen Kreuzfahrtschiff. Dass sie erkennbar einen halben Stern unter dem absoluten Service liegt, goutiert jeder Gast, der erleben durfte, wie sie Luxus mit Herzenswärme verbindet.

Fahrgebiete & Reisen 2015

Das Deutschland-Jahr startet in Südamerika und der Südsee. Über Australien, Singapur und Dubai führt die Route dann zum Frühling nach Venedig und Istanbul. Von Mai bis September ist Hamburg der Ausgangspunkt für einen klassischen Nordeuropa-Sommer, u. a. mit Spitzbergen, Baltikum und Kurztörns zum Kennenlernen. Rund um Westeuropa geht es dann noch einmal ins Mittelmeer und im November mit Kurs Barbados in die Karibik.

„Glamour Week" vor Westeuropa

Nostalgie-Kreuzfahrt im Stil der 20er-Jahre: Auslaufen in Hamburg zu den „Cruise Days" am 12.9., dann u. a. über Amsterdam und Bordeaux (Passage auf der Gironde) nach Lissabon. **12 Nächte, ab € 3.200 inkl. Rückflug**

Karibik, Kurs Panamakanal

Am 16.11. geht es von Barbados über die Isla Margarita und die ABC-Inseln nach Cartagena in Kolumbien – und weiter zur Fahrt durch den Panamakanal, dem Höhepunkt der Reise. **11 Nächte, ab € 4.600 inkl. Flügen**

Der Kaisersaal

DATEN & FAKTEN

BRZ	22.400	**Passagiere**	500/520
Länge	175,00 m	**Crew-Mitglieder**	280
Breite	23,00 m	**PCR (Pass. pro Crew)**	1,9
Indienststellung	1998	**PSR (Platzangebot)**	43,1
letzte Renovierung	2011	**Passagierdecks**	8
Bordsprache	Deutsch, Engl.	**Restaurants/Bars**	3/5

Kabinen	294 (224 außen, 70 innen), davon 12 Suiten und 6 Grand Suiten; Größen: 12–36 m²
Sport & Wellness	2 Pools, Wellness-Spa, Sauna, Fitnessbereich mit Personal Trainer, Kurse, Golfabschlag, Shuffleboard
Info-/Entertainment	Show- und Musikprogramme, Klassik, Tanz, Lektorenvorträge, Kreativkurse, Kinderprogramm; Concierge-Service für Landausflüge
Dresscode	sportlich-leger bis festlich-elegant
Preis pro Nacht	€ 174 bis € 1.805; Durchschn. € 488
Info	**Reederei Peter Deilmann** Neustadt i. H., Tel. (04561) 396-100 www.msdeutschland.de

PROFIL

Info-/Entertainment	⚓⚓⚓⚓
Sport & Wellness	⚓⚓⚓⚓
Gastronomie	⚓⚓⚓⚓⚓
Familienfreundlichkeit	⚓⚓⚓
Service	⚓⚓⚓⚓⚓
Routing	⚓⚓⚓⚓½

Micky Maus am Schornstein – das Markenzeichen

SCHIFFE DES JAHRES 2014
Kreuzfahrt GuideAward
Gewinner in der Kategorie
FAMILIENFREUNDLICHKEIT

Disney Dream & Disney Fantasy

Paradies zur See für Kinder und Eltern

Elegante Linien, nachtblauer Rumpf, zwei imposante rote Schornsteine: Trotz ihrer Größe und Ähnlichkeit zu schwimmenden Funparks haben Disney Dream und Disney Fantasy das Flair traditioneller Oceanliner – die kleineren Schwestern **Disney Magic** und **Wonder** ohnehin. Dabei verzichtet Disney auf alles Angestaubte: Das Captain's Dinner sucht man so vergeblich wie den Rauchersalon. Stattdessen ist es ein Paradies für Kinder: Auf sie warten originale Disney-Shows, 3-D-Kino, große Kinderclubs mit bestens geschulten Betreuern, Babysitting ab drei Monaten – und geräumige Kabinen, grundsätzlich mit separater Toilette. Und die Erwachsenen? Für sie gibt es originelle Restaurants und Bars und einen kinderfreien Pool. Alles schwelgt, quasi als Verlängerung der Kinderwelt für die Großen, im Art déco, nostalgische Bullaugen inklusive. Die Bordsprache ist Englisch, das Ambiente recht amerikanisch. Wozu samt exzellentem Service auch diese Geste gehört: Bei der Ausschiffung verabschiedet der Kapitän jeden der 4.000 Passagiere persönlich mit Handschlag.

Fahrgebiete & Reisen 2015

Disney Dream: 3- und 4-Nächte-Reisen zu den Bahamas. **Disney Fantasy**: 7 Nächte abwechselnd westliche und östliche Karibik.

DATEN & FAKTEN Disney Dream

BRZ	129.690	**Passagiere**	2.500/4.000
Länge	340,00 m	**Crew-Mitglieder**	1.458
Breite	37,00 m	**PCR (Pass. pro Crew)**	2,7
Indienststellung	2011	**PSR (Platzangebot)**	32,4
Renovierung	–	**Passagierdecks**	13
Bordsprache	Englisch	**Restaurants/Bars**	9/10

Kabinen	1.250 (150 innen, 1.100 außen), davon 41 Suiten, 901 mit Balkon; Größen: 15,7–165,5 m²
Sport & Wellness	3 Pools, Vista Spa & Salon, Sportdeck, Sauna, Massage
Info-/Entertainment	Disney-Musicals, Kinderanimation (Alter ab 3 Monate), AquaDuck-Wasserrutsche, Feuerwerk auf See u. v. m.
Dresscode	ungezwungen
Preis pro Nacht	€ 149 bis €3.337; Durchschnitt € 314
Info	**Disney Cruise Line**, Florida www.disneycruise.disney.go.com **Dertour**, Tel. (069) 95 88 59 28

PROFIL

Info-/Entertainment	⚓⚓⚓⚓⚓ (5 von 5)
Sport & Wellness	⚓⚓⚓⚓½ (4,5 von 5)
Gastronomie	⚓⚓⚓⚓ (4 von 5)
Familienfreundlichkeit	⚓⚓⚓⚓⚓ (5 von 5)
Service	⚓⚓⚓⚓ (4 von 5)
Routing	⚓⚓ (2 von 5)

Typisch: der dunkelblaue Rumpf

Eurodam & Nieuw Amsterdam

Tradition trifft zeitgemäßen Komfort

Die klassisch dunkelblauen Rumpfanstriche lassen erahnen: „Fun Ships“ sind die neuesten Juwelen der amerikanischen Premium-Reederei nicht. Stattdessen beruft man sich – trotz modernem Hightech – auf die glorreiche Ära der Oceanliner. Großzügige Außendecks mit teakbelegter Rundumpromenade sind Indiz dafür, dass man es ernst meint mit dem Bewahren der Liner-Traditionen. Das ist ganz im Sinne einer loyalen, vornehmlich älteren und weltgewandten Klientel. Das Innendekor zeigt sich mit Ausnahme der Suiten sowie der oberen Gesellschaftsräume (Letztere im helleren, modernen Stil) ebenfalls klassisch. Dazu tragen auch die vielen Schiffsmodelle, Antiquitäten und Gemäldereproduktionen bei, geschmackssicher mit zeitgenössischer Kunst kombiniert. Besonderer Touch: die kunstvollen Blumen- und Orchideengestecke überall. Unbedingt probieren sollte man die superben Steaks im aufpreispflichtigen Grill! Weiteres Highlight: das Explorations Café über der Brücke, ein Mix aus Aussichtslounge, Bibliothek, Internetstation und Café. Englischkenntnisse sind an Bord von Vorteil.

Fahrgebiete & Reisen 2015

Eurodam: im Sommer ab Kopenhagen. **Nieuw Amsterdam**: ab Venedig oder Barcelona.

DATEN & FAKTEN Eurodam

BRZ	86.273	**Passagiere**	2.106/2.670
Länge	285,00 m	**Crew-Mitglieder**	933
Breite	32,30 m	**PCR (Pass. pro Crew)**	2,8
Indienststellung	2010	**PSR (Platzangebot)**	32,3
letzte Renovierung	–	**Passagierdecks**	13
Bordsprache	Englisch	**Restaurants/Bars**	7/13

Kabinen	1.054 (davon 897 außen, 157 innen); Größen: ca. 16–93 m²
Sport & Wellness	3 Pools, 5 Whirlpools, Spa mit Fitnesscenter u. Beautysalon, Saunas, Massage, Hydro- u. Aromatherapie, Tuina-Entspannung, Basket-/Volleyb.
Info-/Entertainment	Casino, Show-Theater, Kinderclub, Culinary-Arts-Showküche, Kino, Bibliothek, Internet-Workshops
Dresscode	leger, abends mitunter formell
Preis pro Nacht	€ 61 bis € 1.047; Durchschnitt € 166
Info	**Holland America Line**, Rotterdam In Dtl. buchbar u. a. über **Unlimited Cruises**, Tel. (06103) 706 46 14

PROFIL

Info-/Entertainment	⚓⚓⚓⚓
Sport & Wellness	⚓⚓⚓⚓
Gastronomie	⚓⚓⚓⚓
Familienfreundlichkeit	⚓⚓⚓½
Service	⚓⚓⚓⚓
Routing	⚓⚓⚓½

Elnlaufen in Stockholm

Europa

Seit nun schon 15 Jahren in Fahrt: Luxusyacht auf höchstem Niveau

Lange galt die Europa als bestes Kreuzfahrtschiff der Welt. Seit 2013 hat sie mit der **Europa 2** Konkurrenz aus der eigenen Flotte bekommen. Die klassische Klientel wird sich eher auf der „alten“ Europa wiederfinden. Sie pflegt Traditionen wie Gala-Abend und Captain's Table, die es auf dem Newcomer nicht mehr gibt. Die herausragenden Qualitäten der Europa stehen auch weiterhin für sich: Grandios ist die Gastronomie, perfekt der Service, ob beim Gala-Dinner im Europa-Restaurant oder bei der Erlebnisküche im lockeren Lido Café. Und was Dieter Müller in seinem Spezialitätenrestaurant zubereiten lässt (auch wenn er nicht immer persönlich am Herd steht), hat große Klasse: Hier

Golfen auf hoher See; Party an Deck

kommt Kochen von Kunst. Gastronomisches Highlight ist alljährlich die Veranstaltung „Europas Beste“ in Antwerpen. Die besten Sterneköche, Winzer, Chocolatiers und andere kulinarische Könner treffen sich am 13. Juni 2015 zum Gourmet-Festival. Der schönste Ort für den Sundowner ist die Sansibar im Heck (die deutlich mehr Flair hat als ihr Pendant auf der Europa 2). Einmal im Jahr gibt es zudem traditionell das Sansibar-Sylt-Event mit der Europa (s. u. und S. 78). Luxuriös sind nicht nur die öffentlichen Räume, sondern auch die Kabinen. Man wohnt ausschließlich in Suiten, in den Penthouse-Suiten (Deck 10) gibt es Butlerservice. Zusätzlich zum Wellnessbereich Ocean Spa stehen vier Spa-Suiten mit beleuchteter Whirlwanne bereit (Anwendungen und Ernährungsberatung inklusive). Wer selbst nicht mitfahren kann: Der ehemalige „GEO Saison“-Redakteur Dirk Lehmann ist neuer Hapag-Lloyd-Blogger an Bord.

Fahrgebiete & Reisen 2015

Die Europa startet das Jahr „down under“. Von Australien aus fährt sie über Singapur, Thailand und Indien nach Dubai und zum Frühjahr via Suez ins Mittelmeer (März bis Mai); ein Abstecher ins Schwarze Meer findet im April statt. Rund um Westeuropa geht es im Juni nordwärts, zu Reisen in die Nord- und Ostsee sowie bis nach Island und Grönland. Im Oktober fährt sie zurück ins Mittelmeer und erneut zur Arabischen Halbinsel und nach Südostasien.

Überraschungsreise

Von Istanbul nach Venedig vom 26.4. bis 10.5.: Welche Häfen unterwegs in Griechenland, Zypern, Italien und Kroatien angesteuert werden, entscheiden die Passagiere! **13 Nächte, ab € 7.220 inkl. Flügen ab/bis Deutschland**

„MS Europa meets Sansibar“

Der alljährliche Klassiker findet 2015 vom 17. bis 21.7. statt. Von Hamburg geht es nach Sylt zum Stelldichein am Dünenstrand – und über Göteborg in Schweden zum Endhafen Kiel. **3 Nächte, ab € 2.020 ab/bis Hafen**

Eine der vier Spa-Suiten

DATEN & FAKTEN

BRZ	28.890	**Passagiere**	max. 408
Länge	198,60 m	**Crew-Mitglieder**	280
Breite	24,00 m	**PCR (Pass. pro Crew)**	1,5
Indienststellung	1999	**PSR (Platzangebot)**	70,8
letzte Renovierung	2011	**Passagierdecks**	7
Bordsprache	Deutsch	**Restaurants/Bars**	4/6

Kabinen	192 Außensuiten (27 m²), davon 168 mit Balkon und 4 Spa-Suiten; 12 Penthouse-Suiten mit 45 oder 85 m²
Sport & Wellness	Pool, Fitnessraum, Ocean Spa, Sauna, Kurse, Personal Trainer, Golf Pro, Fahrräder, Tanzkurse, Nordic Walking, Schnorchelausrüstung
Info-/Entertainment	Stars der klassischen und Unterhaltungsmusik, Maler, Lektoren, Schauspieler, Schriftsteller, Galerie, Themenreisen, Familienangebote
Dresscode	sportlich-elegant bis elegant
Preis pro Nacht	€ 332 bis € 5.532; Durchschn. € 670
Info	**Hapag-Lloyd Kreuzfahrten** Tel. (040) 30 70 30 70 www.hl-kreuzfahrten.de

PROFIL

Info-/Entertainment	⚓⚓⚓⚓
Sport & Wellness	⚓⚓⚓⚓
Gastronomie	⚓⚓⚓⚓⚓
Familienfreundlichkeit	⚓⚓⚓½
Service	⚓⚓⚓⚓⚓
Routing	⚓⚓⚓⚓½

Vor der Elbphilharmonie in Hamburg

SCHIFFE DES JAHRES 2014
Kreuzfahrt GuideAward
Gewinner in der Kategorie
GASTRONOMIE

SCHIFFE DES JAHRES 2014
Kreuzfahrt GuideAward
Gewinner in der Kategorie
SERVICE

Europa 2

Luxus, neu definiert: Das schönste Schiff der Welt ist ein Raumwunder

Wo sie auftaucht, wird sie bestaunt: Die Europa 2 ist für viele das derzeit schönste Schiff der Welt. Im Mai 2013 startete sie mit einem für Hapag-Lloyd revolutionären Konzept: „21 Knoten und keine Krawatte" lautet der Slogan. Will sagen: Wie ihre ältere Schwester **Europa** steht sie für formvollendeten Luxus – jedoch betont lässig interpretiert, ohne Kleiderzwang, ohne Captain's Dinner und ohne feste Plätze im Restaurant. Letzteres ist schon deshalb nicht nötig, weil es sieben traumschöne Esstempel an Bord gibt, in denen die Küchen Frankreichs (Tarragon), Italiens (Serenissima) oder Asiens (Elements) aufs Feinste zelebriert werden – und für die keine Zuzahlung verlangt wird, außer im Private Dining Room

Eine Grand Suite; das Restaurant Weltmeere

Grand Réserve. Neben solcher (Wahl-)Freiheit heißt Luxus aber vor allem auch: Platz! Kein Schiff verschwendet davon so viel wie dieses. Opulent sind die Lobby (auf die jedes Grandhotel stolz wäre), die Außendecks sowie der Spa-Bereich. Und keine der eleganten Suiten, allesamt mit Veranda und mit Gimmicks wie einem Entertainmentsystem im Spiegel oder einer Regenwalddusche im Bad ausgestattet, ist kleiner als 28 Quadratmeter. Inspirierend ist das Entertainment, von Auftritten namhafter Jazz-Stars über Akrobatikshows bis hin zu Edutainment-Talks unter der Schirmherrschaft von Sabine Christiansen. Last, but not least sind auch Kinder bestens integriert: In Ferienzeiten machen sie schon mal ein Zehntel der Gäste aus. Jünger und frischer also – auch eine Internationalisierung der Gästeschar soll dazu beitragen: In Großbritannien und den USA etwa wirbt Hapag-Lloyd dafür intensiv. Der Tatsache, dass dortige Mitbewerber im Luxussegment meist ein volles All-inclusive anbieten, wird sich die „2" (auf der man seine Getränke zahlt) dabei wohl anpassen müssen.

Fahrgebiete & Reisen 2015

Bis April kreuzt die Europa 2 vor Südamerika und in der Karibik, danach bis Juni vor West- und Nordeuropa, u. a. auf Kurztörns ab Hamburg oder Kiel. Es folgen Azoren und Kanaren, westliches und östliches Mittelmeer und Ende September ein 12-Tages-Törn ins Schwarze Meer. Zum Winter geht es via Suez nach Dubai und in den Indischen Ozean bis nach Südafrika.

Geburtstagsreise ab Hamburg

Kurzreise zum Hamburger Hafengeburtstag – und zugleich dem 2. Geburtstag der Europa 2: durch den Nord-Ostsee-Kanal nach Malmö und Kopenhagen und zurück nach Kiel. 10. bis 14.5. **3 Nächte, ab € 2.390 ab/bis Hafen**

Familienreise westliches Mittelmeer

Ab 15.8. von Barcelona nach Civitavecchia, kostenlos für Kinder bis elf, 50 Euro/Tag für Kinder von zwölf bis 15 Jahren. **7 Nächte, ab € 4.980 inkl. Flügen ab/bis Deutschland**

Restaurant Tarragon

DATEN & FAKTEN

BRZ	40.000	**Crew-Mitglieder**	370
Länge	225,38 m	**PCR (Pass. pro Crew)**	1,4
Breite	26,70 m	**PSR (Platzangebot)**	77,5
Indienststellung	2013	**Passagierdecks**	7
Bordsprache	Deutsch	**Restaurants**	8
Passagiere	max. 516	**Bars**	6

Kabinen	251 Außensuiten mit Veranda (Größen: 27–114 m²), davon u. a. 16 Spa-Suiten (52 m²) und 7 Familien-Apartments (2 x 27 m²)
Sport & Wellness	Pool mit ausfahrbarem Dach, Ocean Spa (620 m²), Fitnessbereich, Kurse, Personal Trainer, Golf Pro, Fahrräder, Nordic Walking
Info-/Entertainment	Show-Theater, internationale Gast-Stars, Jazzclub, Kino, Literatursalon, Disco, Kunstgalerie, Miele-Kochschule, Themenreisen, Kinderclub
Dresscode	lässige Eleganz – ohne Vorschriften
Preis pro Nacht	€ 344 bis € 2.460; Durchschn. € 971
Info	**Hapag-Lloyd Kreuzfahrten** Tel. (040) 30 70 30 70, www.hlkf.de

PROFIL

Info-/Entertainment	⚓⚓⚓⚓½
Sport & Wellness	⚓⚓⚓⚓½
Gastronomie	⚓⚓⚓⚓⚓
Familienfreundlichkeit	⚓⚓⚓⚓½
Service	⚓⚓⚓⚓⚓
Routing	⚓⚓⚓½

Im Eis zu Hause

Fram

Abenteuer mit Komfort: das kleine Expeditionsschiff von Hurtigruten

Saunieren mit Blick auf die Mitternachtssonne, vom Jacuzzi aus die Gletscher bestaunen – solche Genüsse bietet die Fram. Das jüngste Hurtigruten-Schiff hat die höchste Eisklasse und absolviert Expeditionen, meist in die Polargebiete. Mit Komfort, aber ohne Pomp: Das Ziel steht im Vordergrund. Und man reist im überschaubaren Kreis: Arktis und Antarktis werden mit reduzierter Kapazität von selten mehr als 200 Passagieren angelaufen, oft auf den Spuren Fridtjof Nansens, nach dessen historischem Segler die Fram benannt ist. Das Bordambiente ist geschmackvoll modern; besonders beliebt ist die gläserne Observation Lounge über der Brücke. Die Crew besteht aus einer fröhlich-effizienten Mischung aus Norwegern und Asiaten. Die Küche, als Buffet oder am Platz serviert, ist nordeuropäisch. Vier Kabinenkategorien reichen von der zweckmäßigen Innenkabine bis zur 40-Quadratmeter-Suite mit Balkon. Und wie bei den anderen Hurtigruten-Schiffen gibt es sogar ein Autodeck, hier mit immerhin 23 Stellplätzen.

Fahrgebiete & Reisen 2015

Nach Winterreisen in der Antarktis startet im Mai die Nordlandsaison mit diversen Törns nach Spitzbergen, Grönland und Island. Eine Südnorwegen-Reise ab/bis Bremerhaven beginnt am 21.4. **9 Nächte, ab € 2.399**

DATEN & FAKTEN

BRZ	11.674	**Passagiere**	318
Länge	114,00 m	**Crew-Mitglieder**	ca. 70
Breite	20,20 m	**PCR (Pass. pro Crew)**	4,5
Indienststellung	2007	**PSR (Platzangebot)**	36,7
Bordsprache	Norwegisch, Deutsch, Englisch	**Passagierdecks**	5
		Restaurants/Bars	1/1

Kabinen	127 (112 außen, 23 innen), davon 8 Suiten und 31 Minisuiten; Größen: 10–40 m²
Sport & Wellness	Fitnessraum, Jacuzzi, Sauna
Info-/Entertainment	Lektorenvorträge von Experten, Durchsagen von der Brücke, Bibliothek, Observation Lounge, Dauerausstellung von Artefakten der historischen Fram
Dresscode	sportlich-leger
Preis pro Nacht	€ 88 bis € 1.329; Durchschnitt € 760
Info	**Hurtigruten** Hamburg, Tel. (040) 87 40 83 58 www.hurtigruten.de

PROFIL

Info-/Entertainment	⚓⚓⚓½
Sport & Wellness	⚓⚓½
Gastronomie	⚓⚓⚓
Familienfreundlichkeit	⚓⚓
Service	⚓⚓⚓½
Routing	⚓⚓⚓⚓½

Im Tyrrhenischen Meer

Freedom of the Seas

Eine Kleinstadt zur See für über 4.000 Gäste: Das Schiff ist das Ziel

Als sie 2006 frisch aus der Werft nach Hamburg kam, war sie eine Weltsensation: Mit über 154.000 Tonnen und Platz für bis zu 4.374 Passagiere war sie damals der größte Cruiser der Erde. Die Schwestern **Liberty** und **Independence** folgten 2007 und 2008; erst die **Oasis**-Schiffe übertrafen sie noch einmal. Was bleibt, sind die staunenswerten Innovationen, die dieser Gigaliner bot – und bietet: die ersten Flowrider für das Surfen auf echten Wellen, die erste Eislaufbahn, die erste Kletterwand, den ersten Boxring auf See. Neu war auch die Royal Promenade im Schiffsbauch, mit Shops, Cafés und Kabinen „zur Straße". Die weiteren Zugaben: ein Theater für fast 1.400 Gäste, ein Day Spa, über die Bordwand ragende Whirlpools, Betreuung für Kinder schon ab sechs Monaten und vieles mehr. Ganzjährig kreuzt die Freedom nun in der Karibik – das eigentliche Ziel ist hier aber das Schiff selbst. Und seitdem 2011 auch Features der Oasis-Klasse nachgerüstet wurden (u. a. ein 3-D-Kino, die DreamWorks-Figuren, die Touchscreens zur Orientierung), wirkt der Riese fast wieder wie frisch aus der Werft.

Fahrgebiete & Reisen 2015

Ganzjährig ab/bis Port Canaveral in die westliche oder östliche Karibik. **7 Nächte, ab € 696**

DATEN & FAKTEN

BRZ	154.407	**Passagiere**	3.634/4.374
Länge	338,94 m	**Crew-Mitglieder**	1.365
Breite	56,08 m	**PCR (Pass. pro Crew)**	3,2
Indienststellung	2006	**PSR (Platzangebot)**	35,8
letzte Renovierung	2011	**Passagierdecks**	15
Bordsprache	Englisch	**Restaurants/Bars**	6/19

Kabinen	1.817 (1.084 außen, 733 innen), davon 842 mit Balkon, 120 Suiten; Größen: 14–112 m²
Sport & Wellness	Flowrider, freitragende Whirlpools, Eislaufbahn, Boxring, Kletterwand, Poollandschaft/Wasserpark, Minigolf, Fitnesscenter, Day Spa etc.
Info-/Entertainment	Musicaltheater, 3-D-Kino, Casino, Karaoke, Bücherei, Kinderclub, Babybetreuung, Musicals u. v. m.
Dresscode	leger, abends mitunter schicker
Preis pro Nacht	€ 62 bis € 1.286; Durchschnitt € 137
Info	**RCL Cruises**, Frankfurt Tel. (069) 92 00 71–85 www.royalcaribbean.de

PROFIL

Info-/Entertainment	⚓⚓⚓⚓⚓
Sport & Wellness	⚓⚓⚓⚓⚓
Gastronomie	⚓⚓⚓½
Familienfreundlichkeit	⚓⚓⚓⚓⚓
Service	⚓⚓⚓½
Routing	⚓⚓

Vor der norwegischen Küste bei Bergen

SCHIFFE DES JAHRES 2014
Kreuzfahrt Guide Award
Gewinner in der Kategorie
ROUTING

Hamburg

Das bewährte Schiff sucht neue Ziele – und neue Zielgruppen

Seit Sommer 2012 fährt die einstige **Columbus** von Hapag-Lloyd als „Hamburg“ – ausgerechnet für einen Bremer Veranstalter. Bei Plantours ist sie das einzige Hochseeschiff. Viele Mannschaftsmitglieder kommen von der Vorgängerin, der **Vistamar**. So bekannt die Crew ist, so bekannt ist die Klientel: Vor allem ältere Passagiere reisen mit. Die **Hamburg** muss noch ihre Nische finden und sich neuen Zielgruppen öffnen. Dafür werden zunehmend interessante Themenreisen ins Programm genommen, wie die erfolgreichen Heimathäfen-Touren mit dem Ankerherz-Verlag. Die bereits fünfte „Kreuzfahrt vor der Haustür“ (Borkum, Sylt, Helgoland) steht auch 2015 auf dem Programm. Vom 15. bis 19. Mai gastieren an

Sonnendeck mit Pool; Bibliothek auf Deck 5

Bord der Schauspieler Dietmar Bär („Tatort") und der deutsche Soulsänger Stefan Gwildis. Überhaupt ist das größte Plus der Hamburg das Routing: Mehr als je zuvor ist das Schiff auf Entdeckerrouten unterwegs und macht auch vor der Antarktis nicht halt. Dazu wurde es eigens mit eistauglichen Motorschlauchbooten ausgestattet, die überall einen Landgang ermöglichen. Wichtig auf solchen Reisen: Im Restaurant finden alle Gäste zeitgleich Platz, so dass man flexibel bleibt, die Mahlzeiten an Fahrplan und Landgänge anzupassen. Die Buffet-Alternative steht zwischen Pool und dem Palmgarten. Die gastronomische Qualität dort ist allerdings nur mit einigem Wohlwollen solide zu nennen. Auch der Service auf der Hamburg hat deutlich Luft nach oben – er wirkt an manchen Tagen lustlos.

Fahrgebiete & Reisen 2015

Mit Azoren und Kanaren startet die Hamburg ins Jahr. Im März und April folgen Balearen, Ägäis und Schwarzes Meer – und im Mai wieder die traditionelle Teilnahme am Hamburger Hafengeburtstag. Zum Sommer in Nordeuropa (u. a. mit Grönland, Island und Baltikum) gehören wieder die „Heimathäfen" (ab 15.5.), dieses Mal mit Stefan Gwildis und Dietmar Bär. Höhepunkt im Herbst ist die Fahrt auf dem Sankt-Lorenz-Strom zu den Großen Seen Nordamerikas (siehe unten). Danach geht es zurück über den Atlantik nach Lissabon und ins Mittelmeer – und zu Weihnachten über das Rote Meer nach Dubai.

Von Hamburg zum Nordkap

Am 29.7. von Hamburg nach Kiel: sieben Häfen längs der norwegischen Fjorde und auf den Lofoten, mit Honningsvag als nördlichstem Punkt. **12 Nächte, ab € 2.199 ab/bis Hafen**

Nordamerikas Große Seen

Ab/bis Montreal ab 6.9.: die einzigartige Erkundung von Ontariosee, Eriesee, Huronsee und Michigansee. Highlights dabei: Chicago, Detroit, Toronto und Milwaukee. **17 Nächte, ab € 4.499 inkl. Flügen ab/bis Deutschland**

Ganz nah dran – zum Beispiel in Stettin

DATEN & FAKTEN

BRZ	14.903	**Passagiere**	400/420
Länge	144,00 m	**Crew-Mitglieder**	170
Breite	21,50 m	**PCR (Pass. pro Crew)**	2,4
Indienststellung	1997	**PSR (Platzangebot)**	37,3
letzte Renovierung	2012	**Passagierdecks**	6
Bordsprache	Deutsch	**Restaurants/Bars**	1/3

Kabinen	197 (63 innen, 13 m²; 134 außen, 15 m²), 8 Suiten (31,5 m², davon 2 mit, 6 ohne Balkon)
Sport & Wellness	Pool, Fitnessraum, Sauna, Fahrräder (Gratisausleihe), Morgengymnastik, Nordic-Walking-Stöcke
Info-/Entertainment	Band, Künstler, Unterhaltungsmusik, Lektorenvorträge, Tanz, Show, Alleinunterhalter, Kinderbetreuung auf ausgew. Reisen
Dresscode	sportlich-leger bis sportlich-elegant
Preis pro Nacht	€ 118 bis € 675; Durchschnitt € 310
Info	**Plantours Kreuzfahrten** Bremen, Tel. (0421) 173 69-0 www.plantours-partner.de

PROFIL

Info-/Entertainment	⚓⚓⚓½
Sport & Wellness	⚓⚓⚓
Gastronomie	⚓⚓⚓
Familienfreundlichkeit	⚓⚓⚓
Service	⚓⚓⚓
Routing	⚓⚓⚓⚓⚓

Im Eis der Antarktis

Hanseatic

Abenteuer trifft Komfort: das Expeditionsschiff für Luxusliebhaber

Für das mit fünf Sternen bewertete Expeditionsschiff gehören außergewöhnliche Ziele zum Alltag: So absolvierte die Hanseatic im August 2014 als erstes nicht russisches Schiff die Nordostpassage. Und 2015 lautet das Ziel, so hoch in Kanadas Norden zu fahren wie noch nie zuvor. Zodiacs und kompetente Lektoren lassen die Reisen zu ganz besonderen Erlebnissen werden. Bei speziellen Familienexpeditionen kommen sogar 10- bis 17-jährige „Entdecker" mit eigenen Ausflügen, Vorträgen und Experimenten auf ihre Kosten. Eine großzügige Bibliothek lädt derweil die Erwachsenen zur Wissensvertiefung ein. Beim letzten Werftaufenthalt im Juni 2013 wurden die Kabinen auf Deck 3 und 4 modernisiert und die vier

Zodiac-Fahrt im Regenwald; auf der Brücke

Suiten an Bord in ihrem Design einander angeglichen. Auch die übrigen Kabinen wurden 2011 renoviert und bieten einen gemütlichen Rückzugsraum in warmen Brauntönen. Wobei gemütlich nicht klein heißt: 22 Quadratmeter stehen jedem Gast mindestens zur Verfügung. In den beiden höchsten Kabinenkategorien ist sogar ein Butlerservice inkludiert. Auch die Kulinarik spielt auf höchstem Niveau: Während es im Hauptrestaurant Marco Polo auch mal formell wird, geht es im frischen Bistro Lemaire spielerischer zu. Hier gibt es beispielsweise „Ethnodinner", bei denen sich die exotischen Reiseziele auf den Tellern spiegeln.

Fahrgebiete & Reisen 2015

Das Jahr startet traditionell in der Antarktis, aber schon Ende Februar geht es gen Norden in die chilenischen Fjorde, durch den Panamakanal und zum Orinoco. Dann folgt eine Amazonas-Reise bis nach Iquitos hinauf, anschließend eine Transatlantikfahrt über die Azoren nach Europa. Auf die Britischen Inseln und einen Nordsee-Kurztörn folgen eine bis September verlängerte Arktissaison. Island, Grönland und vor allem die kanadische Arktis sind dabei die Höhepunkte. Im Oktober führt die Route von Hamburg nach Dakar in Westafrika und weiter nach Rio de Janeiro, bevor die nächste Antarktissaison beginnt.

Expedition Azoren

Vom 16. bis 30.5.: von Teneriffa nach Madeira und nach einem Seetag zu den Azoreninseln São Miguel, São Jorge, Flores, Corvo, Pico, Faial, Graciosa, Terceira und Santa Maria, abschließend mit einem weiteren Seetag nach Lissabon. **13 Nächte, ab € 6.480 inkl. Flügen ab/bis Deutschland**

Expedition Island und Grönland

Vom 30.6. bis 15.7.: nach Linienflug ab Frankfurt „Island intensiv" mit 5 Anlandungen in 4 Tagen, danach 7 Tage längs der Süd- und Westküste Grönlands (10 Anlandungen) und Sonderflug von Kangerlussuaq nach Berlin. **14 Nächte, ab € 8.250 inkl. Sonderflug**

Suite auf dem Bridge Deck

DATEN & FAKTEN

BRZ	8.378	**Passagiere**	184/194
Länge	122,80 m	**Crew-Mitglieder**	125
Breite	18,00 m	**PCR (Pass. pro Crew)**	1,5
Indienststellung	1993	**PSR (Platzangebot)**	45,5
letzte Renovierung	2013	**Passagierdecks**	6
Bordsprache	Deutsch	**Restaurants/Bars**	2/3

Kabinen	88 Außenkabinen (22 m²), 4 Suiten (44 m²)
Sport & Wellness	Pool, Fitnessraum, Schnorchelausrüstung, Fahrräder (Gratisausleihe), Nordic Walking, Kajaks
Info-/Entertainment	Wissensvermittlung durch Experten verschiedener Fachrichtungen, auch für Teens von 10 bis 17 Jahren
Dresscode	sportlich-leger, sportlich-elegant
Preis pro Nacht	€ 266 bis € 1.395; Durchschnitt € 747
Info	**Hapag-Lloyd Kreuzfahrten** Hamburg, Tel. (040) 30 70 30 70 www.hlkf.de

PROFIL

Info-/Entertainment	⚓⚓⚓½
Sport & Wellness	⚓⚓½
Gastronomie	⚓⚓⚓⚓½
Familienfreundlichkeit	⚓⚓½
Service	⚓⚓⚓⚓⚓
Routing	⚓⚓⚓⚓⚓

Seit Mai 2014 wieder bei Oceania und frisch renoviert: die Insignia

Insignia (mit Nautica & Regatta)

Überschaubare Schiffsgröße, erlesene Küche, ungezwungene Eleganz: Wer lässigen Luxus liebt, liegt bei der R-Class von Oceania Cruises richtig

Zwei Jahre war sie als **Columbus 2** für Hapag-Lloyd unterwegs, jetzt kreuzt die **Insignia** wieder für Oceania Cruises aus den USA. Mit den Schwestern **Regatta** und **Nautica** bildet sie dort das Trio der R-Class-Schiffe. Stolze 50 Millionen Dollar nahm die Eignerin Prestige Holdings (der auch Regent Seven Seas Cruises gehört) in die Hand, um den drei Schiffen Anfang 2014 neuen Glanz zu verpassen und sie den beiden (größeren) O-Class-Schiffen **Riviera** und **Marina** (S. 170) anzupassen. Elegante Möbel und erlesene Dekors prunken nun in allen öffentlichen Bereichen und Kabinen. Das Plüschige, das Columbus-2-Gäste noch in Erinnerung haben, wurde dabei reduziert; noble Country-Club-Atmosphäre herrscht aber weiterhin. Von der O-Class übernommen wurden das Edelcafé Baristas und das Grillrestaurant Terrace Café, der Poolbereich wurde mit Teak und wunderschönen Mosaiken verschönert, und das Sportdeck mit Aussicht ganz oben auf dem Schiff erhielt einen Minigolf-Parcours und Shuffleboard-Bahnen. Die Gastronomie in den fünf Restaurants (alle mit freier Platzwahl, flexiblen Zeiten und nicht aufpreispflichtig) ist exquisit – dafür ist Oceania bekannt. Die Kochschule (Culinary Center) der O-Class gibt es hier jedoch nicht. In den Suiten wird man vom Butler betreut. Um Frack und Abendkleid braucht der sich jedoch nicht zu kümmern: Kleidervorschriften gibt es nicht. Dafür „Goodies“ wie ein frei verfügbares

Eine Penthouse-Suite

Im oberen Lobbybereich

Im Polo Grill

Bordguthaben, die kostenlose Minibar oder inkludierte Trinkgelder. Und an immer mehr Terminen eine deutschsprachige Reiseleitung auf dem ansonsten englischsprachigen Schiff.

Fahrgebiete & Reisen 2015

Die Weltreise der ersten Jahreshälfte führt die **Insignia** von Kapstadt über Südostasien und die Südsee nach Los Angeles. Ab Juli ist sie in Nordeuropa und im Mittelmeer zu Gast, zum Winter geht es via Dubai wieder nach Asien. Deutlich länger kreuzt die **Nautica** in europäischen Gewässern (Juni–Oktober), die **Regatta** bleibt das ganze Jahr über in Nordamerika.

Von Barcelona nach Dubai

24 Tage im Spätsommer: ab Barcelona am 27.8. nach Italien, Griechenland, Zypern, Israel und via Suez nach Jordanien, in den Oman und zu den Arabischen Emiraten. Mit 8 Seetagen. **24 Nächte, ab € 3.889 ab/bis Hafen**

DATEN & FAKTEN

BRZ	30.277	Passagiere	684
Länge	180,45 m	Crew-Mitglieder	400
Breite	25,73 m	PCR (Pass. pro Crew)	1,7
Indienststellung	1998	PSR (Platzangebot)	44.3
letzte Renovierung	2014	Passagierdecks	9
Bordsprache	Englisch	Restaurants/Bars	5/6

Kabinen	349, davon 331 außen (236 mit Balkon) und 18 innen, 66 Suiten; Größen: 13–93 m²
Sport & Wellness	Pool, Whirlpool, Ocean Spa, Sauna, Friseur/Beauty, Fitnesscenter, Personal Trainer, Joggingtrack
Info-/Entertainment	Gastkünstler und Artisten in der Lounge, Bibliothek, Kartenzimmer, Kurse, Wein- und Martini-Verkostungen, Casino, Boutique
Dresscode	keine Vorschriften
Preis pro Nacht	€ 125 bis € 955; Durchschnitt € 273
Info	**Oceania Cruises** de.oceaniacruises.com Tel. +44 845 505 1920

PROFIL

Info-/Entertainment	⚓⚓⚓½
Sport & Wellness	⚓⚓⚓½
Gastronomie	⚓⚓⚓⚓½
Familienfreundlichkeit	⚓⚓
Service	⚓⚓⚓⚓⚓
Routing	⚓⚓⚓⚓

L'Austral in den norwegischen Fjorden

Le Boréal, L'Austral & Le Soléal

Edle Luxusyachten und robuste Expeditionsschiffe in einem: französisches Savoir-vivre von der Antarktis über Spanien bis in die Beringstraße

Die stylisch anmutenden Kreuzfahrtyachten sind speziell für Arktis und Antarktis gebaut, geben aber auch in wärmeren Gewässern eine gute Figur ab, etwa auf der Kroatien-Traumroute ab Venedig oder auf dem Guadalquivir nach Sevilla. Die Marina am Heck dient je nach Fahrgebiet als komfortabler Anleger für die Zodiacs oder als elegante Badeplattform. Mit maximal 264 Gästen (Antarktis: 200) können Le Boréal, L'Austral, Le Soléal und (ab Mai 2015) die neue **Le Lyrial** (S. 114) auch ausgefallenere Ziele anfahren. Statt in Touristenmassen zu schwimmen, genießen die Passagiere kleine Hafenstädte und Inseln individuell, oft bis in den späten Abend oder als reizvollen Overnight-Stopp. Mit legerem französischem Flair und zugleich professioneller Zuverlässigkeit bieten die Yachten eine entspannte Atmosphäre. Das klare Design (Le Boréal: Grau und Rot; L'Austral: Braunschattierungen) erinnert an Boutiquehotels. Und für den, der's mag, ist das Bad mit verschließbarem Panoramafenster in den Kabinen ein Highlight. Bordsprachen sind Französisch und Englisch, eine überschaubare Minderheit der Crew und der Gäste spricht Deutsch. Auf gutem Niveau bewegt sich die französische mediterrane Küche: mittags (wetterabhängig) frisch vom Pool-Grill, abends wahlweise im Hauptrestaurant oder mit Reservierung am Sonnendeck. Beim Service ist das französische Laisser-faire für den deutschen Geschmack gelegentlich etwas zu ausgeprägt. Neu ist: Ab

Le Boréal – das Pooldeck

Le Soléal – eine Lounge

Le Boréal – die Lobby

Sommer 2015 sind die meisten Getränke an Bord und die Minibar im Preis inkludiert.

Fahrgebiete & Reisen 2015

Japan, Nordeuropa, die Arktis und das Mittelmeer sind auch 2015 die Ziele der Ponant-Yachten. Neu im Programm ist Alaska: Dort kreuzt **L'Austral** von Juni bis August bis zu den Aleuten und dem russischen Hafen Pewek.

Spitzbergen mit Le Boréal

An 3 Terminen im Juli: ab/bis Longyearbyen längs der West- und Nordküste der Insel, u. a. nach Ny-Ålesund, Bellsund und Magdalenen Bay. **7 Nächte, ab € 3.990 inkl. Flügen**

Japan und Russland mit Le Soléal

Sibirien intensiv: am 13.9. Flug nach Tokio und nach 2 Tagen weiter nach Anadyr/Sibirien. Ab dort 14 Nächte an Bord längs der Küsten Sibiriens – und Rückflug wieder via Tokio. **17 Nächte, ab € 8.660 inkl. Flügen**

DATEN & FAKTEN

BRZ	10.944	**Crew-Mitglieder**	136
Länge	142,10 m	**PCR (Pass. pro Crew)**	1,9
Breite	18,00 m	**PSR (Platzangebot)**	41,5
Indienststellung	2010–13	**Passagierdecks**	6
Bordsprache	Engl., Frz.	**Restaurants**	2
Passagiere	264	**Bars**	3

Kabinen	132 Außenkabinen und -suiten, davon 124 mit Balkon; Größen: 18,5–45 m²
Sport & Wellness	Außenpool, Spa-Bereich/Hamam, Massage, Friseur, Beauty-Corner, kleiner Fitnessbereich (u. a. Kinesis), Kurse
Info-/Entertainment	Theater, Wii-Bereich, Diskothek, kleine Bibliothek, interaktives TV-System, WLAN
Preis pro Nacht	€ 216 bis € 2.231; Durchschn. € 646
Dresscode	leger bis elegant
Info	**Ponant Yacht Kreuzfahrten** Hamburg, Tel. (040) 80 80 93 143 www.ponant.com

PROFIL

Info-/Entertainment	⚓⚓⚓
Sport & Wellness	⚓⚓½
Gastronomie	⚓⚓⚓⚓
Familienfreundlichkeit	⚓⚓
Service	⚓⚓⚓½
Routing	⚓⚓⚓⚓⚓

Elegante Erscheinung: die Riviera in Istanbul

Marina & Riviera

Die modernen Schiffe für Paare, Gourmets und Designliebhaber

Lalique-Kristalle, Polo-Ralph-Lauren-Möbel, Versace-Geschirr – und an den Wänden hängen Originale von Picasso und Miró: Liebhaber von Kunst und Design sind auf den Neubauten von Oceania Cruises richtig. Zudem bieten sie enorm viel Raum pro Passagier: Die Standard-Balkonkabine misst 26 Quadratmeter und ist mit Dusche und Badewanne ausgestattet. Trotz des Luxus ist die Atmosphäre an Bord entspannt. Die einzige Dresscode-Regel ist: keine Bluejeans im Restaurant. Die Gastronomie hat hohen Stellenwert. Für Topqualität sorgen reedereigene Rinder-, Hummer- und Fischfarmen. In neun Restaurants, vom Steakhouse über den Franzosen bis zum Asiaten, sind unterschiedlichste Offerten im Preis inkludiert, und sogar im Buffetrestaurant befüllt die Crew die Teller nach Wunsch und bringt sie zum Platz. Beliebt ist das Food- & Winepairing im La Reserve (Aufpreis ca. 100 US-Dollar). Das Konzept wendet sich vorwiegend an Paare, für Kinder gibt es keine Angebote. Empfehlenswert sind die Ausflugspakete, sie bieten viel Auswahl zum moderaten Preis.

Fahrgebiete & Reisen 2015

Die **Marina** beginnt das Jahr im Pazifik, die **Riviera** in der Karibik. Beide Schiffe kreuzen von April bis Oktober im Mittelmeer.

DATEN & FAKTEN

BRZ	65.000	**Passagiere**	1.258/1.360
Länge	238,00 m	**Crew-Mitglieder**	800
Breite	32,00 m	**PCR (Pass. pro Crew)**	1,7
Indienststellung	2010 (Riviera: 2011)	**PSR (Platzangebot)**	47,8
		Passagierdecks	11
Bordsprache	Englisch	**Restaurants/Bars**	9/8

Kabinen	629, davon 611 außen (22–26 m²), 18 innen (16 m²), 444 mit Balkon und 147 Suiten (39–230 m²)
Sport & Wellness	1 Pool, 3 Whirlpools, Canyon Ranch Spa (Massage, Dampfsauna, Thalasso), Fitnessraum, Shuffleboard
Info-/Entertainment	Kochkurse im Culinary Center, Malkurse, Meditation, Casino, Bibliothek, Internet, Show/Livemusik, Teestunde
Dresscode	keine Vorschriften
Preis pro Nacht	€ 120 bis € 1.556; Durchschn. € 322
Info	**Oceania Cruises** de.oceaniacruises.com Tel. +44 845 505 1920

PROFIL

Info-/Entertainment	⚓⚓⚓½
Sport & Wellness	⚓⚓⚓½
Gastronomie	⚓⚓⚓⚓⚓
Familienfreundlichkeit	⚓⚓
Service	⚓⚓⚓⚓⚓
Routing	⚓⚓⚓⚓

Endpunkt der Reise: der Hafen von Kirkenes

Midnatsol

Norwegen intensiv auf der historischen Postschiff-Route

Die Hurtigrute ist eine Seereise für Menschen, die Kreuzfahrten eigentlich nicht mögen. Norwegisch leger, ohne jede Künstlichkeit ist die Midnatsol mehr Fähre als Kreuzfahrtschiff. Zwar fahren viele, vor allem auch Deutsche, eine oder zwei Wochen mit, viele norwegische Passagiere aber auch nur einige Stunden oder Tage. Der Kontakt zu Mitreisenden ist eng, die Atmosphäre herzlich. In einer Woche läuft die Midnatsol über 20 Häfen an, meist für 15 bis 30 Minuten, nur in den größeren Städten auch mal länger. Die Reiseleitung an Bord ist exzellent, die Landausflüge sind intensiv, aber kompakt. Die wahre Attraktion ist aber ohnehin der Panoramablick der zweistöckigen Aussichts-Lounge, quasi ein gemütliches Wohnzimmer auf See. Die faszinierende Fahrt geht durch Meerengen und Fjorde, vorbei an Bergen, Wasserfällen, Fischerdörfern und immer mit der Küste im Blick, fast wie bei einer Flusskreuzfahrt. Norwegen pur auch das Essen: frische, lokale Spezialitäten, viel Fisch. Die Kabinen? Funktional, aber bequem. Ein Highlight ist die Fußbodenheizung im Bad.

Fahrgebiete & Reisen 2015

Bergen–Kirkenes–Bergen (z. B. **12 Tage, ab € 1.999; plus Flug ab € 290**) oder beliebige Teilstrecken mit einem der Hurtigruten-Schiffe; tägliche Abfahrten zu jeder Jahreszeit.

DATEN & FAKTEN

BRZ	16.151	**Passagiere**	max. 1.000*
Länge	135,75 m	**Crew-Mitglieder**	80
Breite	21,50 m	**PCR (Pass. pro Crew)**	12,5
Indienststellung	2003	**PSR (Platzangebot)**	16,2
letzte Renovierung	–	**Passagierdecks**	6
Bordsprache	Norwegisch	**Restaurants/Bars**	2/2

* Höchtzulassung bei 638 Betten inkl. Tagesgästen

Kabinen	298 (240 außen, 58 innen), davon 15 mit Balkon/Erker, 17 Suiten; Größen: 5–45 m²
Sport & Wellness	Fitnessraum, Jacuzzi, Sauna
Info-/Entertainment	Lektorenvorträge, umfangreiches Ausflugsprogramm, Pianomusik an der Bar, in einzelnen Häfen an Bord Aufführungen von örtlichen Folkloregruppen, Chören o. Ä.
Dresscode	sportlich-leger
Preis pro Nacht	€ 100 bis € 1.202; Durchschn. € 279
Info	**Hurtigruten** Hamburg, Tel. (040) 87 40 83 58 www.hurtigruten.de

PROFIL

Info-/Entertainment	⚓⚓½
Sport & Wellness	⚓⚓
Gastronomie	⚓⚓⚓½
Familienfreundlichkeit	⚓⚓
Service	⚓⚓⚓
Routing	⚓⚓⚓

Unverwechselbar: die Schriftzüge am blauen Rumpf

Mein Schiff 1 & 2

Die Charakterschiffe mit Alles-inklusive-Konzept machen regelmäßig durch Musikkreuzfahrten von sich reden – das Spektrum reicht von Klassik bis Metal

TUI Cruises hat sich mit Mein Schiff 1 und 2 einen soliden Rang auf dem deutschen Kreuzfahrtmarkt gesichert. Ein Grundpfeiler des Erfolgs ist das Alles-inklusive-Konzept: Fast alle Getränke und die Trinkgelder sind bereits im Reisepreis enthalten. Darüber hinaus wurden die ehemaligen Flottenmitglieder von Celebrity Cruises liebevoll zu „Wohlfühlschiffen" mit Charakter umgestaltet. Sie punkten mit Nespresso-Maschine auf den Kabinen und Hängematten auf den großzügigen Veranden. Zudem gibt es kleine Oasen, die auf Neubauten gern der Raumökonomie zum Opfer fallen. Dazu zählt der Außenbereich der Schau Bar auf Deck 7, wo Korbsessel dazu einladen, dem Rauschen des Fahrwassers bei einem Glas Wein zu lauschen. Kleine Unterschiede geben den Schwestern Individualität: Wo auf der „1" das Tapas Y Mas liegt, gibt es auf der „2" die Außenalster Bar. Das gastronomische Angebot spielt bereits bei den fünf im Preis enthaltenen Restaurants (darunter ein Ableger von Gosch) qualitativ über dem Niveau der Konkurrenz. Im Steakhouse, der Sushi Bar und dem Richards wird der Genuss noch gesteigert. Einen Namen hat sich die Reederei auch durch ihre üppige Bandbreite an Musikkreuzfahrten gemacht: Udo Lindenberg veranstaltete 2014 bereits den dritten Rockliner, im April 2015 startet die zweite Metal Cruise. Aber auch Klassik (Wiener Philharmoniker) und Schlager (Helene Fischer) sind und bleiben Thema.

Außerestaurant Tapas y Mas

Familienkabine mit Veranda

„Entspannungsinseln“ an Deck

DATEN & FAKTEN

BRZ	77.303/76.998	**Passagiere**	2.405/2.390
Länge	262,50 m	**Crew-Mitglieder**	780/780
Breite	32,20 m	**PCR (Pass./Crew)**	3,1/3,0
Indienststellung	1996/97	**PSR (Platzang.)**	32,1/33,2
Umbau	2009/11	**Passagierdecks**	10/10
Bordsprache	Deutsch	**Rest./Bars**	9/11 | 8/10

Kabinen	952/962, davon ca. 1/3 innen (16 m²), 2/3 außen (16–20 m²; ca. 430 mit Balkon oder Veranda), 40 Juniorsuiten (22 m²) u. 10 Suiten (49 m²)
Sport & Wellness	2 Pools, 1.700 m² Spa (diverse Saunen, Anwendungen, kleinere Schönheitskorrekturen), Fitness
Info-/Entertainment	Abend- und Showprogramme, Diskothek, Casino, Wii-Corner, Livemusik, Kochshows
Dresscode	leger bis sportlich-elegant
Preis pro Nacht	€ 86 bis € 733; Durchschnitt € 230
Info	**TUI Cruises** Hamburg, Tel. (040) 286 67 71 11 www.tuicruises.com

PROFIL

Info-/Entertainment	⚓⚓⚓⚓½
Sport & Wellness	⚓⚓⚓⚓½
Gastronomie	⚓⚓⚓⚓
Familienfreundlichkeit	⚓⚓⚓⚓
Service	⚓⚓⚓½
Routing	⚓⚓⚓

Fahrgebiete & Reisen 2015

Das Jahr beginnt für die „**1**“ in der Karibik, während die „**2**“ den Orient erkundet. Nach einem Sommer in Nordeuropa feiert die „**1**“ im Winter 2015/16 Premiere in Asien. Die **Mein Schiff 2** fährt im Frühjahr 2015 erstmals ins Schwarze Meer, danach geht es ins westliche Mittelmeer und im Winter in den Orient.

Mein Schiff 1: Asien mit Malaysia

Am 2.12. geht es von Singapur aus nach Port Klang, wo eine Übernachtung genügend Zeit zur Erkundung von Kuala Lumpur lässt. Die weiteren Stopps: Langkawi, Phuket und Penang.
7 Nächte, ab € 698 ab/bis Singapur

Mein Schiff 2: Antalya trifft Mallorca

Am 17.5. Start in Antalya/Türkei mit Halt in Piräus, Santorin, Valletta und Palermo sowie 3 Seetagen. Ausstieg ist in Palma de Mallorca.
8 Nächte, ab € 898 ab/bis Hafen

Einlaufen in Hamburg, wo sie im Juni 2014 getauft wurde

SCHIFFE DES JAHRES 2014
Kreuzfahrt GuideAward
Gewinner in der Kategorie
SPORT & WELLNESS

Mein Schiff 3

Der erste Neubau von TUI Cruises ist das momentan größte deutsche Kreuzfahrtschiff. Es hat sich in kürzester Zeit bereits viele Fans erfahren

Im Juni 2014 wurde sie feierlich von Helene Fischer in Hamburg getauft – und ist seither in aller Munde. Aber was bietet die „3" wirklich? Besonders überzeugend ist das Sportangebot: Der Outdoorpool misst stolze 25 Meter, hier lassen sich richtig Bahnen ziehen. Ein sportives Highlight ist auch die Arena, der Ort für Ballspiele und fürs Public Viewing. Wenn Fußball auf der LED-Wand übertragen wird, vermittelt die große Tribüne echte Stadion-Atmosphäre; auch auf den Kabinen kann man Sky empfangen. Ungewöhnlich ist der gläserne „Diamant" im Heck mit der Kaffee-Lounge und Rundumblick aufs Meer. Auch kulturell ist die „3" kreativ: Im Klanghaus, einer Miniatur-Philharmonie, stehen Klassik, Lesungen und Comedy auf dem Programm. Und „Meerleben" heißt das erste maritime Museum auf dem Ozean mit interessanten Exponaten. Wie auf den älteren TUI-Schiffen gilt „Premium alles inklusive": Nur die Spezialitätenrestaurants Richards, Surf & Turf und der sehr gute Japaner Hanami sind zuzahlungspflichtig. Inkludiert ist dagegen das große À-la-carte-Restaurant Atlantic, in dem es aber zu Engpässen kommen kann. Auf den Außenflächen fehlen leider Schattenplätze, gerade im Bereich der Bars. Das sollte bei den nächsten Neubauten geändert werden, wie auch die Sichtbehinderung vieler Plätze im Theater. Denn bis 2017 bekommt TUI Cruises jährlich Zuwachs: **Mein Schiff 4** wird am 5. Juni 2015 in Kiel getauft.

Viel Platz, viel helle Farbe

Unikat auf See: das Klanghaus

Der „Diamant" im Heck

Fahrgebiete & Reisen 2015

Das Jahr beginnt mit Kanaren-Törns ab/bis Las Palmas, im April geht es via Mallorca zur Sommerbasis La Valletta auf Malta. Ab dort alternieren die Routen im wöchentlichen Wechsel und können als 7- oder 14-Nächte-Kreuzfahrten gebucht werden. Ende Oktober folgt die Fahrt in die Karibik, wo Barbados und La Romana/ Dominikanische Republik die Basishäfen sind.

Griechenland, Italien, Kroatien

Ab/bis Malta zunächst nach Piräus, Mykonos, Bodrum, Catania und retour nach Malta, in der zweiten Woche ab/bis Malta nach Brindisi, Dubrovnik, Kotor und Korfu. **7 Nächte, ab € 1.048, 14 Nächte, ab € 1.996 ab/bis Malta**

Kleine und Große Antillen

Ab/bis Barbados: Kleine Antillen, Dominikanische Republik, Aruba, Curaçao und Grenada. **15 Nächte, ab € 3.836 ab/bis Barbados**

DATEN & FAKTEN

BRZ	99.526	Crew-Mitglieder	1.000
Länge	293,30 m	PCR (Pass. pro Crew)	2,5
Breite	35,80 m	PSR (Platzangebot)	39,7
Indienststellung	2014	Passagierdecks	15
Bordsprache	Deutsch	Restaurants	11
Passagiere	2.506	Bars	12

Kabinen	1.253 (dav. 123 innen, 1.130 außen), 957 mit Balkon, 64 Juniorsuiten, 12 Suiten, 10 barrierefrei; Größen: 17–54 m²
Sport & Wellness	25-Meter-Pool, 1.700 m² Spa & Meer (diverse Saunen, Rasul, Massagen), Fitness, Sportarena an Deck, Friseur
Info-/Entertainment	Shows, Musicals, Theater, Klanghaus (Klassik), maritimes Museum, Diskothek, Casino, Themenreisen
Dresscode	leger bis sportlich-elegant
Preis pro Nacht	€ 110 bis € 754; Durchschnitt € 280
Info	**TUI Cruises** Hamburg, Tel. (040) 286 67 71 11 www.tuicruises.com

PROFIL

Info-/Entertainment	⚓⚓⚓⚓½
Sport & Wellness	⚓⚓⚓⚓⚓
Gastronomie	⚓⚓⚓⚓
Familienfreundlichkeit	⚓⚓⚓⚓
Service	⚓⚓⚓⚓
Routing	⚓⚓⚓

MSC Lirica in der Karibik: Sie geht im Herbst 2015 in die Werft

MSC Lirica (mit Armonia, Sinfonia, Opera)

Umbau statt Neubau: Die „kleinen" Italienerinnen werden größer gemacht. Bis Ende 2015 sollen die vier Schiffe der Lirica-Klasse „gestretcht" werden

Was macht man, um ältere Tonnage auf der Höhe der Zeit zu halten? Bei MSC Crociere heißt das Schlagwort dafür: „Renaissance". Im Rahmen dieser „Wiedergeburt" erhalten alle vier Schiffe der Lirica-Klasse – **MSC Armonia, Sinfonia**, **Opera** und **Lirica** – bis Ende 2015 je 193 neue Kabinen und 94 zusätzliche Balkone. Möglich ist dies, indem in der Mitte der Schiffe ein 28 Meter langes neues Zwischenstück im Trockendock eingesetzt wird. Das Ergebnis: Die Zahl der Kinderbereiche steigt von drei auf fünf (darunter neu: eine Babybetreuung in Kooperation mit Chicco). Das Hauptrestaurant Marco Polo wächst um 600 Quadratmeter und bietet künftig mittags ein „Pronto Bistro" für den schnellen Hunger. Auch im La Pergola wird diese Option eingerichtet, zudem dürfen die Passagiere der Balkonkabinen und der Aurea-Buchungsklasse hier ihre Essenszeit frei wählen. Im Buffetrestaurant soll es 20 Stunden am Tag gastronomische Angebote geben, u. a. mit neuen Frühstücksalternativen. Auch Bibliothek und Musik-Lounge kommen zusätzlich an Bord, und auf dem neu gestalteten Sonnendeck wartet auf jüngere Gäste nach der Renovierung ein „Spray-Park" mit Wasserspielen. Das gesellschaftliche Leben findet – neben Pooldeck, Wellnessbereich und Disco – auf zwei dafür reservierten Decks statt, über die man von vorn bis achtern flanieren kann und dabei alles erlebt und sieht, was wichtig ist. Am Abend

MSC Lirica - Restaurant La Caravelle

MSC Sinfonia - eine Suite

passiert man bei dieser typisch italienischen „Passeggiata" Bars mit Livemusik, eine Show Lounge, ein separates Theater für professionelle Shows ... Auch das Entertainment, so verspricht MSC, soll auf den frisch renovierten Schiffen 20 Stunden pro Tag erlebbar sein, mit sechs vom Routenplan inspirierten Shows jede Woche. Wahrlich eine „Wiedergeburt" – man darf auf das Ergebnis gespannt sein.

Fahrgebiete & Reisen 2015

Schon 2014 wurde die **MSC Armonia** umgebaut; sie kreuzt 2015 bis April vor den Kanaren, dann im westlichen Mittelmeer. Hier startet auch die **MSC Sinfonia** nach ihrer Verlängerung im März 2015, im Sommer ist sie in Nord- und Ostsee unterwegs (z. B. **7 Nächte ab/bis Warnemünde, ab € 799**). Die **MSC Opera** startet das Jahr in Afrika und wird im Mai/Juni umgebaut, die **MSC Lirica** geht im September und Oktober in die Werft.

Um solch einen Block werden die Schiffe verlängert

DATEN & FAKTEN MSC Lirica

BRZ	65.000	**Passagiere**	ca. 2.680
Länge	275,00 m	**Crew-Mitglieder**	ca. 900
Breite	28,80 m	**PCR (Pass. pro Crew)**	3,0
Indienststellung	2003	**PSR (Platzangebot)**	24,4
Bordsprachen	Deutsch, Englisch, Ital., Frz., Span.	**Passagierdecks**	9
		Restaurants/Bars	4/8

Kabinen	ca. 920; genaue Anzahl und Aufteilung erst nach Umbau bekannt
Sport & Wellness	2 Pools, 2 Whirlpools, Fitnesscenter, Minigolf, MSC Aurea Spa, Dampfbad/Sauna, Solarium
Info-/Entertainment	Casino, Shows im Theater, Diskothek, Livemusik, Internetcafé, Videospiele, Bibliothek, Musik-Lounge, 5 Kinderclubs, Babybetreuung, Wasserpark
Dresscode	kein vorgeschriebener Dresscode
Preis pro Nacht	€ 66 bis € 629; Durchschnitt € 150
Info	**MSC Kreuzfahrten** München, Tel. (089) 203 04 38 01 www.msc-kreuzfahrten.de

PROFIL

Info-/Entertainment
Sport & Wellness
Gastronomie
Familienfreundlichkeit
Service
Routing

aktuell noch nicht bewertet

Im Hafen von Valletta, Malta

MSC Splendida (mit Fantasia, Preziosa, Divina)

Die größten MSC-Liner haben den exklusiven Yacht-Club-Bereich. Mit der MSC Splendida wird erstmals ein Schiff dieser Klasse in Hamburg stationiert

Langeweile kommt an Bord dieses Schiffsquartetts aus Italien so schnell nicht auf. Das weiß eine unternehmungslustige Gästeschar zu schätzen. Man flaniert, schwadroniert, feiert – eine Piazza Grande auf hoher See! Design und Stil kommen dabei nicht zu kurz, hochwertige Materialien treffen auf edles Design, und die Bordangebote wurden von Schiff zu Schiff erweitert (auf dem neuesten, der 2013 in Dienst gestellten **MSC Preziosa**, finden sich z. B. angesagte Features wie ein Slow-Food-Restaurant, ein Infinity-Pool oder eine ultralange Wasserrutsche inklusive Kinder-Aquapark). Wer dem zuweilen lauten, jahrmarktähnlichen Treiben entrinnen will, reist im exklusiven MSC Yacht Club. Das sind 71 Suiten auf zwei Decks: ein „Schiff auf dem Schiff" vorn über der Brücke, reserviert für Gäste, die ein Vielfaches des Billigpreises zahlen. Dafür können sie in friedvoller Abgeschiedenheit Sonderleistungen wie Concierge- und 24-Stunden-Butlerservice, eigene Lounge, reserviertes Pooldeck und extra gedruckte Tageszeitungen in Anspruch nehmen. Der Spagat zwischen Massentourismus und Luxusklientel gelingt allerdings nicht überall: Der Service ist äußerst zuvorkommend, die Suiten sind jedoch nicht viel größer als die Standardkabinen, Küche und Speiseauswahl im Yacht-Club-Restaurant nicht auf dem Niveau etablierter Luxuslinien. Dennoch: Die Formel von gepflegtem, ruhigem Ambiente, verbunden mit der Infrastruktur eines großen, energie-

Restaurant im Yacht Club

Die Bibliothek im Yacht Club

geladenen Schiffs für rund 4.000 Gäste, findet durchaus Anhänger – und das nicht nur in der Person von Taufpatin Sophia Loren!

Fahrgebiete & Reisen 2015

Die **MSC Splendida** ist von Mai bis September in Hamburg stationiert; davor und danach kreuzt sie im Mittelmeer und zu den Kanaren. Auch die Schwesterschiffe bieten im Sommer feste Wochenrouten im Mittelmeer an (ab Barcelona, Genua, Rom, Marseille oder Neapel).

Spitzbergen und Nordkap

Ab/bis Hamburg im Juni oder Juli nach Bergen, Tromsø, Spitzbergen, Geiranger, Hellesylt und Stavanger, mit 6 Seetagen. **14 Nächte, ab € 1.999 ab/bis Hamburg**

Schottland, Island, Niederlande

Im Juni oder Juli: Orkneys, Edinburgh, 3 Häfen auf Island und zum Schluss 2 Tage Amsterdam. **12 Nächte, ab € 1.299 ab/bis Hamburg**

Pooldeck, im Hintergrund der Stromboli

DATEN & FAKTEN

BRZ	137.936	Passagiere	3.247/3.959
Länge	333,30 m	Crew-Mitglieder	1.370
Breite	37,92 m	PCR (Pass. pro Crew)	2,9
Indienststellung	2009	PSR (Platzangebot)	34,8
Bordsprache	Italienisch, Englisch, Deutsch, Franz.	Passagierdecks	14
		Restaurants/Bars	6/19

Kabinen	1.637 (1.343 außen, 294 innen), dav. 1.151 Außenkabinen mit Balkon; 107 Suiten, davon 71 im Yacht Club mit Butlerservice; Größen: 22–53 m²
Sport & Wellness	4 Pools, Jacuzzis, Aquapark, Fitness, Squashplatz, MSC Aurea Spa mit Solarium, Infinity-Pool u. v. m.
Info-/Entertainment	Theater, Casino, Disco, Kinderclub, 4-D-Kino, Formel-1-Simulator u. v. m.
Dresscode	kein vorgeschriebener Dresscode
Preis pro Nacht	€ 58 bis € 624; Durchschnitt € 172 Yacht Club: ab ca. € 270
Info	**MSC Kreuzfahrten** München, Tel. (089) 203 04 38 01 www.msc-kreuzfahrten.de

PROFIL (ohne Yacht Club*)

Info-/Entertainment	4 Anker
Sport & Wellness	4,5 Anker
Gastronomie	3,5 Anker
Familienfreundlichkeit	4,5 Anker
Service	3 Anker
Routing	3,5 Anker

* Yacht Club: Gastronomie 4 Anker, Service 4,5 Anker

Das Schiff für Miami – gebaut auf der Meyer Werft in Papenburg

SCHIFFE DES JAHRES 2014
Kreuzfahrt GuideAward
Gewinner in der Kategorie
INFO- & ENTERTAINMENT

Norwegian Getaway (mit Breakaway)

„Cruise like a Norwegian" oder: „Mach, was du willst." Das Erfolgskonzept „Freestyle Cruising" wird auch auf dem jüngsten NCL-Liner fortgesetzt

Eine Auszeit nehmen, weg vom Alltag. „To get away" – dieser Name ist Programm. Seit Februar 2014 kreuzt die Norwegian Getaway, baugleich mit der im Mai 2013 in Dienst gestellten **Norwegian Breakaway**, von ihrem Heimathafen Miami aus durch die Karibik. Wie bei der Schwester, deren „Homeport" New York ist, sind hauptsächlich Nordamerikaner an Bord. Aber auch immer mehr Europäer lassen sich von dem üppigen Bordangebot locken. Als da wären: zwei grandiose Broadway-Shows (das Musical „Legally Blonde", die Tanzshow „Burn the Floor"), das erste Grammy-Erlebnis auf See (Auftritte aktueller Gewinner des Preises), eine faszinierende Magieshow zum Dinner im Illusionarium und – wie auf der Breakaway – die beliebte Piano-Performance „Howl at the Moon". Spaß pur auch auf den Außendecks: Der Aqua Park beeindruckt mit fünf über mehrere Decks führenden Wasserrutschen, darunter zwei „Free Fall"-Rutschen, in denen man in gefühlten Millisekunden im freien Fall durch die Röhren saust. Im drei Decks hohen Sportkomplex gibt es unter anderem einen Hochseilgarten – und The Plank (die Planke), eine Plattform, auf der man knapp 2,50 Meter über die Schiffswand hinausbalanciert; mit einem sensationellen Blick wird belohnt, wer den Mut dafür aufbringt. Doch keine Bange: Auch wer es ruhiger mag, findet auf dem stolze 324 Meter langen, schwimmenden Resort seinen exklusiven

Ocean Place im Herzen des Schiffs

Eines von 17 Restaurants an Bord

FOTOS: C. Oldendorf (2); Norwegian Cruise Line (2)

Meerblickplatz. Denn wie schon die Breakaway verfügt auch die Getaway mit dem Promenadendeck The Waterfront über einen Ort, an dem man dem Meer wirklich nah ist. Der Komplex 678 Ocean Place mit drei ineinander übergehenden Decks mit Shops, Restaurants, Bars und Unterhaltungsangeboten schließt sich an. Gesetzt ist, dass wie auf allen Norwegian-Schiffen auch hier das „Freestyle Dining" gilt: In 17 Restaurants und elf weiteren Bars kann man (fast) rund um die Uhr speisen – in der Mehrzahl zwar gegen Zuzahlung, neuerdings aber auch in Form von All-inclusive-Paketen, die man vorab buchen kann. Und den butlerbetreuten Suiten-Bereich The Haven (S. 182) gibt es selbstverständlich auch.

Fahrgebiete & Reisen 2015

Ganzjährig auf fester Route ab/bis Miami in der östlichen Karibik, mit Stopps in St. Thomas, Tortola und Nassau/Bahamas sowie 3 Seetagen. **7 Nächte, ab € 539 ab/bis Miami**

Die Bäckerei Carlo's Bake Shop

DATEN & FAKTEN

BRZ	145.655	**Crew-Mitglieder**	1.640
Länge	324,00 m	**PCR (Pass. pro Crew)**	3,1
Breite	40,00 m	**PSR (Platzangebot)**	36,1
Indienststellung	2014	**Passagierdecks**	18
Bordsprache	Englisch	**Restaurants**	17
Passagiere	4.028/4.941	**Bars**	22

Kabinen	2.014 in 38 Kategorien, davon 1.506 außen, 508 innen; ca. 9–111 m²
Sport & Wellness	3 Pools, Whirlpools, Klettergarten, Bowlingbahn, Sportdeck, Wasserrutschen, Fitnesscenter, Mandara Spa (2.136 m²) mit 72 Spa-Kabinen
Info-/Entertainment	Musicals, Dinnershow, Grammy-Stars, Nickelodeon-Mottoshows, Comedy Club, Theater, Discos, Casino, Kinderclub u. v. m.
Dresscode	kein vorgeschriebener Dresscode
Preis pro Nacht	€ 83 bis € 1.475; Durchschnitt € 120
Info	**Norwegian Cruise Line** Wiesbaden, Tel. (0611) 360 70, www.ncl.de

PROFIL (ohne The Haven*)

Info-/Entertainment	⚓⚓⚓⚓⚓
Sport & Wellness	⚓⚓⚓⚓½
Gastronomie	⚓⚓⚓⚓
Familienfreundlichkeit	⚓⚓⚓⚓½
Service	⚓⚓⚓½
Routing	⚓⚓

* The Haven: Service 5, Gastronomie 4,5 Anker

Vorn ganz oben: die Suiten von The Haven

Norwegian Epic

Bunt, lässig, amerikanisch: Die Epic lädt zu ihrer vierten Europa-Saison

Sie sieht wie ein schwimmendes Hochhaus aus: Über 5.000 Passagiere finden auf ihr Platz – und erleben ein Las Vegas auf dem Meer. „Freestyle" heißt die Devise für alles. Es gibt 21 Restaurants, aus denen man (fast jederzeit) wählen kann, davon zehn jedoch gegen Zuzahlung (und – Achtung! – automatisch addiertes Trinkgeld). Die Churrascaria etwa, in der man Fleisch direkt vom Spieß verzehrt. Oder das Teppanyaki mit asiatischem Live-Cooking. Oder das Spiegel Tent, in dem Akrobaten das Drei-Gänge-Menü hautnah umturnen. Danach könnte man sich vor der Ice Bar anstellen, um bei Minusgraden Wodkas zu schlürfen, oder die „Blue Man Group" und die „Legends in Concert" besuchen. Und am Tag? Spaß und Sport auf der Wasserrutsche Epic Plunge, auf den ersten Bowlingbahnen zur See, im fast 3.000 Quadratmeter großen Spa. Und zu Bett legt man sich in einen von 13 Unterkunftstypen, vom Studio für Singles bis zur butlerbetreuten Suite im The Haven vorn auf dem Schiff. Insgesamt ein Konzept, das sich auch in Europa bewährt hat: Schon im vierten Jahr verbringt die Epic den Sommer im Mittelmeer.

Fahrgebiete & Reisen 2015

Von Mai bis Oktober Mittelmeer ab Barcelona und Civitavecchia, im Winter Karibik ab Miami.

DATEN & FAKTEN

BRZ	155.873	**Passagiere**	4.228/5.368
Länge	325,00 m	**Crew-Mitglieder**	1.730
Breite	40,00 m	**PCR (Pass. pro Crew)**	3,1
Indienststellung	2010	**PSR (Platzangebot)**	29,0
letzte Renovierung	–	**Passagierdecks**	19
Bordsprache	Englisch	**Restaurants/Bars**	20/20

Kabinen	2.124 in 13 Kategorien, davon 1.436 außen, 688 innen; ca. 9–47 m²
Sport & Wellness	2 Pools, 5 Whirlpools, Abseilwand, Bowlingbahn, Sportdeck, Wasserrutschen, Fitnesscenter, Mandara-Spa (2.883 m²) mit 39 Spa-Kabinen
Info-/Entertainment	Liveshows, Varieté-Dinnershow, Nickelodeon-Mottoshows, Comedy Club, Theater, Discos, Casino, Kinderclub u. v. m.
Dresscode	kein vorgeschriebener Dresscode
Preis pro Nacht	€ 60 bis € 1.018; Durchschnitt € 100
Info	**Norwegian Cruise Line**, Wiesbaden Tel. (0611) 360 70, www.ncl.de

PROFIL (ohne The Haven*)

Info-/Entertainment	5 Anker
Sport & Wellness	4,5 Anker
Gastronomie	4 Anker
Familienfreundlichkeit	4,5 Anker
Service	3,5 Anker
Routing	3 Anker

* The Haven: Service 5, Gastronomie 4,5 Anker

Vor Mykonos in der Ägäis

FOTO: F. Neumeier

Norwegian Jade

Hawaiianische Farbenpracht und „Freestyle Cruising“ im Mittelmeer

Der Paradiesvogel unter den Jewel-Class-Schiffen von Norwegian unterscheidet sich von ihren Schwestern **Gem**, **Pearl** und **Jewel** vor allem beim Innendesign: Als ehemalige **Pride of Hawaii** leuchtet z. B. im Atrium eine opulente, fröhlich-bunte Blumendecke aus verschlungenen Glaselementen. Wie auf allen Norwegian-Schiffen gilt das „Freestyle Cruising“-Konzept: Der Passagier soll sich ganz nach seinem persönlichen Geschmack entfalten. Eine Kleiderordnung, feste Tischplätze im Restaurant oder Essenszeiten gibt es nicht. Zur freien Auswahl stehen insgesamt zwölf Restaurants (acht zuzahlungspflichtig), vom Italiener bis zur brasilianischen Churrascaria. Das Entertainment überzeugt mit viel Livemusik und exzellenten Musikern und gehört zum Besten, was die Branche zu bieten hat. Highlights sind auch der Außenbereich des Buffetrestaurants am Heck und der Suiten-Bereich The Haven mit eigenem Courtyard-Pool mit verschiebbarem Glasdach, so dass der Pool auch bei schlechtem Wetter nutzbar bleibt.

Fahrgebiete & Reisen 2015

Das Schiff fährt im Sommer ab Venedig im östlichen Mittelmeer, in den kühleren Monaten ab Civitavecchia im westlichen Mittelmeer und ab November von Houston aus in die Karibik.

DATEN & FAKTEN

BRZ	93.558	**Passagiere**	2.402/2.846
Länge	294,00 m	**Crew-Mitglieder**	1.067
Breite	32,00 m	**PCR (Pass. pro Crew)**	2,7
Indienststellung	2006	**PSR (Platzangebot)**	32,9
Umbau/Renov.	2008/11	**Passagierdecks**	12
Bordsprache	Englisch	**Restaurants/Bars**	12/13

Kabinen	1.189 (243 außen, 405 innen, 360 mit Balkon), davon 181 Suiten; Größen: 13–408 m²
Sport & Wellness	2 Pools, 1 Kinderpool, 4 Whirlpools, Spa & Fitness, Tennis, Jogging, Basket-/Volleyball, auf Pearl & Gem auch Bowlingbahn und Kletterwand
Info-/Entertainment	Show, Casino, Tages- und Abendprogramm, großer Kinderbereich
Dresscode	kein vorgeschriebener Dresscode
Preis pro Nacht	€ 39 bis € 2.378; Durchschnitt € 100
Info	**Norwegian Cruise Line** Wiesbaden, Tel. (0611) 360 70 www.ncl.de

PROFIL (ohne The Haven*)

Info-/Entertainment	⚓⚓⚓⚓½
Sport & Wellness	⚓⚓⚓⚓
Gastronomie	⚓⚓⚓⚓
Familienfreundlichkeit	⚓⚓⚓⚓½
Service	⚓⚓⚓½
Routing	⚓⚓⚓½

* The Haven: Service und Gastronomie 4,5 Anker

Kurs auf Island – mit der einstigen Le Diamant

Ocean Diamond

Island intensiv – „softe Expedition“ vom Spezialveranstalter

Der Hamburger Islandspezialist Island Pro Travel steigt mit diesem Schiff in das Kreuzfahrtgeschäft ein. Die eisverstärkte Superyacht fuhr einst als **Le Diamant** für den Premium-Anbieter Ponant: Komfortable Kabinen und ein Spa gehören zur Ausstattung. Bis zu 224 Gäste können ab Sommer 2015 auf den „Destinationskreuzfahrten mit softem Expeditionscharakter“ rund um die Insel aus Feuer und Eis dabei sein. Auch an Bord dreht sich alles um Island: Örtliche Reiseleiter bringen ihre Heimat auf Englisch nahe. Isländische Küche soll ebenso dazugehören wie der Verkauf von Wollprodukten oder Wikingerabende, Letztere zum Teil auch an Land. Auf den Kombinationsreisen mit Grönland ist der versierte deutsche Lektor Bernd Stolzenberg dabei. Das Landausflugsprogramm reicht von einem Besuch der schwarzen Strände im Süden des Landes über Wanderungen oder Helikopterflüge über den größten Gletscher Europas bis hin zum Hochseeangeln oder einem Reitausflug. Touren mit den 18 Zodiacs sind im Preis inkludiert.

Fahrgebiete & Reisen 2015

Islandumrundung zu neun isländischen Häfen, an sechs Terminen im Juni und Juli. **9 Nächte, ab € 1.181 ab/bis Reykjavík**

DATEN & FAKTEN

BRZ	8.282	**Passagiere**	224
Länge	124,00 m	**Crew-Mitglieder**	106
Breite	16,00 m	**PCR (Pass. pro Crew)**	2,1
Indienststellung	1986	**PSR (Platzangebot)**	36,9
Renovierung	2012	**Passagierdecks**	5
Bordspr.	Deutsch, Englisch	**Restaurants/Bars**	1/2

Kabinen	109 Außenkabinen, 10 mit Balkon, 99 mit Bullauge oder Panoramafenster; Größen: 19–37 m²
Sport & Wellness	Fitnessbereich, Wellness- und Massagenprogramm, Yogakurse, Krankenstation mit Bordarzt
Info-/Entertainment	Lektorenvorträge, Vorlesungen, Unterhaltung, Sat-TV, Bibliothek
Dresscode	sportlich-leger
Preis pro Nacht	€ 676 bis € 1.230; Durchschn. € 902
Info	**Island Pro Travel** Hamburg, Tel. (040) 286 68 70 www.islandprotravel.de

PROFIL

Info-/Entertainment
Sport & Wellness
Gastronomie
Familienfreundlichkeit
Service
Routing

aktuell noch nicht bewertet

Auf Sommerkreuzfahrt im hohen Norden

Ocean Majesty

Einst eine Fähre, seit drei Jahren auf Kreuzfahrt: der preisgünstige Klassiker

Nach zwei nicht ganz störungsfreien Jahren auf dem deutschen Markt wurde die Ocean Majesty noch einmal überarbeitet: Die Außenkabinen, darunter acht (kleine) Balkonkabinen, erhielten neue Möbel und Stoffe, und der Lido-Garten wirkt in Bordeauxrot wärmer als zuvor. Zwischen Innen- und Außensitzfläche ist das Buffet platziert. Wer lieber à la carte isst, findet auf Deck 3 ein zweites Restaurant, jedoch ohne Blick nach draußen. Abends wählt man zwischen drei Lounges, darunter eine für Raucher. Mit dem Ausstattungsplus der großen Preisbrecher kann die Ocean Majesty nicht mithalten, dafür sind die Nebenkosten gering. Zudem hat sie die Vorzüge eines kleinen Schiffs, das in fast jedem Hafen mitten in der Stadt liegt. Gut organisiert sind die Ausflüge, professionell die Reiseleiter. Wer lieber ausschläft, hat's jedoch schwer: Die Exkursionen werden im Fünf-Minuten-Takt via Lautsprecher ausgerufen. Pluspunkte sind die Lektoren, die allabendliche Bühnenshow und die Live-Talkshow „Nachtcafé". Von der Vergangenheit als Fähre zeugen niedrige Decken sowie viele Türschwellen; für Rollstuhlfahrer ist das Schiff daher ungeeignet.

Fahrgebiete & Reisen 2015

Nordsee, Grönland (ab Hamburg) und Ostsee im Sommer; Adria ab Venedig im Herbst.

DATEN & FAKTEN

BRZ	10.417	**Passagiere**	500/548
Länge	136,00 m	**Crew-Mitglieder**	235
Breite	19,20 m	**PCR (Pass. pro Crew)**	2,3
Indienststellung	1995	**PSR (Platzangebot)**	19,0
Renovierung	2012/13	**Passagierdecks**	8
Bordsprache	Deutsch	**Restaurants/Bars**	2/5

Kabinen	274 (185 außen, 18 innen), 8 mit Balkon, 185 mit Fenster oder Bullauge; Größen: 14–23 m²
Sport & Wellness	Wellnessbereich mit Sauna, Massage und Beautysalon, Shuffleboard, Joggingpfad
Info-/Entertainment	Animation, Show, Unterhaltung, Tanz, Sat-TV, Kino
Dresscode	„elegant" nur an 2 Gala-Abenden
Preis pro Nacht	ca. € 120 bis € 200
Info	**Hansa Touristik** Stuttgart, Tel. (0711) 22 93 16 90 www.hansatouristik.de

PROFIL

Info-/Entertainment	⚓⚓⚓
Sport & Wellness	⚓⚓
Gastronomie	⚓⚓½
Familienfreundlichkeit	⚓⚓
Service	⚓⚓½
Routing	⚓⚓

Ganz vorn auf dem Schiff: die Aussichtskapsel North Star

Quantum of the Seas

Roboter, die Cocktails mixen, eine Aussichtskapsel hoch über dem Schiff, „Fallschirmspringen" an Bord: Sieht so die Zukunft der Kreuzfahrt aus?

Sie ist der spannendste Neubau des Jahres. Nicht, weil sie als nun drittgrößtes Kreuzfahrtschiff der Welt Platz für 4.188 Passagiere hat, sondern, weil sie Technologien bietet, die, so Reedereichef Richard Fain, in „die abenteuerliche Zukunft der Kreuzfahrt" weisen. „Smartship" heißt das Motto für Neuerungen, die es bisher in der Kreuzfahrt nicht gab. Sogar schon vor der Reise beginnt es: Man kann zu Hause online komplett einchecken – und vermeidet Warteschlangen im Terminal, wo man „in zehn Minuten von der Pier auf dem Schiff ist", wie Fain verspricht. Mit Hightech geht es an Bord weiter: Armbänder mit einer Radiofrequenz-Identifizierung ersetzen die Bordkarten. In ihnen befindet sich eine Lesetechnik, mit der bargeldlos bezahlt und die Kabinentür geöffnet wird. Liegt die Kabine innen, blickt man dennoch aufs „Meer": Ein Screen an der Wand simuliert den „virtuellen Balkon". Richtig futuristisch wird es dann an der Bionic Bar: mit Drinks aus Roboterhand statt vom Kellner! Man bestellt über ein Tablet und sieht zu, wie Roboter-Bartender die Cocktails mixen. Auch den drei Decks hohen Entertainment-Bereich steuern Roboter. Im Two70 am Heck stehen sechs Roboter-Bildschirme, die ihre eigene Show machen. Kicks der besonderen Art dürfte auch der Sky Diver bieten – eine Windsäule, auf der man am Fallschirm über dem Boden schwebt – und die Glaskapsel North Star, von der aus man in 90 Metern Höhe über das

Rollschuhlaufen ...

... und „Fallschirmspringen" zur See

Schiff, das Meer oder den jeweiligen Hafen blickt. Aber halt! Ein klassisches Theater für 1.300 Passagiere gibt es auch noch: Das Musical „Mamma Mia!" wird dort gegeben. Und, fast schon nostalgisch, eine Autoscooterbahn, auch sie natürlich die erste zur See. Im November 2014 geht die Quantum an den Start; schon im Mai 2015 folgt ihre Schwester **Anthem of the Seas** (S.112). Beide werden übrigens bei Meyer in Papenburg gebaut – und setzen auch für die Werft neue Maßstäbe.

Fahrgebiete & Reisen 2015

Die Quantum kreuzt zunächst ab New York auf 8- und 12-Nächte-Törns in die Karibik und zu den Bahamas. Im Mai fährt sie über den Atlantik nach Barcelona (**11 Nächte, ab € 1.069**) und weiter via Dubai nach Schanghai, wo sie, auch das ein Novum, den chinesischen Kreuzfahrtmarkt erobern soll – mit 3- bis 8-Nächte-Reisen nach Japan und Korea.

Innenkabine mit „virtuellem Balkon"

DATEN & FAKTEN

BRZ	167.800	Crew-Mitglieder	1.300
Länge	348,00 m	PCR (Pass. pro Crew)	3,2
Breite	41,00 m	PSR (Platzangebot)	40,1
Indienststellung	2015	Passagierdecks	16
Bordsprache	Englisch	Restaurants	18
Passagiere	4.188/4.905	Bars	19

Kabinen	2.090: 1.717 außen, davon 1.570 mit Balkon, 373 innen mit virtuellem Balkon, 28 Single-Studios, 16 Familiensuiten; Größen: 13,8–192 m²
Sport & Wellness	4 Pools, Fallschirmsimulator, Sportdeck SeaPlex, Autoscooter, Rollschuhlauf, Fitnesscenter/Spa u. v. m.
Info-/Entertainment	Music Hall, Panoramasalon Two70, Aussichtskapsel North Star, Akrobatik, Eisbar, Kinderclub u. v. m.
Dresscode	leger, abends je nach Anlass schicker
Preis pro Nacht	€ 107 bis € 2.775; Durchschnitt € 157
Info	**RCL Cruises**, Frankfurt Tel. (069) 92 00 71-85 www.royalcaribbean.de

PROFIL

Info-/Entertainment
Sport & Wellness
Gastronomie
Familienfreundlichkeit
Service
Routing

aktuell noch nicht bewertet

Auslaufen aus New York

Queen Mary 2

Der letzte Transatlantik-Liner überzeugt mit viel Raum pro Passagier

Was unterscheidet einen Transatlantik-Liner von einem Kreuzfahrtschiff? Die stabile Konstruktion, die ruhig auch durch bewegte See gleitet, ist das eine. Doch das eigentliche Geheimnis der Queen Mary 2 ist das üppige Raumangebot pro Passagier. Vier Meter breite Flure und das klassische Stufenheck sorgen für staunende Gesichter. Auf traditionellen Bällen in Abendgarderobe leben zudem längst vergangene Zeiten wieder auf, dabei zaubern „Gentleman Hosts" tanzwilligen Damen ein Lächeln ins Gesicht. Aber auch Cunard geht mit der Zeit und lockert den Dresscode: Jenseits der formellen Abende herrscht kein Krawattenzwang mehr. Beim Fünf-Uhr-Tee servieren aber weiterhin weiß behandschuhte

Relaxen an Deck; eine Princess Suite

Kellner im Queens Room delikate Scones und Sandwiches, untermalt von Live-Darbietungen klassischer Musik. Exzellente Speisen und ein hervorragender Service gehören zum Standard – und werden für die Suitengäste noch einmal gesteigert in eigenen Restaurants und reservierten Arealen an Deck. Diverse öffentliche Bereiche und ein riesiges Unterhaltungsangebot lassen jedoch bei keinem Passagier Langeweile aufkommen. Vorträge, Workshops, ein Besuch im schiffseigenen Planetarium oder einfach nur ein gutes Buch in der größten schwimmenden Bibliothek – so vergehen die Seetage wie im Flug. Etwa die Hälfte aller jährlichen Abfahrten führt über den Atlantik. Achtmal beginnt oder endet die klassische Route 2015 in Hamburg. Dank des Zwischenstopps in Southampton lassen sich diese Termine auch als Schnupperreise nutzen. Generell gibt es auf allen Abfahrten, die in Deutschland starten oder enden, deutschsprachige Landausflüge, Speisekarten und Lektoren. Trotzdem sind Englisch-Grundkenntnisse an Bord unerlässlich.

Fahrgebiete & Reisen 2015

Im Jahr des 175-jährigen Reedereijubiläums führt die Weltreise nach Arabien und Asien, bevor das Schiff erstmals Australien umrundet. Über Kapstadt geht es nach Southampton, wo die Atlantiküberquerungen starten. Auch Neuengland und Kanada stehen im Programm.

Jubiläums-Transatlantikreise

Die „Crossing" ab Hamburg am 30. Juni führt neben Southampton in die Geburtsstätte der Reederei nach Liverpool (als Schnupperreise buchbar) und nach Halifax/Kanada sowie Boston, ehe New York erreicht wird. **14 Nächte, ab € 3.320 ab/bis Hafen**

Treffen der drei Queens

Im Juli treffen sich die drei Cunard-Queens am Ende einer Reise der Queen Mary 2 rund um die Britischen Inseln in Liverpool, wo ein Übernachtaufenthalt stattfindet. **10 Nächte, ab € 2.090 ab/bis Southampton**

Service alter Schule

DATEN & FAKTEN

BRZ	148.528	Passagiere	2.620/3.090
Länge	345,00 m	Crew-Mitglieder	1.254
Breite	41,00 m	PCR (Pass. pro Crew)	2,5
Indienststellung	2004	PSR (Platzangebot)	48,0
letzte Renovierung	2008	Passagierdecks	13
Bordsprache	Englisch	Restaurants/Bars	9/12

Kabinen	1.296, davon 279 innen, Balkon: 783, 172 Suiten; Größen: 18–209 m²
Sport & Wellness	5 Pools, Golfsimulator, Basketball, Shuffleboard, Tischtennis, Laufpfad, Spa und Fitnesscenter
Info-/Entertainment	Planetarium, Casino, Theater/Kino, Nachtclub, Ballsaal, Kinderclub, täglich wechselndes Showprogramm, Bingo/Spiele etc.
Dresscode	Tagsüber „casual", abends „formal" oder „informal"
Preis pro Nacht	€ 111 bis € 3.100; Durchschn. € 383
Info	**Cunard Line** Hamburg, Tel. (040) 41 53 35 55 www.cunard.de

PROFIL (ohne Grill Class*)

Info-/Entertainment	⚓⚓⚓⚓⚓
Sport & Wellness	⚓⚓⚓⚓
Gastronomie	⚓⚓⚓⚓
Familienfreundlichkeit	⚓⚓⚓
Service	⚓⚓⚓⚓
Routing	⚓⚓⚓½

* Grill Class: Gastronomie und Service je 4,5 Anker

Die jüngste Cunard-Queen ist von ihrer Schwester leicht zu unterscheiden ...

Queen Elizabeth

Cunards Jüngste – jetzt auch mit Kabinen für Einzelreisende

Die Queen höchstpersönlich taufte sie 2010 – und wurde dabei sicher vielfach an die erste Queen Elizabeth erinnert, deren Taufe sie als zwölfjähriges Mädchen erlebte. Das liegt nicht zuletzt im Stil des Schiffs begründet: Das Art déco der 30er-Jahre gibt an Bord die Richtung vor, mit warmen Holztönen, geschwungenen Treppen und einer attraktiven Lobby. Ein Clou ist der Country Garden auf dem Achterdeck, der zu Rasenspielen wie Krocket und Boule einlädt. Auf demselben Deck liegen die Grill-Class-Suiten samt eigenem Restaurant mit Courtyard. Beim letzten Werftaufenthalt spendierte die Reederei der „Lizzy" neun Kabinen für Einzelreisende, acht liegen außen, eine innen. Dafür wurde das Casino umgebaut. Neue Teppiche, Flachbildfernseher in den Kabinen und Getränkeservice im Lido Restaurant zählen zu den weiteren Neuerungen an Bord.

Fahrgebiete & Reisen 2015

Am 8.1. beginnt, wie im Vorjahr, die Weltreise ab/bis Hamburg. Ab Mai folgen Nord- und Ostsee, mehrfach mit Ein- oder Ausstiegsmöglichkeit in Kiel. Zwei Skandinavien- und Russlandreisen starten in Hamburg und enden in Kiel, lange Mittelmeertörns beginnen in Southampton. Im Dezember geht es zu den Kanaren.

DATEN & FAKTEN

BRZ	90.900	**Passagiere**	2.068/2.447
Länge	294,00 m	**Crew-Mitglieder**	1.003
Breite	32,00 m	**PCR (Pass. pro Crew)**	2,4
Indienststellung	2010	**PSR (Platzangebot)**	37,2
Renovierung	–	**Passagierdecks**	12
Bordsprache	Englisch	**Restaurants/Bars**	9/10

Kabinen	1.046, davon 85 % Außen- und 72 % Balkonkabinen; Größen: 14–198 m² (Grand Suite)
Sport & Wellness	2 Pools, 4 Whirlpools, Spa (u. a. Aromatherapie), Fitnesscenter, Boule, Paddle-Tennis, Krocket an Deck
Info-/Entertainment	Theater mit Privatlogen, Kino, Bibliothek, Galerie, Museumspfad, Casino, Internetcenter, Kinderclub, Tanzunterricht, Vorträge u. v. m.
Dresscode	tagsüber „casual", abends „formal" oder „informal"
Preis pro Nacht	€ 94 bis € 2.040; Durchschn. € 291
Info	**Cunard Line**, www.cunard.de Hamburg, Tel. (040) 41 53 35 55

PROFIL (ohne Grill Class*)

Info-/Entertainment	⚓⚓⚓⚓
Sport & Wellness	⚓⚓⚓⚓
Gastronomie	⚓⚓⚓⚓
Familienfreundlichkeit	⚓⚓⚓
Service	⚓⚓⚓⚓
Routing	⚓⚓⚓⚓

* Grill Class: Gastronomie und Service je 4,5 Anker

... an der Heckform: Die „Vicky" hat noch ein Stufenheck

Queen Victoria

Kreuzfahrt als Neuinszenierung der viktorianischen Ära – very British!

Der Name ist Programm: Als Gesamtkunstwerk im Stil und Geist der viktorianischen Ära hat die kleinste Cunard-Königin viele Fans gefunden. Manche halten sie sogar für das gelungenste Schiff der aktuellen Cunard-Flotte. Zu diesem Eindruck trägt sicher die zweistöckige Version des Queens Room bei: die perfekte Bühne für die nostalgischen Themenbälle. Tagsüber findet hier nicht nur die Teatime statt, auch Fechtkurse werden geboten. Exzellent speist man im Hauptrestaurant Britannia (empfehlenswert auch das Frühstück à la carte!). Seit Juni 2013 ist als Zuzahlungsrestaurant das von der Queen Elizabeth bekannte Verandah statt des Queen-Mary-Klassikers Todd English an Bord. Darüber hinaus ist für Suitengäste ein romantisches Freiluftrestaurant reserviert. Im Vergleich zur **Queen Mary 2** wurden die Suiten der Grill Class unauffälliger ins Gesamtkonzept integriert – britisches Understatement in vollendeter Form.

Fahrgebiete & Reisen 2015

Die Weltreisen aller drei Cunard-Queens sind 2015 erstmals kombinierbar. Den Sommer verbringt die Victoria im Mittelmeer, 20 Abfahrten finden hier mit verstärktem deutschsprachigem Service statt. Auch das Schwarze Meer ab/bis Istanbul steht auf dem Programm.

DATEN & FAKTEN

BRZ	90.000	**Passagiere**	1.990/2.430
Länge	294,00 m	**Crew-Mitglieder**	981
Breite	32,00 m	**PCR (Pass. pro Crew)**	2,5
Indienststellung	2007	**PSR (Platzangebot)**	37,0
letzte Renovierung	–	**Passagierdecks**	12
Bordsprache	Englisch	**Restaurants/Bars**	7/10

Kabinen	925 (796 außen, 129 innen), davon 657 mit Balkon/Veranda; Größen: 14–198 m²
Sport & Wellness	2 Pools, Driving Range/Putting Green, Shuffleboard, Tischtennis, Laufpfad, Spa und Fitness, Fechtkurse
Info-/Entertainment	Computercenter, Bibliothek, Casino, Theater/Kino, Nachtclub/Disco, Video, Kids-/Teen-Center, Cunardia
Dresscode	Tagsüber „casual", abends „formal" oder „informal"
Preis pro Nacht	€ 110 bis € 1.454, Durchschnitt € 319
Info	**Cunard Line**, www.cunard.de Hamburg, Tel. (040) 41 53 35 55

PROFIL (ohne Grill Class*)

Info-/Entertainment	⚓⚓⚓⚓
Sport & Wellness	⚓⚓⚓⚓
Gastronomie	⚓⚓⚓⚓
Familienfreundlichkeit	⚓⚓⚓
Service	⚓⚓⚓⚓
Routing	⚓⚓⚓⚓

* Grill Class: Gastronomie & Service je 4,5 Anker

Unter vollen Segeln vor der Amalfiküste FOTO: C. Assies

Royal Clipper

Besondere Ziele, einzigartiges Schiff: Kreuzfahrt auf einem Fünfmaster

Sie hat 55 Millionen US-Dollar gekostet, bietet Platz für 227 Passagiere und wurde von Schwedens Königin Silvia getauft: Die Royal Clipper, ein Fünfmaster nach dem Vorbild der historischen **Preußen**, ist das Flaggschiff von Star Clipper Cruises – und eine Erscheinung wie aus einer anderen Zeit. Gänsehaut ist garantiert, wenn zur Hymne „Conquest of Paradise“ die Segel gesetzt werden, teils per Knopfdruck, teils mit Muskelkraft. Unvergleichlich ist die Nähe zum Wasser und zur Crew (die Brücke ist fast immer offen): Das können größere Cruiseliner ebenso wenig bieten wie viele der Ankerplätze und Häfen, die der Fünfmaster ansteuert. Dabei ist das Ambiente an Bord durchaus stilvoll und elegant.

Blick ins Atrium; Abendstimmung an Deck

Mit Liebe zum Detail sind Kabinen, Restaurant und Schmuckstücke wie die gemütliche Bibliothek eingerichtet. Herz des Schiffs ist ein Atrium, das über drei Decks geht und als Hauptrestaurant dient. Morgens und mittags gibt es dort ein reichhaltiges Buffet, abends wird in einer Sitzung à la carte diniert. Dresscodes gibt es nicht, lediglich kurze Hosen sind im Restaurant verpönt. Die Crew ist freundlich, aufmerksam und professionell. Das Publikum, meist aus der Generation 50 plus, ist international gemischt. Ein Clou ist die ausklappbare Heckklappe: Sie wird als Plattform für Wassersport (Kanu oder Wasserski) genutzt. Auch Schnorchel-Equipment kann an Bord geliehen werden, und an ruhigen Seetagen springt man beim Badestopp direkt ins Meer. Auf dem Oberdeck finden sich drei Pools, deren größter am Boden verglast ist und das Dach des Atriums bildet. Und mit der Captain Nemo Lounge unten im Schiff gibt es sogar einen kleinen Spa- und Fitnessbereich. Dort blickt man durch unter Wasser liegende Bullaugen direkt in die Unterwasserwelt.

Fahrgebiete & Reisen 2015

Im Winter fährt die Royal Clipper zu den Grenadinen und den Windward-Inseln. Ende April steht die 22-tägige Atlantiküberquerung von Barbados nach Civitavecchia an. Von Mai bis Oktober ist das Schiff ab/bis Civitavecchia oder Venedig im westlichen Mittelmeer unterwegs. Im Herbst kreuzt es über Südspanien, Marokko, Lissabon und Teneriffa nach Barbados, wo dann die Karibiksaison beginnt.

Schnuppertörn ab Venedig

Schnupperreise vom 2.9. bis 5.9. ab/bis Venedig nach Rovinj/Kroatien und Piran/Slowenien. **3 Nächte, ab € 965 ab/bis Venedig**

Westliches Mittelmeer

Viermal im Mai/Juni ab Civitavecchia (Rom) zu den Pontinischen Inseln (Palmarola, Ponza), nach Capri, Sorrent und längs der Amalfiküste nach Taormina sowie nach Stromboli und Lipari. **7 Nächte, ab € 2.250 ab/bis Rom**

Whirlpool unterm Mast

DATEN & FAKTEN

BRZ	5.000	**Passagiere**	227
Länge	134,00 m	**Crew-Mitglieder**	106
Breite	16,00 m	**Passagierdecks**	4
Indienststellung	2000	**PCR (Pass. pro Crew)**	2,6
letzte Renovierung	2007	**PSR (Platzangebot)**	18
Bordsprache	Engl., Dt., Frz.	**Restaurants/Bars**	1/2

Kabinen	110 (104 außen, 6 innen), davon 14 Suiten mit Balkon, 2 Eignerkabinen; Größen: ca. 10–33 m²
Sport & Wellness	3 Pools, Morgengymnastik, Tauchen, Wasserski, Surfen, Dingi-Segeln, Fitnesscenter
Info-/Entertainment	Captain's Storytime, Nautikkunde, Knotenkunde, Krabbenrennen, Quiz, Talentshow, Modenschau etc.
Dresscode	kein Dresscode, zum Abendessen im Restaurant lange Hosen
Preis pro Nacht	€ 94 bis € 902; Durchschnitt € 410
Info	**Star Clippers**, Monaco E-Mail: info@starclippers.com www.starclippers.com

PROFIL

Info-/Entertainment	⚓⚓½
Sport & Wellness	⚓⚓⚓½
Gastronomie	⚓⚓⚓½
Familienfreundlichkeit	⚓⚓
Service	⚓⚓⚓½
Routing	⚓⚓⚓½

Kaum von der Royal Princess zu unterscheiden: die neue Regal Princess

Royal Princess & Regal Princess

Die beiden neuesten Schiffe von Princess Cruises kombinieren geschickt klassische Eleganz und europäisches Flair mit Vorteilen eines Megaschiffs

Für 3.650-Passagiere-Schiffe sind die fast baugleichen Regal und Royal Princess überraschend zentral strukturiert: Im raumgreifenden, eleganten Atrium The Piazza kreuzen sich alle Laufwege. Auf drei Ebenen konzentrieren sich hier Bars, Restaurants und Shops. Die Orientierung fällt dadurch leicht und vermittelt das Gefühl eines viel kleineren Schiffs, die reinen Kabinendecks nimmt man kaum wahr. Klar strukturiert ist auch das Pooldeck: Der stilvolle, für Erwachsene reservierte Retreat Pool sowie die (kostenpflichtige) Wellness-Oase The Sanctuary sind optisch gut vom Hauptpool abgetrennt. Die Regal Princess hat auf Deck 17 wieder den gewohnten Terrace Pool am Heck, der auch auf der Royal Princess beim nächsten Trockendockaufenthalt eingebaut werden soll. Die elegant gestylten Kinder- und Teensbereiche mit Außenarealen sowie das Sportdeck liegen ganz oben am Heck. Ein wenig Nervenkitzel gefällig? Auf dem Seawalk spaziert der Passagier in fast 40 Metern Höhe über einen Glasboden rund 8,50 Meter über die Bordwand hinaus. Zum entspannten Genießen lädt der Springbrunnen mit „Fountain & Light"-Shows ein. Tagsüber dient er als Wasserspielplatz, Sonnendeck oder Bühne. Das Promenadendeck ist dagegen auf zwei Segmente mittschiffs und seitlich am Heck reduziert. Ebenso fehlt ein offenes Deck oder eine Aussichtslounge mit direktem Blick nach vorn. Die Kabinen sind

Allegro Dining Room

Eine Deluxe-Balkonsuite

modern und elegant, das Bad zugunsten eines begehbaren Kleiderschranks relativ klein. Keine Kompromisse geht die Princess bei den wirklich wichtigen Dingen ein: Der Service ist sehr aufmerksam und herzlich, das Entertainment vielfältig und das Essen hochwertig.

Fahrgebiete & Reisen 2015

Beide Schiffe kreuzen bis Mai und wieder ab Oktober von Fort Lauderdale auf festen Routen in der Karibik. Das Sommerfahrgebiet der **Regal Princess** aber ist die Ostsee, mit Törns ab Kopenhagen, Warnemünde oder St. Petersburg (z. B. ab/bis Warnemünde nach Tallinn, St. Petersburg/overnight, Helsinki, Stockholm, Kopenhagen, Oslo und Göteborg, **11 Nächte, ab € 1.571**). Auch die **Royal Princess** kommt im Sommer nach Europa. Ihr Basishafen ist Southampton in England (z. B. rund um Irland, Schottland, England, mit Abstecher nach Le Havre/Frankreich, **12 Nächte, ab € 1.580**).

Lightshow auf dem Pooldeck

DATEN & FAKTEN

BRZ	141.000	**Crew-Mitglieder**	1.346
Länge	330,10 m	**PCR (Pass. pro Crew)**	3,2
Breite	47,25 m	**PSR (Platzangebot)**	32,5
Indienststellung	2013/14	**Passagierdecks**	17
Bordsprache	Englisch	**Restaurants**	9
Passagiere	3.560/4.340	**Bars**	21

Kabinen	1.780 (1.438 außen, 342 innen), davon 40 Suiten u. 306 Minisuiten mit Balkon, 360 Deluxe-Balkonkab., 732 Balkonkab.; Größen: 15–60 m²
Sport & Wellness	3 Pools, 6 Whirlpools, Fitnesscenter, Lotus Spa und Sanctuary für Erw., Driving Range, Putting Green, Jogging
Info-/Entertainment	Showtheater, Casino, Nightclub, „Movies under the Stars", Bibliothek, Internetcafé, Kinderclub
Dresscode	meist leger, zwei formelle Abende
Preis pro Nacht	€ 69 bis € 619; Durchschnitt € 184
Info	**Princess Cruises** München, Tel. (089) 51 70 34 50 www.princesscruises.de

PROFIL

Info-/Entertainment	⚓⚓⚓⚓
Sport & Wellness	⚓⚓⚓⚓
Gastronomie	⚓⚓⚓⚓½
Familienfreundlichkeit	⚓⚓⚓⚓
Service	⚓⚓⚓⚓
Routing	⚓⚓⚓½

Vor dem Opernhaus von Sydney

Seabourn Quest (mit Sojourn & Odyssey)

Luxus verpflichtet: Auf den neuen Seabourn-Yachten wird Kreuzfahrt perfektioniert. Ein viertes Schiff im selben Geiste kommt 2016

Mit der Quest und ihren Schwestern **Odyssey** (2009) und **Sojourn** (2010) hat die Seabourn Cruise Line Meilensteine im Luxussegment gesetzt. Es sind ultra-elegante Schiffe im Yacht-Design, auf denen man ausschließlich in Außensuiten wohnt, davon 90 Prozent mit Balkon und stolze 27 bis 110 Quadratmeter groß. Fürstlich auch das Passagier-Crew-Verhältnis: 330 hoch motivierte, vielsprachige Crew-Mitglieder kümmern sich um maximal 450 Gäste und umschmeicheln sie mit Aufmerksamkeiten wie personalisiertem Briefpapier oder kostenlosen Massagen an Deck. Wer das exzellente Spa (auf der Quest mit einem Kneipp-Bereich als Besonderheit) intensiv nutzen will, sollte eine der 2013 nachgerüsteten Penthouse-Spa-Suiten buchen: Sie sind über eine Wendeltreppe direkt mit dem Spa verbunden. Gespeist wird auf Sterne-Level in zwei noblen Innenrestaurants, in der Heckbar The Colonnade oder im Patio-Grill am Pool. Champagner, ausgewählte Weine und andere alkoholische Getränke sowie Trinkgelder sind dabei inklusive. Bordsprache ist Englisch, die Gäste kommen aus Nordamerika, Europa und aller Welt. Am Seabourn Square, einer Art Piazza, die Concierge-Desk, Internetcafé, Bibliothek und ein Wiener Café gelungen vereint, lernen sie sich kennen. Ab Mai 2015 bildet das Trio übrigens die ganze Seabourn-Flotte: Drei ältere Schiffe wurden an **Windstar Cruises** verkauft (**Star Pride**, s. S. 210). Ein vierter Neubau der Odyssey-Klasse ist aber für 2016 bereits bestellt.

Die Wassersport-Marina

Poolbereich im Heck

Das Pooldeck

DATEN & FAKTEN

BRZ	32.000	**Passagiere**	450
Länge	198,00 m	**Crew-Mitglieder**	330
Breite	25,60 m	**PCR (Pass. pro Crew)**	1,4
Indienststellung	2011	**PSR (Platzangebot)**	71,1
(Odyssey 2009; Sojourn 2010)		**Passagierdecks**	8
Bordsprache	Englisch	**Restaurants/Bars**	4/6

Kabinen	225 Außensuiten, davon 199 mit Balkon; Größen: 27–110 m²; 7 barrierefreie Suiten
Sport & Wellness	2 Pools, 6 Whirlpools, Spa und Fitnesscenter mit Kinesis Wall, Saunen, Thalasso, Sportdeck
Info-/Entertainment	Shows, Kabarett, Casino, Lesungen, Bibliothek, Konferenzraum
Dresscode	tagsüber „casual", mehrere Abende „formal", ansonsten im Restaurant „informal"
Preis pro Nacht	€ 220 bis € 2.858; Durchschn. € 619
Info	**Seabourn Cruise Line** Tel. 00800 18 72 18 72 www.seabourn.com

PROFIL

Info-/Entertainment	⚓ ⚓ ⚓ ½
Sport & Wellness	⚓ ⚓ ⚓ ⚓
Gastronomie	⚓ ⚓ ⚓ ⚓ ⚓
Familienfreundlichkeit	⚓ ⚓
Service	⚓ ⚓ ⚓ ⚓ ⚓
Routing	⚓ ⚓ ⚓ ⚓ ½

Fahrgebiete & Reisen 2015

Zu Jahresbeginn kreuzt die Quest rund um Südamerika (inkl. Amazonas im März). Im Sommerprogramm stehen Mittelmeer (bis Juni; ab/bis Rom oder Barcelona) und die Ostsee (ab/bis Kopenhagen oder Stockholm). Im August geht es über Schottland, Island und Grönland nach Kanada und Neuengland – und zum Winter hin weiter in die Karibik.

Weiße Nächte in St. Petersburg

Fünf Termine im Juni und Juli: von Kopenhagen oder Stockholm zu einem 3-Tages-Besuch nach St. Petersburg, dazu Helsinki, Tallinn und ein Seetag. **7 Nächte, ab € 3.978 ab/bis Hafen**

Transatlantik über Grönland

Am 8.8. ab Kopenhagen via Edinburgh und Reykjavík nach Grönland (6 Tage) und mit 3 Seetagen über Neufundland und Quebec nach Montreal. **24 Nächte, ab € 10.405 ab/bis Hafen**

Prachtvoller Anblick in der Ägäis

Sea Cloud

Stolze Segelyacht mit langer Tradition. Sie ist schon über 80 Jahre alt

2011 feierte die „Seewolke" den 80. Geburtstag – u. a. mit ihrem ersten Besuch seit 33 Jahren an deutschen Küsten, wo sie einst zu Wasser gelassen wurde: Krupp Germania in Kiel hat die Viermastbark 1931 gebaut. In Bremerhaven wurde sie 2011 auch generalüberholt und an die neuesten Sicherheitsstandards (SOLAS) angepasst – und zwar ohne, dass dabei der nostalgische Charakter dieses einzigartigen Seglers verändert wurde. Teile des Decks und des Riggs sowie ein Teil der Kabinen wurden renoviert, außerdem der Crew-Bereich, der nicht mehr den neuen Standards entsprach. Dank einer Spezialbehandlung für den großteils aus Holz bestehenden Inneneinbau kam auch der Brandschutz auf den neuesten Stand. Fans dür-

Eine Eignersuite; die Crew beim Segelsetzen

fen sich also freuen, dass die Legende weitersegelt. So genannt zu werden verdient sich die Bark mit der historischen Aura, die sie umweht: Sie wurde als Privatyacht für die New Yorker Kaufhauserbin Marjorie Merriweather Post gebaut. Zu den nachfolgenden Besitzern, die sich an Details wie den goldenen Wasserhähnen in den Eignersuiten erfreuten, zählten Playboys, Diplomaten und Diktatoren. Seit 1978 fährt sie als Kreuzfahrtschiff. Mit herzlichem Service, meist exquisiter Gastronomie, schönen Routen und der sportlichen Atmosphäre einer von Hand gesegelten Bark erhält sie sich treu ein begeistertes Publikum. Repeater wie Erstfahrer fühlen sich in der Sea-Cloud-Familie wohl, manche Crew-Mitglieder sind viele Jahre dabei, wie Hotelmanager Simon Kwinta, eine Institution. Ab 2015 sind die Sea Cloud und die **Sea Cloud II** allein in der Flotte. Die Reederei fokussiert sich komplett auf die Hochsee und hat sich vom letzten verbliebenen Flussschiff, der **River Cloud II**, getrennt.

Fahrgebiete & Reisen 2015

Nach Winterreisen in der Karibik (u. a. Costa Rica und Kuba) verbringt die Sea Cloud den Großteil des Jahres im Mittelmeer; Starthäfen sind dabei u. a. Nizza, Valletta, Venedig, Piräus (Athen) und Istanbul. Im November stehen zwei Kanarenreisen als Vorbereitung für die Atlantiküberquerung in die Karibik an.

Weihnachten in der Karibik

Am 21.12. werden in Barbados die Segel gehisst. Es geht über die Grenadinen, Grenada (an Heiligabend), St. Lucia und Dominica nach St. Barts, weiter zur Silvesternacht vor den British Virgin Islands (Virgin Gorda, Jost Van Dyke) und nach einem Segeltag via Bequia zurück nach Bridgetown, Barbados. **14 Nächte, ab € 5.585 ab/bis Barbados**

Kreuzfahrt mit dem Wind

Besonderer Tipp: Bei der Abfahrt am 12.10. stehen nur Start und Ziel der Reise fest, Venedig und Malta. Alle anderen Stopps bestimmt der Wind. **8 Nächte, ab € 3.195 ab/bis Hafen**

Auf der Brücke

DATEN & FAKTEN

BRZ	2.492	Passagiere	max. 64
Länge	109,50 m	Crew-Mitglieder	60
Breite	14,94 m	PCR (Pass. pro Crew)	1
Indienststellung	1931	PSR (Platzangebot)	39
letzte Renovierung	2011	Passagierdecks	3
Bordsprache	Deutsch/Engl.	Restaurants/Bars	1/2

Kabinen	30 Außenkabinen (9,5–24 m²) plus 2 historische Eignersuiten (34 und 38 m²)
Sport & Wellness	Wasserski, Windsurfen, Schnorcheln (Ausrüstungen an Bord), zu bestimmten Terminen Golfreisen mit Turnier
Info-/Entertainment	landeskundliche Vorträge und Themenvorträge, Bordpianist
Dresscode	sportlich-elegant
Preis pro Nacht	€ 273 bis € 1.950 Durchschnitt € 784
Info	**Sea Cloud Cruises** Hamburg, Tel. (040) 30 95 92-50 www.seacloud.de

PROFIL

Info-/Entertainment	⚓⚓½
Sport & Wellness	⚓½
Gastronomie	⚓⚓⚓⚓
Familienfreundlichkeit	⚓½
Service	⚓⚓⚓⚓⚓
Routing	⚓⚓⚓½

Vor St. Lucia in der Karibik

Sea Cloud II

Segelromantik plus exquisite Küche ergibt Urlaubsluxus pur

Wie die **Sea Cloud** ist auch die Sea Cloud II ein Segelkreuzfahrer für höchste Ansprüche. Zwar nicht so schnittig gebaut wie die Schwester, mit rundem Heck und höherer Bordwand – dadurch bietet sie aber Platz für 96 statt 64 Passagiere. Da sie von Beginn an als Kreuzfahrtschiff und nicht als Rennyacht gedacht war, sind alle Kabinen und öffentlichen Bereiche bestmöglich auf heutige Ansprüche zugeschnitten. Eine umlaufende Promenade bietet viele Perspektiven, um die Atmosphäre eines von Hand navigierten Seglers zu genießen. So oft wie möglich wird nur mit der Kraft des Windes gefahren. Bis alle Segel gesetzt sind, dauert es eine Stunde. Hohes Niveau haben Service und Gastronomie – die maritim-legere Gästeschar, viele von ihnen Repeater, weiß das zu schätzen. Einen Pool oder ein dezidiertes Unterhaltungsprogramm gibt es nicht, dafür eine Badeplattform und ein ganzheitliches Trainingsprogramm. Ein schöner Rückzugsraum ist die Bibliothek mit Blick voraus.

Fahrgebiete & Reisen 2015

Karibik bis März, Europa im Sommer, Letzteres mit viel Nordeuropa, u. a. auch mit Teilnahme an Kieler Woche und Sail Bremerhaven. Daneben eine Musikreise (Hamburg–Bilbao) ab 16.8. – und ab 27.11. Transatlantik, Kurs Karibik.

DATEN & FAKTEN

BRZ	3.849	**Passagiere**	max. 96
Länge	105,90 m	**Crew-Mitglieder**	60
Breite	16,00 m	**PCR (Pass. pro Crew)**	1,6
Indienststellung	2001	**PSR (Platzangebot)**	64,1
Renov.	fortlaufend	**Passagierdecks**	4
Bordsprache	Deutsch/Engl.	**Restaurants/Bars**	1/2

Kabinen	47 Außenkabinen (12–23 m²), davon 2 Eignersuiten mit 27 m²
Sport & Wellness	Fitness, Sauna, Badeplattform, Windsurfen, Wasserski, Schnorcheln (Ausrüstungen an Bord)
Info-/Entertainment	Bordpianist, Konzerte, landeskundliche und kulinarische Vorträge, prominente Referenten auf Themenreisen
Dresscode	sportlich-elegant
Preis pro Nacht	€ 287 bis € 1.142; Durchschn. € 706
Info	**Sea Cloud Cruises** Hamburg, Tel. (040) 30 95 92-50 www.seacloud.com

PROFIL

Info-/Entertainment	⚓⚓½
Sport & Wellness	⚓⚓½
Gastronomie	⚓⚓⚓⚓⚓
Familienfreundlichkeit	⚓½
Service	⚓⚓⚓⚓⚓
Routing	⚓⚓⚓½

En Traumschiff für Individualisten

Sea Pearl

Mit einem 100 Jahre alten Segler die Seychellen kennenlernen

Wer die Vielfalt der Seychellen auf authentische und bodenständige Art erleben möchte, der ist mit Silhouette Cruises gut beraten. Die vier Segler der Reederei kreuzen ganzjährig rund um die landschaftlich einzigartigen Granitinseln. Während die Neubauten **Sea Star** und **Sea Bird** ein wenig mehr Komfort bieten (Badezimmer en suite), entsteht auf der hundertjährigen **Sea Pearl** und ihrer kaum jüngeren Schwester **Sea Shell** schnell kameradschaftliches Segelflair. Die Ausstattung an Bord ist einfach, aber gemütlich: In den kleinen Kabinen gibt es ein Waschbecken, sonstige sanitäre Einrichtungen werden gemeinsam genutzt. Die kreolische Küche ist ein Mix verschiedenster Stilrichtungen, die Bar besteht aus einem Kühlschrank mit Strichliste. Das Schiff bildet einen soliden Rahmen für atemberaubende Naturerlebnisse: Nicht nur dank Tauchlehrer kommen Taucher und Schnorchler voll auf ihre Kosten. Auch die Landgänge führen sogar zu kleinsten Inseln. Und: An Bord kann rechtskräftig geheiratet werden.

Fahrgebiete & Reisen 2015

Ganzjährig zwischen den Inner Islands der Seychellen: Von November bis April wird eine 7-tägige Route ab/bis Mahé gefahren, von Mai bis Oktober eine 6-tägige ab/bis Praslin.

DATEN & FAKTEN

BRZ	110	**Passagiere**	16
Länge	36,00 m	**Crew-Mitglieder**	8
Breite	6,60 m	**PCR (Pass. pro Crew)**	2
Indienststellung	1915	**PSR (Platzangebot)**	6,8
letzte Renovierung	1999	**Passagierdecks**	2
Bordsprache	Englisch	**Restaurants/Bars**	1/0

Kabinen	6 Doppelkabinen und 2 Dreierkabinen, Größe: 6–7 m^2
Sport & Wellness	Tauch- und Schnorchelausrüstung, Windsurfing, Schwimmstopps vom Schiff aus
Info-/Entertainment	Strandbarbecue, Literatur im Salon
Dresscode	sportlich-leger
Preis pro Nacht	ab ca. € 199 Durchschnitt: k. A.
Info	**Silhouette Cruises** cruises@seychelles.net www.seychelles-cruises.com

PROFIL

Info-/Entertainment	⚓
Sport & Wellness	⚓⚓⚓
Gastronomie	⚓⚓
Familienfreundlichkeit	⚓
Service	⚓⚓⚓
Routing	⚓⚓⚓⚓

Vor Korsika

SeaDream I & II

„It's yachting, not cruising":
Kreuzfahrt auf Kaviarkurs

Kreuzen wie auf der eigenen Yacht – das ist das Konzept des SeaDream Yacht Clubs. Die legere Atmosphäre an Bord des kleinen Luxusschiffs (Dresscode? Fehlanzeige!) gehört ebenso dazu wie die namentliche Ansprache bereits am zweiten Tag. Das Verhältnis Crew zu Passagier ist außergewöhnlich hoch. Die Mitarbeiter achten aufmerksam auf das Wohl der Gäste, ohne dabei aufdringlich zu wirken. Der Umgang ist stets freundlich, aber nicht unterwürfig. Da die 105 Meter langen Yachten keine Balkone haben, findet das Leben an Deck statt. Hier schmecken die hochwertigen Gerichte gleich doppelt so gut, egal ob Kaviar, kalorienreduziert oder vegetarisch und roh. Darüber hinaus hat die Küche stets ein offenes

Bar an Deck; Blick in die Admiral Suite

Ohr für Gästewünsche, die mitunter schon am nächsten Tag auf der Karte erscheinen oder individuell zubereitet werden. Wer möchte, kann auch mal eine Nacht unterm Sternenhimmel schlafen: in den „Balinese Dream Beds" – eine einmalige Erfahrung. Für Kinder ist das Konzept eher ungeeignet, dafür können Erwachsene zu Kindern werden, und zwar an der Marina am Heck, wo es Kanus, Jetski, Segler, Banana Boat und Stand-up-Paddeln gratis gibt. Spontane Schwimmstopps gehören ebenso zu den Freiheiten des Kapitäns wie die Leitung eines Radausflugs. Schnell kommen auch Alleinreisende mit den großteils US-amerikanischen Gästen ins Gespräch und lassen den Abend an der Top of the Yacht Bar, im Casino, in der Bibliothek oder bei Livemusik im Main Salon ausklingen. Der Champagner dazu ist natürlich im Preis inkludiert.

Fahrgebiete & Reisen 2015

Beide Yachten sind zu Jahresbeginn in der Karibik unterwegs. Ende April fahren sie über den Atlantik ins Mittelmeer, wo die Schwestern den ganzen Sommer über gemeinsam kreuzen. Der Schwerpunkt liegt im östlichen Mittelmeer und der Adria. Auch das Schwarze Meer steht im Programm. Viele Reisen beginnen in Istanbul, Athen, Dubrovnik sowie Venedig und Civitavecchia. Im November kehren die Schiffe in die Karibik zurück.

SeaDream I: Korinth-Kanal

Im Mai und Juli geht es von Rom nach Athen. Die Reise beginnt entlang der Amalfiküste, führt nach Taormina/Sizilien und zur ionischen Insel Kefalonia. Nach einem Besuch des antiken Delphi Fahrt durch den Korinth-Kanal; Santorin und Hydra bilden den Abschluss der Reise. **8 Nächte, ab € 7.324 ab/bis Hafen**

SeaDream II: Kleine Häfen

Ab Monte Carlo am 25.5. nach Portofino, Portovenere und Portoferraio (Elba). Die Schnupperreise führt weiter nach Porto Ercole, bevor sie in Civitavecchia endet. **5 Nächte, ab € 3.855 ab/bis Hafen**

Ausflug mit dem Zodiac

DATEN & FAKTEN

BRZ	4.260	**Passagiere**	max. 112
Länge	104,85 m	**Crew-Mitglieder**	95
Breite	14,30 m	**PCR (Pass. pro Crew)**	1,2
Indienststellung	1984/85	**PSR (Platzangebot)**	38,0
letzte Renovierung	2011	**Passagierdecks**	5
Bordsprache	Englisch	**Restaurants/Bars**	2/3

Kabinen	56 Außenkabinen, 1 Admiral Suite, 1 Eignersuite; Größen: 18–45 m²
Sport & Wellness	Fitnesscenter, Massagen, Dampfbad, Sauna, Golfsimulator, Mountainbikes, Jetski, Kajaks, Wasserski, Schnorchelausrüstung u. v. m.
Info-/Entertainment	„Champagne & Caviar Splash", Kino unter Sternen, Cocktailpartys, Vorträge auf Transatlantikreisen
Dresscode	„Yacht Casual" (kein spezieller formeller Dresscode)
Preis pro Nacht	€ 189 bis € 1.880; Durchschn. € 820
Info	**M'Ocean Reisen und Meer** Tel. (06733) 92 97 98 www.seadream.de

PROFIL

Info-/Entertainment	⚓⚓½
Sport & Wellness	⚓⚓⚓½
Gastronomie	⚓⚓⚓⚓½
Familienfreundlichkeit	⚓½
Service	⚓⚓⚓⚓⚓
Routing	⚓⚓⚓½

Bordsprache Englisch – die Mehrzahl der Passagiere kommt aus Nordamerika

FOTO: J. Bohmann

Seven Seas Mariner

Legerer Luxus made by Regent Seven Seas: Allein sein muss hier niemand

Drei, ab 2016 vier Schiffe bilden die luxuriöse Regent-Flotte – die Mariner ist die zweitälteste. Bestens gepflegt, erkennt man ihren Interieurs die Jahre zwar an. Das Publikum, zum größten Teil Nordamerikaner, liebt sie dennoch. Erstaunlich oft ist sie ausgebucht, nicht selten zu zwei Dritteln von Wiederholern. Das Geheimnis des Erfolgs, auch ihrer Schwestern, besteht zum einen in zahlreichen Inklusivleistungen bis hin zu einem Bordguthaben und fast allen Ausflügen – und zum anderen in der luxuriösen, aber sehr legeren Bordatmosphäre. Bei der „Block Party“ etwa zu Reisebeginn treffen Offiziere die Gäste zum Shakehands auf den Gängen – Bademäntel sind dabei ausdrücklich erlaubt. Und wer allein reist, wird es nicht bleiben, es sei denn, er schneidet die Kennenlernrunden vor dem Dinner bewusst. Gespeist wird in einem Haupt- und zwei Spezialitätenrestaurants sowie im Buffet La Veranda; nur hier ist der Service etwas zu lässig. Und beim feierlichen Abschied im Theater hat man das Gefühl: wahrlich, eine große Familie.

Fahrgebiete & Reisen 2015

Südsee, Südamerika und ab Mai wie jedes Jahr das Mittelmeer stehen im Plan der Weltenbummlerin. Vor Kapstadt geht das Jahr zu Ende.

DATEN & FAKTEN

BRZ	48.075	**Crew-Mitglieder**	445
Länge	216,10 m	**Bordsprache**	Englisch
Breite	28,35 m	**PCR (Pass. pro Crew)**	1,6
Indienststellung	2001	**PSR (Platzangebot)**	68,7
letzte Renovierung	2011	**Passagierdecks**	8
Passagiere	700	**Restaurants/Bars**	4/6

Kabinen	354 Außensuiten mit Balkon (92 mit Butler); Größen: 24–112 m²
Sport & Wellness	Pool, 3 Whirlpools, Spa, Fitness-center, Golf-Driving-Netz, Joggingpfad, Shuffleboard
Info-/Entertainment	Theater, Casino, Observation Lounge, Bibliothek, Boutique
Dresscode	„relaxed casual“ oder „elegant casual“ (Jackett, keine Krawatte)
Preis pro Nacht	€ 240 bis € 2.096; Durchschn. € 789
Info	**Vista Travel** Hamburg, Tel. (040) 30 97 98 40 www.vistatravel.de **Aviation & Tourism International,** www.atiworld.de

PROFIL

Info-/Entertainment	⚓⚓⚓⚓
Sport & Wellness	⚓⚓⚓
Gastronomie	⚓⚓⚓⚓⚓
Familienfreundlichkeit	⚓⚓
Service	⚓⚓⚓⚓
Routing	⚓⚓⚓⚓⚓

Spitzbergen und Grönland: Auch 2015 geht es wieder ins Nordmeer

Silver Explorer

Expedition mit Silversea – Parka und Zodiac-Fahrten inklusive

Seit 2008 ist die Luxusmarke Silversea mit diesem Schiff im kleinen, aber feinen Markt für Expeditionen tätig. Dass sie Erfolg damit hat, zeigen die Zukäufe der **Silver Galapagos**, die seit 2013 mit maximal 100 Gästen den Galapagos-Archipel erkundet, und der **Silver Discoverer** (ehemals **Clipper Odyssey**), die 2014 hinzustoßen wird. Weltweit (mit Schwerpunkt bei den Polgebieten) kreuzt die Silver Explorer: ein fast familiäres Schiff für das große Abenteuer de luxe, mit Destinationen, die für andere tabu sind. Versierte Lektoren bereiten die Gäste darauf vor; viele Landgänge erfolgen in Zodiacs. Exquisit wie die Routen sind aber auch Ausstattung und Service – die nämlich sind typisch Silversea. Es gibt ausschließlich Außenkabinen, teils mit Veranda oder französischem Balkon. Auch eine marmorverkleidete Badewanne, die mit Wunschgetränken bestückte Minibar und Butlerservice für alle sind Standard – und eine exzellente Küche! Gespeist wird mit freier Platzwahl, alle Trinkgelder, Weine und Champagner sind inklusive. Sogar Parkas für die Ausflüge gibt's kostenlos.

Fahrgebiete & Reisen 2015

Antarktis im Winter, Nordeuropa von Mai bis August. Dabei im Juni und Juli Nordnorwegen und Spitzbergen. **10 Nächte, ab € 6.450**

DATEN & FAKTEN

BRZ	6.072	**Passagiere**	132
Länge	108,00 m	**Crew-Mitglieder**	117
Breite	15,80 m	**PCR (Pass. pro Crew)**	1,1
Indienststellung	1989	**PSR (Platzangebot)**	46,0
Umbau	2008	**Passagierdecks**	5
Bordsprache	Engl., Deutsch	**Restaurants/Bars**	2/3

Kabinen	66 Außensuiten und -kabinen, teils mit Veranda/französischem Balkon; Größen: 17–68 m²
Sport & Wellness	Beautysalon, Fitnesscenter, kleiner Spa-Bereich, 2 Whirlpools
Info-/Entertainment	Show Lounge/Lecture Lounge, Bibliothek, Internet, deutschspr. Lektoren und Service auf allen Polarreisen
Dresscode	leger
Preis pro Nacht	€ 396 bis € 2.981; Durchschn. € 1.283
Info	**Silversea Cruises**, Frankfurt Tel. (069) 222 21 22 83 **Aviation & Tourism International** Alzenau, Tel. (06023) 91 71 50

PROFIL

Info-/Entertainment	⚓⚓⚓½
Sport & Wellness	⚓⚓
Gastronomie	⚓⚓⚓⚓½
Familienfreundlichkeit	⚓⚓
Service	⚓⚓⚓⚓½
Routing	⚓⚓⚓⚓⚓

Vor der Küste Mexikos

Silver Spirit

All-inclusive auf Luxusniveau: das Flaggschiff von Silversea Cruises

Alles inklusive: Dass auf der Silver Spirit nicht nur die exquisite Küche von vier Restaurants, der Butlerservice und der Champagner, viele Ausflüge und sogar die Trinkgelder bereits mit dem Reisepreis bezahlt sind, trägt zum Luxuserlebnis, das die italienische Familienreederei (mit Sitz in Monaco) ihren Gästen verspricht, zweifellos bei. Hochwertig ist das klassisch-dezente Design der Suiten und öffentlichen Räume. Und obwohl das 2009 in Dienst gestellte Schiff mit 540 Gästen das größte von Silversea ist, bietet es eine persönliche, fast intime Atmosphäre. Bemerkenswert ist die kulinarische Vielfalt auch der inkludierten Restaurants, vom La Terrazza im Heck (tagsüber Buffet, abends Edel-Italiener) über

Außenrestaurant La Terrazza; eine Suite

das Hauptrestaurant The Restaurant und den Pool Grill unter freiem Himmel (wo man sich sein Dinner auf heißem Vulkanstein selbst zubereitet) bis zum Stars Supper Club mit Tapas und Jazzmusik live. Und wenn man es noch edler möchte, bucht man das französische Le Champagne (eine Kooperation mit Relais & Châteaux) oder das japanisch-asiatische Seishin – beide allerdings gegen Zuzahlung. Erwähnenswert auch: Silversea hält am Gentlemen Host für Alleinreisende fest, als Begleiter auf Ausflügen und zum Dinner sowie als Tanzpartner. Ein wenig Tradition auch beim Dresscode: Ein formeller Abend pro Reise verlangt nach dunklem Anzug und Abendkleid; generell aber sind kurze Hosen und T-Shirts abends nicht gern gesehen. Kids und Teens gehören übrigens nicht zur bevorzugten Silversea-Klientel. Nur in den Sommermonaten gibt es ein kleines Kinderprogramm, so dass zu Ferienzeiten durchaus auch Familien den Luxus-Spirit dieses schönen Schiffs genießen können.

Fahrgebiete & Reisen 2015

Gleich zu Anfang des Jahres: 64 Tage „Southern Cross Voyage" am anderen Ende der Welt, d. h. von Los Angeles zu Marquesas und den Cookinseln nach Neuseeland, Fidschi, Samoa, Hawaii ... Und exklusiv geht es weiter während eines langen Sommers im Mittelmeer: Ziele wie Ravenna in Italien, Trogir in Kroatien oder Haifa in Israel stehen – neben allen klassischen Häfen – im Programm.

Filmfestspiele und Grand Prix

Von Barcelona nach Rom mit Nachtaufenthalt in Cannes am 20.5. plus weiterem Overnight in Monte Carlo zum Formel-1-Grand-Prix. **9 Nächte, ab € 5.150 ab/bis Hafen**

Transatlantik im November

Zum Ende der Mittelmeersaison geht es am 9.11. auf Karibikkurs: von Barcelona über Valencia, Cartagena und Málaga nach Madeira – und in 8 Seetagen nach Fort Lauderdale, Florida. **15 Nächte, ab € 3.550 ab/bis Hafen**

Glasdach über dem Atrium

DATEN & FAKTEN

BRZ	36.000	**Crew-Mitglieder**	376
Länge	195,80 m	**PCR (Pass. pro Crew)**	1,4
Breite	26,20 m	**PSR (Platzangebot)**	66,6
Indienststellung	2009	**Passagierdecks**	8
Bordsprache	Englisch	**Restaurants**	6
Passagiere	540	**Bars**	4

Kabinen	270 Außensuiten, davon 256 mit Balkon; Größen: 29–132 m²
Sport & Wellness	Sonnendeck mit Pool u. Jacuzzi, Spa, Fitnesscenter, Beautysalon
Info-/Entertainment	Show Lounge, intern. Künstler, Lektorenvorträge, Casino, Videothek, Bibliothek, Internetcafé
Dresscode	leger bis elegant; ein festlicher Abend pro Reise
Preis pro Nacht	€ 225 bis € 1.608; Durchschn. € 698
Info	**Silversea Cruises**, Frankfurt Tel. (069) 222 21 22 83 www.silversea.com **Aviation & Tourism**, Tel. (06023) 91 71 50, www.silversea.de

PROFIL

Info-/Entertainment	⚓⚓⚓⚓
Sport & Wellness	⚓⚓⚓⚓
Gastronomie	⚓⚓⚓⚓⚓
Familienfreundlichkeit	⚓⚓
Service	⚓⚓⚓⚓½
Routing	⚓⚓⚓⚓

Unter vollen Segeln in der Ägäis

Star Clipper & Star Flyer

Segelromantik pur – eine Kreuzfahrt der anderen Art. Die beiden Viermaster von Starclippers aus Monaco haben zu Recht eine treue Fangemeinde

170 Passagiere fahren mit – und dass sie zu 60 Prozent Wiederholer sind, beweist, wie süchtig so ein Schiff machen kann. Was es ist, das so anzieht? Die Nähe zum Wasser, wie nur ein Segelschiff sie bieten kann. Die sehr persönliche Beziehung zwischen Gästen und Crew. Das Erlebnis der Segelmanöver, hautnah. Dass man, ruhige See vorausgesetzt, in den Mast klettern darf, gut gesichert natürlich. Und, für viele das Größte überhaupt: vorn unterm Klüverbaum im Netz zu liegen, über dem blauen Meer dahinzufliegen, schwerelos ... Das sind die Erlebnisse, die man nicht wieder vergisst. Für beide gilt das: Die fast baugleichen 115 Meter langen Viermaster sind Schiffe, auf denen Animation nicht notwendig ist. Es ist das Segelerlebnis, um das sich alles dreht. Eine internationale, sportliche Gästeschar wird davon angezogen. Schon an der Gangway schüttelt der Kapitän jedem zur Begrüßung die Hand. Schnell findet man sich zurecht: Am Oberdeck befinden sich die Tropical Bar, zentraler Treffpunkt für fast alles, und zwei kleine Pools. Auf dem Zwischendeck liegen die Kabinen und das Restaurant. Gemütlich ist die kleine Bibliothek. Spa und Wellness indes gibt es nicht an Bord, von der Stunde (sanftem) Frühsport und Massagen mal abgesehen, aber wer bräuchte schon mehr auf einem Segler. Das Knarzen der Winschen, das Schlagen der Takelage, die salzhaltige Brise – *das* ist Wellness. Und Programm genug sind die Schiffsknotenkunde, die Wasser-

Crew aus aller Herren Länder

Pool unterm Mast

gymnastik, das Shantysingen mit dem Pianomann – und schlicht die Szenerie vorm Bug.

Fahrgebiete & Reisen 2015

Die **Star Clipper** segelt bis März und ab November in der Karibik. Die **Star Flyer** bietet von Januar bis März wöchentliche Abfahrten ab/bis Cienfuegos auf Kuba. Den Sommer verbringen beide Segler im Mittelmeer, die Clipper im Osten (ab/bis Piräus), die Flyer im Westen (ab/bis Mallorca oder Cannes).

Star Flyer: Balearen und Korsika

Am 15.8. von Mallorca über Menorca und mit einem Seetag zu vier Häfen auf Korsika sowie weiter nach Saint-Tropez und Cannes. **7 Nächte, ab € 1.872 ab/bis Hafen**

Star Clipper: Von Athen nach Málaga

Am 17. 10. von Piräus via Sizilien, Malta, Tunesien und Menorca nach Andalusien. Mit 3 Seetagen. **14 Nächte, ab € 3.224 ab/bis Hafen**

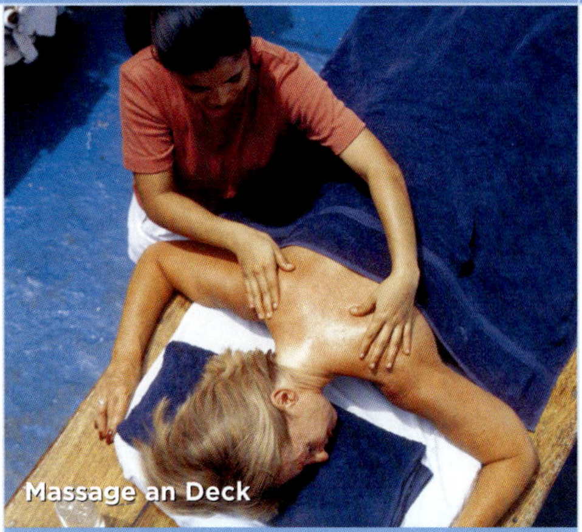
Massage an Deck

DATEN & FAKTEN

BRZ	3.092	Passagiere	170
Länge	115,50	Crew-Mitglieder	74
Breite	15,00 m	PCR (Pass. pro Crew)	2,3
Indienststellung	1991/92	PSR (Platzangebot)	18,2
letzte Renov.	2007/08	Passagierdecks	4
Bordsprache	Engl., Dt., Frz.	Restaurants/Bars	1/2

Kabinen	84 (78 außen, 6 innen), dav. 8 Suiten, 1 Eignerkabine; Größen: ca. 9–21 m²
Sport & Wellness	2 Pools, Morgengymnastik, Tauchen, Wasserski, Surfen, Dingisegeln, Schnorcheln
Info-/Entertainment	Nautikkunde, Knotenkunde, Quiz, Talentshow, Modenschau etc.
Dresscode	kein Dresscode, zum Abendessen im Restaurant lange Hosen
Preis pro Nacht	€ 76 bis € 824; Durchschnitt € 385
Info	**Star Clippers**, Monaco info.monaco@starclippers.com www.starclippers.com **Star Clippers Kreuzfahrten** Tel. (0511) 72 66 59 13

PROFIL

Info-/Entertainment	⚓⚓⚓
Sport & Wellness	⚓⚓⚓
Gastronomie	⚓⚓⚓½
Familienfreundlichkeit	⚓⚓
Service	⚓⚓⚓½
Routing	⚓⚓⚓⚓

Vor der kroatischen Küste bei Dubrovnik

Star Pride

Entspannung pur bei Windstar Cruises – erstmals auch ohne Segel

Windstar Cruises, bekannt für drei hydraulisch betriebene Segler, wagt sich in eine neue Schiffsklasse vor: Mit der Star Pride übernahm die Reederei im April 2014 das erste von drei Seabourn-Schiffen; 2015 folgen **Star Breeze** und **Star Legend**. Wer die Star Pride noch als **Seabourn Pride** kennt, reibt sich beim Betreten des Schiffs verwundert die Augen: Die Constellation Lounge wurde zum modernen Yacht Club, einer Kaffee-Lounge mit Bibliothek. Die Außenbar wartet als „Star Bar" mit neuen Möbeln und Beleuchtung auf. Und das Verandarestaurant mit Außensitzplätzen bietet tagsüber Buffet und wird abends zum „Candles Grill" für das romantische Dinner unter Sternen. Erstmals hat ein Windstar-Schiff ausschließlich Suiten, natürlich auch in hellen Farben sowie mit neuen Möbeln umgestaltet. Und mit mehr Platz pro Passagier fahren die neuen Flottenmitglieder ihren Eigner endgültig erstmals in die Premiumklasse. Statt Seabourn-Noblesse herrscht nun aber eine entspannte Segler-Atmosphäre an Bord, inklusive einer stets offenen Brücke.

Fahrgebiete & Reisen 2015

Die Star Pride kreuzt zu Jahresbeginn zwischen Vietnam und Hongkong sowie ab/bis Singapur nach Malaysia und Thailand, bevor es ab April ins östliche Mittelmeer geht.

DATEN & FAKTEN

BRZ	9.975	**Passagiere**	212
Länge	134,00 m	**Crew-Mitglieder**	140
Breite	19,00 m	**PCR (Pass. pro Crew)**	1,6
Indienststellung	1988	**PSR (Platzangebot)**	65,7
letzte Renovierung	2014	**Passagierdecks**	6
Bordsprache	Englisch	**Restaurants/Bars**	3/3

Kabinen	106 Außensuiten, davon 6 mit Balkon, 36 mit franz. Balkon; Größen: 26–53 m²
Sport & Wellness	Pool, 3 Whirlpools, Spa, Fitness, Wasserski, Wakeboards, Kayaks, Segelboote
Info-/Entertainment	Bibliothek, Computercenter, offene Brücke
Dresscode	sportlich-elegant
Preis pro Nacht	keine Angaben
Info	**Unlimited Cruises** Tel. (06103) 70 64 60 www.unlimited-cruises.com

PROFIL

Info-/Entertainment
Sport & Wellness
Gastronomie
Familienfreundlichkeit
Service
Routing

aktuell noch nicht bewertet

Ein klassischer Liner für 2.000 Passagiere

Westerdam

Mit besonders viel Stil unterwegs: Tradition trifft Moderne

Schaut da etwa ein Original-Warhol um die Ecke? Sicher. Sind die vielen Gemälde mit Motiven historischer holländischer Segler alle echt? Natürlich. Denn Kunst, ob Skulptur oder Malerei, ist eines der Aushängeschilder des Interieurdesigns auf der Westerdam. Die Kunst des Kreuzfahrens erhält hier ihre wahre Bestimmung. Wer auf der Westerdam (oder einer der drei Schwestern: **Zuiderdam**, **Oosterdam** und **Noordam**) fährt, der ist ganz im Stil klassischer Kreuzfahrt-Ikonen unterwegs. Großzügig ausgestattete Kabinen, Bars, die den Nachtclubs der 30er nachempfunden sind, ein exquisiter, extrem persönlicher Service, die teakholzbelegten Außendecks: All das ist das Erbe ursprünglicher Liner-Tradition. Und wird mit Hingabe kultiviert: Zur „Formal Night" werfen sich Crew und Gäste in Schale, und es weht ein Hauch von Titanic durch den glamourösen zweistöckigen Vista Dining Room. Aber kommt dabei das Moderne nicht zu kurz? Mitnichten. Internet-Terminals etwa und ein Microsoft-Workshop stehen den Gästen ebenfalls zur Verfügung.

Fahrgebiete & Reisen 2015

Das Schiff kreuzt von Mai bis September in Alaska (ab/bis Seattle, **7 Nächte, ab € 748**) und in den Wintermonaten in der Karibik.

DATEN & FAKTEN

BRZ	82.348	Passagiere	1.916/2.502
Länge	285,30 m	Crew-Mitglieder	817
Breite	32,20 m	PCR (Pass. pro Crew)	3,0
Indienststellung	2004	PSR (Platzangebot)	32,9
letzte Renovierung	2007	Passagierdecks	11
Bordsprache	Englisch	Restaurants/Bars	6/7

Kabinen	958 (davon 804 außen, 639 mit Balkon); Größen: 14–106 m²
Sport & Wellness	Pool, 4 Whirlpools, Greenhouse Spa mit Fitnesscenter, „Thermal Suite" und Beautysalon, Tennisplatz, Basketballplatz
Info-/Entertainment	Showtheater, Showküche, Bibliothek, Casino, Computerworkshops, Kinder-/Teens-Club
Dresscode	leger bis festlich-elegant
Preis pro Nacht	€ 67 bis €908; Durchschn. € 170
Info	**Holland America Line**, Rotterdam In Dtl. buchbar u. a. über **Unlimited Cruises**, Tel. (06103) 706 46 14

PROFIL

Info-/Entertainment	⚓⚓⚓⚓
Sport & Wellness	⚓⚓⚓⚓
Gastronomie	⚓⚓⚓⚓
Familienfreundlichkeit	⚓⚓⚓½
Service	⚓⚓⚓⚓
Routing	⚓⚓⚓½

Hochseeschiffe

Routen

Europas Südsee

Das Mittelmeer ist eines der vielfältigsten Kreuzfahrtreviere der Welt. Und eines der beliebtesten: Rund 400.000 Deutsche erkunden es jedes Jahr per Schiff

Ob in Barcelona oder Venedig, Civitavecchia oder Piräus: Fast das ganze Jahr über herrscht am Mittelmeer Kreuzfahrt-Hochbetrieb. Oft liegen fünf oder mehr Schiffe in diesen größten Häfen an den Piers. Und längst kann man auch im Winter in See stechen; überdachte Pools und die vielfältigen Bordangebote der modernen Resortschiffe machen's möglich. Viele kreuzen auf festen Wochenrouten – zu verlockenden Preisen, allerdings nicht zu Hauptferienzeiten und nicht in der Balkonsuite. Wie auch immer: Keine andere Reiseform hat das Mittelmeer so bequem zugänglich gemacht wie die Kreuzschifffahrt. In einer, vielleicht auch zwei Wochen besucht man die Städte Frankreichs und Italiens, die Inseln Spaniens, Kroatiens oder Griechenlands. Und begegnet dem Erbe Ägyptens und des Orients – so es denn die politische Lage erlaubt. Letzteres gilt auch für den beliebten Abstecher ins angrenzende Schwarze Meer: Auch hier hat die Politik für Unruhe gesorgt. Die Krim ist seit 2014 wieder russisch – und ein Ende der Ukraine-Krise ist bei Drucklegung dieses Buches nicht in Sicht.

Mallorca

Lipari

Dubrovnik

ODESSA
KRIM
SEVASTOPOL
SOTSCHI
JALTA
RUMÄNIEN
CONSTANTA
Schwarzes Meer
KROATIEN
SPLIT
BULGARIEN
VARNA
DUBROVNIK
MONTENEGRO
KOTOR
BURGAS
TRABZON
BARI
ISTANBUL
ALBANIEN
THESSALONIKI
TÜRKEI
KORFU
Ephesos
Ionisches Meer
GRIECHENLAND
KUŞ ADASI
Olympia
ATHEN
MYKONOS
Aspendos
KATAKOLON
NAUPLIA
BODRUM
ANTALYA
Mykene, Epidauros
Ägäis
RHODOS
SANTORIN
HERAKLION
ZYPERN
LIMASSOL
Kreta
Knossos
BEIRUT
LIBANON
Mittelmeer
HAIFA
Jerusalem
ISRAEL
LIBYEN
ALEXANDRIA
PORT SAID
Kairo, Gizeh
ÄGYPTEN

Rund um Westeuropa

Kurs Südwest ab Hamburg, Amsterdam oder Southampton: Rund um Westeuropa fährt man meist im Frühjahr oder Herbst

Frühling und Herbst sind die Jahreszeiten, in denen der Kreuzfahrtverkehr zwischen Gibraltar und Hamburg am regsten ist. Im April und Mai befinden sich viele Schiffe auf dem Weg von den Winterzielen in der Karibik oder der südlichen Hemisphäre zu den klassischen Sommerrevieren an der Ostsee, im Nordland oder im Mittelmeer; im Herbst verläuft die Fahrt in die entgegengesetzte Richtung. An der Route liegen die Küsten und Inseln des Ärmelkanals, die alten Handelsstädte Hollands, Flanderns und Frankreichs, Nordspanien mit der Jakobswegstadt Santiago de Compostela, dann Porto und Lissabon in Portugal. Wer weiterfährt zu den Kanaren, erlebt oft auch noch Marokko und seine legendären Königsstädte.

Idyllisch: die kleinen Häfen am Ärmelkanal

Ziel im Winter: die Blumeninsel Madeira

Die Kanarischen Inseln

Sieben Inseln – und jede ist anders: ein perfektes Kreuzfahrtrevier, auch im Winter. Meist ist auch Madeira mit im Programm. Zu Silvester liegen dort oft mehrere Schiffe

In Norwegen

Nordsee

Norwegens Fjorde oder „Rund um Großbritannien“: Kurs Nord heißt es in der Kreuzfahrt ab Mai. Und je weiter es hinaufgeht, desto länger die Tage. Praktisch: Für Abfahrten von den deutschen Häfen kann man bequem per Bus oder Bahn anreisen!

Ostsee

Neun Länder, fünf Hauptstädte, dazu St. Petersburg, die Stadt der Zaren: das alles in einer Woche. Nur mit dem Schiff ist das in der Ostsee möglich

Tallinn

Amerikas Mittelmeer

Was für die Europäer das Mittelmeer, ist für die Amerikaner die Karibik: ein Badeparadies unter Palmen, direkt vor der Haustür. Der Unterschied: Historische Bauwerke und Städte gibt es nur wenige. Traumstrände und -buchten dafür umso mehr

Lots of fun: Ausflug in St. Maarten

Auf Antigua, das halb so groß ist wie Ibiza, gibt es angeblich 365 Strände – einen für jeden Tag des Jahres. Und auf Cayo Levantado, einem Inselchen vor der Nordküste der Dominikanischen Republik, sollen die berühmtesten Rum-Werbespots aller Zeiten gedreht worden sein: glückliche Menschen im türkisfarbenen Paradies. Dass der Karibikalltag oft anders aussieht, wird man aber auch als Kreuzfahrtgast nicht übersehen. Auch nicht, dass Schiffsreisen ein Massengeschäft geworden sind, mit vielen Tagen, an denen es in so manchem Inselhafen mehr Touristen als Einwohner gibt. Die meisten reisen aus Miami oder Fort Lauderdale an, den größten Cruiseports der Welt. Sie sind die Drehscheiben für die Bestseller „Western Caribbean" und „Eastern Caribbean"– „in a week".

Bahamas

Curaçao

Tortola

Nordamerika

„Transatlantik" nach New York – ein Kreuzfahrtklassiker schlechthin. Doch wer einmal da ist, will auch Boston, Washington und Charleston sehen. Oder Ostkanada – am besten im magischen Indian Summer

Kurs New York: die Norwegian Breakaway

Südamerika

Atacama, Anden, Iguaçu und Kap Hoorn: Südamerika liegt im Trend. Wegen Rio, Buenos Aires, den Fjorden Südchiles. Und wegen des Amazonas, auf dem man quer durch den Kontinent fährt

In den chilenischen Fjorden

Pazifischer Ozean

Von L. A. nach Down Under – und dabei den Spuren von Captain Cook, Paul Gauguin oder Robert Louis Stevenson folgen: für viele der Kreuzfahrttraum schlechthin. Wer genügend Zeit – und Geld – hat, kann ihn sich erfüllen

Das Opernhaus von Sydney

Beim Pazifischen Ozean denken die meisten an die Südsee. Nur der Südpazifik ist jedoch damit gemeint. Dort liegen die Traumziele, die seit jeher die Fantasie befeuern: Tahiti, Bora Bora, die Osterinsel. Und fernab der Welt Pitcairn, die Insel der Bounty-Meuterer, die zu besuchen nur alle paar Jahre überhaupt angeboten wird. Verschwindend gering ist die Landfläche aller Inseln: Zu Transpazifik-Kreuzfahrten gehören deshalb viele Seetage – bei übrigens nicht immer paradiesischem Wetter (beste Reisezeit ist von Mai bis Oktober). Die Alternative sind Rundreisen vor Ort: in Französisch-Polynesien oder auch rund um die

Inselwelten von Hawaii. Doch zum Pazifik gehören auch die Küsten im Norden bis hinauf nach Alaska (einmalig dort: die Fahrt durch die „Inside Passage“), außerdem Australien und Neuseeland. Und der Ferne Osten mit Japan und China. Das alles sind Fahrgebiete für sich. Nur wer Zeit für eine Weltreise hat, kann alle besuchen.

Phuket

Singapur

Informationen zu allen Häfen auf dieser und den anderen Karten finden Sie im Internet unter www.kreuzfahrtguide.com/reiseziele

Skyline von Dubai

Indischer Ozean

Blaue Wunder vom Kap der Guten Hoffnung bis zu den Stränden Balis: Der „Indik" ist ein Kreuzfahrtrevier für Fortgeschrittene!

An exotischer Schönheit kann kein anderes Weltmeer mit dem „Indik", wie Seeleute ihn nennen, mithalten. Wer ihn bereist, erlebt Inseln wie schwimmende Träume, Häfen wie aus einer anderen Zeit – und ungezählte Orte, in denen man den Spuren der Gewürzhändler, der Entdecker und der arabischen oder europäischen Seefahrer folgen kann: Sindbad und Vasco da Gama, Marco Polo und Joseph Conrad haben diesen Ozean bereist. Doch auch die Zukunft hat zwischen Kalkutta und Kapstadt, Mumbai und Mombasa längst begonnen: Der Indische Ozean ist eine Weltgegend, die sich im radikalen Umbruch befindet. In Singapur und Bangkok, in Mumbai und Jakarta – und am auffälligsten am Arabischen Golf: Dort ist mit der „Übermorgenstadt" Dubai eine Metropole herangewachsen, die als Kreuzfahrtziel zu Recht in aller Munde ist – und deshalb von mehreren Reedereien als Basishafen genutzt wird.

„Schiffe gucken“ ist Volkssport in Hamburg – erst recht, wenn die Queen Mary 2 zu Gast ist

Abfahrt vor der Haustür

Mehr Schiffe, mehr Passagiere – jedes Jahr: Die norddeutschen Hochseehäfen profitieren kräftig vom Boom der Kreuzschifffahrt

Alle zwei Jahre feiert sich die deutsche Kreuzfahrtwelt bei den „Cruise Days“ in **Hamburg**. Ein halbes Dutzend (oder mehr) der beliebtesten Liner paradieren dann zu Feuerwerk und den „Blue Port“-Installationen des Lichtkünstlers Michael Batz die Elbe entlang, bestaunt von Hunderttausenden Fans. Auch beim jährlichen Hafengeburtstag, bei Schiffstaufen wie zuletzt der Mein Schiff 3 im Juni 2014 – und jedes Mal, wenn die Queen Mary 2 die Elbe hinaufkreuzt, als deren „heimlicher Heimathafen“ Hamburg gilt. Was durchaus seine Berechtigung hat: Erst seit dem Erstanlauf der QM2 2004 geht es mit den Cruiselinern in Hamburg so richtig aufwärts. Seither gibt es jedes Jahr mehr Anläufe und neue „Firsts“, längst auch von US-Firmen wie Royal Caribbean, Celebrity oder Holland America. Über eine halbe Million Kreuzfahrtgäste zählt man heute in Hamburg pro Jahr. Nach dem Cruise Center in der HafenCity und dem 2011 eröffneten Cruise Center Altona ist für sie nun ein drittes Terminal im Bau. Es wird 2015 in Steinwerder am Südufer der Elbe eröffnen.

Vergleichsweise gemächlich ist die Entwicklung im zweitgrößten Kreuzfahrthafen an der Nordsee: **Bremerhaven** hat mit dem bereits elf Jahre alten Columbus Cruise Center zwar noch immer eines der effizientesten Terminals, doch geht die Zahl der Anläufe seit Jahren über 60 kaum hinaus. Schade eigentlich, denn mit dem neuen Auswandererhaus, dem

Die vier Großen: Kiel, Hamburg, Bremerhaven und Rostock-Warnemünde (im Uhrzeigersinn)

„Schaufenster Fischereihafen" oder dem Sail City Hotel hat Bremerhaven an touristischer Attraktivität deutlich gewonnen. Und einen Fuß haben die Bremerhavener nun auch noch in die Ostsee gesetzt: Unter ihrer Regie wurde **Wismar** 2012 Kreuzfahrthafen, mit einem Besuch der britischen Saga Ruby. Immerhin schon zwölf Anläufe waren es 2014.

Ebenso viele Kreuzfahrer zählt **Travemünde**: 2007 baute man dort ein Terminal; dank der Nähe zu Lübeck als attraktivem Ausflugsziel wird es zunehmend gern besucht. Dass man der Rivalin **Warnemünde** jemals den Rang streitig machen wird, ist aber kaum anzunehmen. Zwar ist deren touristisches Angebot – herrlicher Strand, schönes Ortsbild, Nähe zu einer alten Hansestadt, in diesem Fall Rostock – mit dem Travemündes vergleichbar. Doch den Trumpf, „Port of Berlin" zu sein, hat nun mal Warnemünde: Ein erklecklicher Teil der fast 200 „Calls", die man dort 2013 zählte, bringt amerikanische Gäste. Und für die gibt es nur ein Ziel: das gut zwei Stunden entfernte Berlin.

„Port of Norway" könnte man in dieser Logik übrigens fast **Kiel** nennen: Tagtäglich legt dort die Color Line gen Oslo ab. Um auf die 126 Anläufe zu kommen, die 2014 erreicht wurden, muss man die Fähren aber nicht mitzählen: Auch ohne sie ist Kiel, nach Warnemünde und Hamburg, Deutschlands Cruiseport Nummer drei.

Neu im Geschäft: der Ostseehafen Wismar

DIE DEUTSCHEN KREUZFAHRTHÄFEN IM KURZPORTRÄT

HAMBURG Zwei Terminals plus die Überseebrücke für kleine Schiffe – und ein weiteres vor der Fertigstellung. An der Elbe boomt die Kreuzfahrt: 190 Anläufe 2014 belegen das. Das Terminal am **Grasbrook** in der HafenCity hat seit 2013 eine U-Bahn-Anbindung. Vom **Cruise Center Altona** aus, beim St.-Pauli-Fischmarkt gelegen, kann man die Stadt per Hafenfähre erkunden; auch zum neuen Terminal **Steinwerder** (ab 2015, südlich der Elbe) soll eine Fähre verkehren. Ein Tipp: Sightseeing mit dem Smartphone – **www.hh-app.de**

KIEL Vier Liegeplätze, 126 Anläufe im Jahr 2014: Nicht nur MSC und Costa sind Stammkunden an der Förde – auch die **Queen Mary 2** war schon da. Abfertigung und Logistik (u. a. perfekter Park-Service fürs Auto) sind geübt, weil die Stadt eine große Fährschifftradition hat. Ein weiterer Vorteil: Vom Hauptbahnhof kann man zu Fuß aufs Schiff spazieren, wenn der Koffer handlich genug ist. Das Taxi braucht fünf bis zehn Minuten. Ein Erlebnis übrigens: eine Reise ab oder nach Kiel durch den Nord-Ostsee-Kanal (Foto links: mit der **Amadea**).

ROSTOCK-WARNEMÜNDE Offiziell Teil des „**Rostock Port**" und für US-Gäste schlicht der Hafen Berlins (Foto rechts: Besuch der **Disney Magic** 2010), das beliebtes Tagesausflugsziel ist. Dabei ist Warnemünde selbst sehr reizvoll für einen Aufenthalt. Unbedingt sollte man am „Strom" bummeln gehen! Und bei gutem Wetter am Ostseestrand baden. Vorteil des Terminals: die gute Gleisanbindung (S-Bahn ab Hbf. Rostock). Mit 182 Anläufen 2014 war die Entwicklung zuletzt leicht rückläufig – 2013 waren es 197.

BREMERHAVEN Das **Columbus Cruise Terminal** ist modern und hocheffizient, u. a. mit vorbildlichem Autopark-Service und reibungslosem Check-in. Allerdings liegt es ein wenig zentrumsfern inmitten des Containerhafens: Wer mit der Bahn anreist, benötigt ein Taxi zur Pier. Die Stadt lockt mit Attraktionen wie dem Auswandererhaus, dem „Zoo am Meer" oder dem Shoppingcenter Mediterraneo. Die Zahl der Schiffsankünfte an der Weser lag 2014 bei 64. Stammgast ist und bleibt dabei die Phoenix-Flotte (Foto links: die **Artania**).

LÜBECK-TRAVEMÜNDE Als Fährhafen ist die Trave-Stadt seit Jahrzehnten eine feste Größe, in der Kreuzfahrt dagegen spielt sie nur eine kleine Nebenrolle. Dabei ist das gläserne Cruise Terminal, 2007 eingeweiht, durchaus ein Hingucker. 14 Anläufe, darunter mehrfach von der nebenan in Neustadt beheimateten **Deutschland**, aber auch von Seabourn- und Hapag-Lloyd-Schiffen, konnte es 2014 verbuchen.

WISMAR Unter der Regie des Columbus Cruise Centers Bremerhaven wurde die alte Hansestadt Ende 2012 erstmals zum Kreuzfahrthafen. Mit Anläufen der **Saga Ruby**, der **Deutschland** und der **Amadea** ging es los, und 2014 konnte mit der **Empress** erstmals ein Schiff der spanischen Pullmantur Cruises begrüßt werden. Zwölf Anläufe waren es insgesamt – 15.000 Passagiere brachten sie in die Stadt.

Reisen, Routen, Schiffe

Flüsse

CN238289

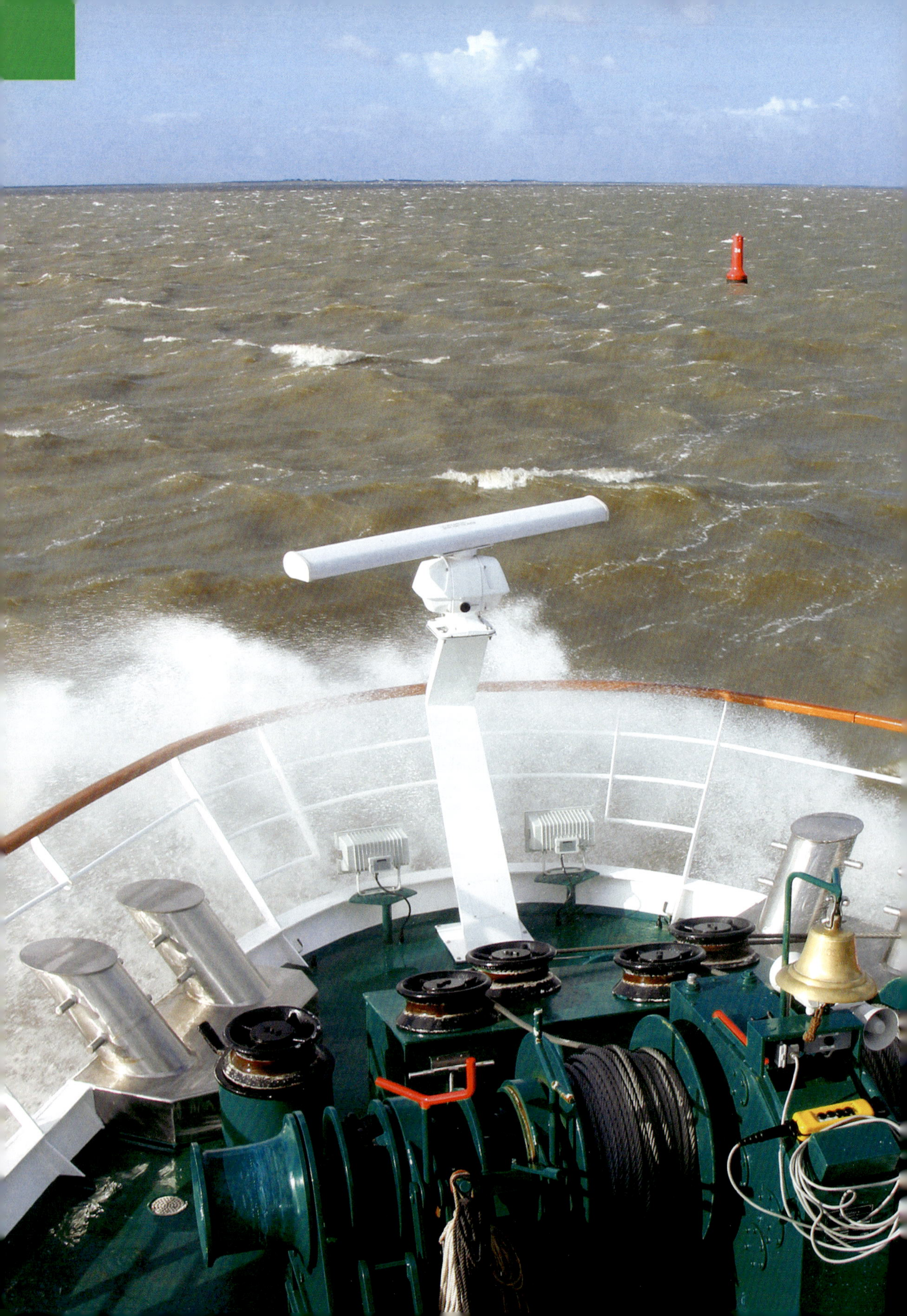

Wagnis Wattenmeer (links) bei Windstärke 9! Ruhe vor dem Sturm herrscht da noch in Hoorn

Schluss mit Fluss!

Dümpeln war gestern. A-ROSA will die Flussklientel konsequent verjüngen. Auf der neuen A-ROSA Flora ist das schon zu spüren

VON UWE BAHN (TEXT & FOTOS)

Was für ein Wind! Mit Stärke 9 bläst er aus Westen. Im Hafen von Harlingen liegen die Traditionsschiffe und Ausflugsdampfer fest vertäut. Die weißen Schaumkronen auf den Nordseewellen sind das untrügliche Zeichen: Die See wird stürmisch. Bei dieser Wetterlage überlegt sich ein Kapitän genau, ob er noch ins Wattenmeer hinausfährt. Und Bernhard Klausmann ganz besonders: Er steuert keinen Krabbenkutter, kein Plattbodenschiff, sondern die A-ROSA Flora. Ein Flussschiff, mit gerade mal 1,60 Meter Tiefgang, das nun hier im Hochseerevier kreuzt. Salzwasser, Seegang, Sturmböen – Fremdworte für Flusskreuzfahrten. Deren Terrains sind sonst eher Main und Mosel. See-, Pardon, flusskrank wurde dort noch niemand. Doch hier in Holland kann das anders werden. Auf dem Weg nach Amsterdam muss das Schiff durch das Wattenmeer, Ijsselmeer und Markermeer. Ein Hauch von Hochsee.

A-ROSA sucht das Abenteuer ganz gezielt. Nicht nur wegen der Windstärke. Die Rostocker Reederei will die Flusskreuzfahrt revolutionieren. Wieder einmal. Die „Hardware" dafür gibt es schon seit 2002, als die ersten beiden A-ROSAs auf der Donau in Dienst gestellt wurden. Farbenfroh, loungig, modern sahen sie aus. Anders als die Sisi-Schiffe, die sonst in Passau liegen. A-ROSA fiel auf. Mit Spa und Fitness für eine Kundschaft, die eher für „Kur" steht. Was AIDA Cruises auf See gelang, das versucht A-ROSA auf dem Fluss.

Und jetzt mit einem neuen Hoffnungsträger: Jörg Eichler, fünf Jahre für Vermarktung und Verkauf bei AIDA zuständig, ist seit ►

Entschlossen: Der neue A-ROSA-Chef Jörg Eichler (links) setzt auf Familien. Mit Erfolg: Die ersten Kinder sind schon da (unten) und haben sogar einen Pool (oben)

2013 neuer A-ROSA-Chef. Und er meint es ernst: Schluss mit Fluss. Jedenfalls mit dem, wofür der Fluss bisher steht: den reinen Seniorenurlaub nämlich. „Ich möchte den Gästemix verändern", gibt Eichler die Zielrichtung vor.

Den wirksamsten Hebel dafür hat er bereits umgelegt: Kinder reisen ab 2015 umsonst bei A-ROSA. Nein, nicht 85-Jährige in Begleitung des 60-jährigen Sohns – das Angebot gilt bis 15 Jahre. Reisen die Eltern mit zwei Kindern, bekommt der Nachwuchs sogar eine eigene Kabine umsonst. Für Eichler eine Herkules-Aufgabe: eine Generation an Bord zu holen, die nicht für Grammofon, sondern für iPhone steht. Gratis WLAN soll da nachhelfen. Das bekommt jeder, der den „Select Premium"-Tarif bucht. Was bedeutet: Es ist so gut wie alles im Reisepreis inkludiert. Fast alle der 180 Passagiere haben das getan. Preise stabil auf hohem Niveau halten, Leistungen erhöhen: Das ist die neue Devise bei den Rostockern. Die Zeit des Verramschens ist vorbei.

Kapitän Bernhard Klausmann hat unterdessen entschieden: Wir fahren. Er hat die Leinen lösen lassen, und nun schaukelt die A-ROSA Flora durchs kabbelige Wasser im Wattenmeer. Erst mal bis zum Abschlussdeich, der das Watten- vom Ijsselmeer trennt. Doch dort, an der Lorentz-Schleuse, ist Schluss. Die kräftigen Böen drücken das Schiff gegen die Dauben vor der Schleuseneinfahrt. Eine Daube hat es erwischt. Niederländisches Staatseigentum, das muss gemeldet werden. „Das Ijsselmeer ist heute die Beringsee", freut sich der nautische Offizier. Endlich mal was los.

Allerdings: Die Weiterfahrt ist unmöglich. Das Schiff bezieht Quartier an einem Notliegeplatz und macht längsseits vor der Schleuse fest. Jetzt zeigt das Team um Hotelmanagerin Anett Prinz, wie flexibel es ist. Auf dem schmalen Schleusensteg hat sich die komplette Crew aufgereiht, bildet eine Menschenkette, an der sich die Passagiere entlanghangeln. Am Ende warten die Busse für die

Ein beliebtes Ziel ist der Hafen von Hoorn mit seinen schmucken Giebelhäusern. Nach dem niederländischen Städtchen am Markermeer wurde übrigens das Kap Hoorn benannt

Tour nach Edam und Leeuwarden. Der Landgang in die friesischen Städte wurde noch auf die Schnelle organisiert. Bevor die Passagiere „Besichtigung der Lorentz-Schleuse auf eigene Faust“ ins Programm nehmen.

Zeit, die A-ROSA Flora genauer zu inspizieren: Sie ist das Neueste vom Neuen, gebaut 2014. Der chronische Platzmangel, den man von Flussschiffen kennt, wurde einfach ignoriert: Sieben Juniorsuiten, vier Balkonsuiten und zwei Familienkabinen gönnt die Reederei ihren Reisenden. Und einen erstaunlichen Service, der noch einmal feinjustiert wurde. Genauso die Gastronomie: Show-Cooking am Buffet oder ein Vier-Gänge-Menü. Das ist stimmig.

Zehn Kinder reisen mit auf der Tour. Gemocht, nicht nur geduldet, so scheint es. Sie lernen in dieser Woche u. a., Cocktails zu mixen und Apfelstrudel zu backen. Dank des All-inclusive-Konzepts hat sich auch das Bordleben deutlich in den späten Abend verlängert. Der hat allerdings noch deutliche Entertainment-Engpässe. Ob die biederen Alleinunterhalter geknebelt im Maschinenraum liegen oder einfach nur vom Schiff verbannt wurden, ist egal. Sie sind nicht mehr da, und das ist gut so. Stattdessen kommt die Bordunterhaltung nun vom DJ aus dem aufgeklappten MacBook. Keine Hochkultur, aber eben nicht mehr Jerry, Jimmy oder Jacky an der Yamaha-Orgel mit ihren Penetranz-Potpourris. Trotzdem: Es könnte noch ein bisschen mehr sein. ►

Käpt'n Klausmann lässt die Leinen los

A-ROSA liegt jetzt länger in Metropolen wie Rotterdam (links). Oben: Service-Bestnoten für das Team um Hotelchefin Prinz (links im Bild), die eine „Menschenkette“ organisiert (unten)

A-ROSA IM PAKET

Der Tarif **A-ROSA Select Premium alles inklusve** beinhaltet u. a.:

- Vollpension
- Getränke ganztägig (bis auf wenige Ausnahmen)
- WLAN
- Spezialitäten-Abend (Vier-Gänge-Menü)
- Mitreise von Kindern
- 15 % Spa-Ermäßigung
- geringer oder kein Einzelkabinenzuschlag

Zu den Zusatzleistungen für **Suiten-Gäste** auf A-ROSA Flora und A-ROSA Silva zählen u. a.:

- Willkommens-Champagner
- Roomservice (7 bis 22 Uhr), Wäsche- und Bügelservice
- Minibar-Getränke gratis

Mittlerweile hat sich die A-ROSA Flora tatsächlich durchs Ijsselmeer gekämpft und einen Tag verspätet Amsterdam erreicht. Nach den kleinen Städtchen Hoorn und Harlingen nun also die Metropolen. „Die Städtereise der Zukunft ist für mich die Kurzkreuzfahrt Amsterdam und Rotterdam“, ist Jörg Eichler überzeugt. Konsequenz: A-ROSA hat die Anzahl der Overnights erhöht und die Liegezeiten verlängert – falls die neue Zielgruppe abends noch mal um die Häuser ziehen will. Dafür dürfen die Liegeplätze gern etwas zentraler sein als z. B. Antwerpens Westkaai „Kattendijkdok“. Detailarbeit.

Aber der neue Kurs von A-ROSA ist deutlich spürbar. Das Konzept „Premium alles inklusive“ ist bereits aufgegangen, Service und Gastronomie sind auf hohem Niveau. Nun gilt es noch, den idealen Gästemix zu finden. Sollten in den Juniorsuiten wirklich demnächst Junioren schlafen, dann ist Jörg Eichler ein großes Stück weiter.

Gutes Omen:
Belas Weltmeister-
Akkordeon

Les Andelys: Nieselregen. Der Blick auf den Fluss von der Löwenherz-Burg verzaubert dennoch

Mit Cézanne zu Monet

Die Seine spielt als Flussreiseziel keine führende Rolle. Warum eigentlich? Die Landschaft, die sie erschließt, ist zum Malen schön

VON JOHANNES BOHMANN (TEXT & FOTOS)

Dass „Weltmeister" auf seinem Akkordeon stand, dafür konnte Bela nichts. Aber ein gutes Omen, so hat er nachher grinsend gemeint, sei es also doch. 1:0 gegen Argentinien, mit Götzes Treffer in der Verlängerung – das sollten wir an Tag zwei dieser Reise feiern dürfen, irgendwo auf der Seine zwischen Les Andelys und Rouen.

Doch noch sind wir in Paris. Lauschen Belas Akkordeon-Repertoire, das von Jacques Brel irgendwann zu Hans Albers übergeht, und genießen den Eiffelturm als fotogene Kulisse. Auf dem Sonnendeck stehend, das Sektglas in der Hand, erleben wir den Auftakt dieser Reise. Schließen Bekanntschaft mit einem Kieler Ehepaar, das seine Diamantene an Bord feiern wird, mit einem Professor aus der Schweiz, der zwischen den Ausflügen an Vorlesungen feilt, mit Fritzchen aus Soest, der, in Begleitung seines Opas reisend, den Altersdurchschnitt an Bord signifikant senkt, mit Annette Kasel, der immer blendend gelaunten Kreuzfahrtleiterin – und mit Xavis kehliger Mikrofonstimme: auf Spanisch! Seine Durchsagen folgen stets denen von Annette: Er ist mit einer 19-köpfigen Truppe aus Valencia an Bord. Eine Ärztevereinigung auf Gruppen-, nein: Klassenreise. Jedenfalls, was den Spaß und die Lautstärke betrifft, die sie umgibt.

Hochsommerlich warm ist die Luft, als wir hinausgleiten aus Paris, eine halbe Ewigkeit lang. Drei Schleusen liegen schon hinter uns: Sind wir immer noch in der Stadt? Der Blick auf die Reliefkarte der Île-de-France im Foyer klärt uns auf: Die Seine macht verschwenderische Schleifen in der Metropole. Als wollte ►

„Son et Lumière" verwandeln die Kathedrale von Rouen in eine Malerpalette. Daneben der Hafen von Honfleur – darunter Frère Lucien in seinem Element in der Abtei Saint-Wandrille

sie Paris, man kann's ja verstehen, gar nicht verlassen. Wir brauchen drei Stunden, bis das grüne Umland beginnt – und Nieselregen.

Zeit, die Kabine aufzusuchen: „Hyacinthe", „Dahlia", „Rose" steht auf Türschildchen aus Emaille, das kann man sich merken. „Genêt", Ginster, heißt die meine. Und sie ist, wie man es erwartet von einem Schiff, das einst für die „Traumschiff"-Reederei Deilmann fuhr, gediegen, eher konservativ, warme Blautöne – und ein geräumiges Bad mit Holzboden, großer Dusche und marmornem Waschtisch: solide! Im kleinen Kabinenfernseher schlagen die Niederlande gerade Brasilien mit 3:0.

Mit Regenschwaden über sattgrünem Land beginnt der nächste Tag. Üppig bewaldet ist das Ufer, Schwäne schweben vorbei, vor einem Zelt am Ufer flackert ein Frühstückslagerfeuer ... Man könnte sich an den Amazonas träumen. Aber dann kommt das Puppenstubenstädtchen Les Andelys: ein gotisches Kirchlein, ein quadratischer Marktplatz mit Boulangerie, Patisserie, Boucherie, akkurat gestutzten Lindenhecken – und Fachwerk, Fachwerk, Fachwerk. Vollkommen wird das Bild durch die Burgruine, die über allem thront: Château Gaillard, von Richard Löwenherz gegründet. Der Aufstieg über Kalkfelsen ist rutschig, die Aussicht umso schöner: wogende Hügel, Weizenfelder, am Ufer die Kreidefelsen, die uns in den nächsten Tagen begleiten werden – und in der Flussbiegung da unten die Cézanne. Zwei weitere Schiffe kommen gerade hinzu: Es ist Hochsaison im Gartenland Normandie.

Am Abend dann das finale 1:0. Man feiert kräftig, mit Gratulationen auch aus dem spanischen Lager – und ist damit schon mal famos eingestimmt auf den nächsten Tag: Am 14. Juli, dem Nationalfeiertag der Franzosen, sind wir in Rouen – und bleiben vorerst auch hier. Wegen der Feuerwerke am Abend ist die Weiterfahrt nach Caudebec-en-Caux nicht möglich. Wir werden also mehr Zeit haben als geplant – für Rouen, die Schöne.

Giverny: Hier lebte der Maler Claude Monet und züchtete die Seerosen, die sein berühmtestes Motiv wurden. Wer vor den Massen der Tagesbesucher kommt, erlebt einen Garten Eden

Denn wie schön sie ist, die Hauptstadt der Normandie und Heimat Jeanne d'Arcs und Gustave Flauberts, das offenbart schon der erste Rundgang. Geschenkt, dass der Guide, der krankheitsvertretend einsprang, nicht weiß, dass am 14. Juli keine Kathedrale, kein Restaurant und keine Toilette in Rouen geöffnet vorzufinden sind – bis mittags jedenfalls, denn da beginnt das Dornröschen zu erwachen. Geschenkt auch, dass wir, besagter Feuerwerke wegen, weiter vom Zentrum entfernt liegen als geplant. Denn das Staunen über die Gassenlabyrinthe der Altstadt, ihre unglaublichen Fachwerkfassaden, die Pracht ihrer Kirchen, entschädigt für alles. Zumal sich darüber ein makellos blauer Himmel wölbt, der uns für den Rest dieser Reise nicht mehr verlassen wird.

So bleibt also Rouen zwei volle Tage und Nächte unsere Basis. Für individuelle Besuche der Kirchen, der Museen, der Geschäfte. Für Pyrotechnik hautnah am Abend des „Quatorze Juilliet" ebenso wie für die umwerfende „Son et Lumière"-Show, die allabendlich auf die Fassade der Kathedrale projiziert wird – wie machen die das bloß? Und für die Bustouren, die eigentlich ab Caudebec-en-Caux geplant waren: Zur „Straße der Klöster" führt die erste.

Saint-Georges de Boscherville ist auf ihr der erste Stopp: ein cremefarbener romanischer Kirchenbau, geschmückt mit den steinernen ►

„Straße der Klöster": Saint-Wandrille

Vom Sonnendeck aus wirkt Les Andelys (links) unscheinbar – geht man hinein, entpuppt es sich als Juwel. Daneben die Cézanne mit ihren hübschen Kabinen und komfortablen Bädern

Fratzen geschundener Märtyrerleiber an Kapitellen und Säulen – ein mitreisender Kunsthistoriker aus Paderborn fotografiert sie alle. Dann Jumièges, die laut Victor Hugo „schönste Ruine Frankreichs": Warum hat Caspar David Friedrich die eigentlich nicht gemalt? Schließlich Saint-Wandrille, wo Frère Lucien uns führt, ein Mönch mit lustigen Augen und unerschütterlicher Gottesfurcht. Denn als er uns beim Gang durch die Klosterbauten vom Armutsideal der Benediktiner erzählt, vom Verzicht nicht nur auf Besitz, sondern auch auf Unterhaltung, da antwortet er auf die Frage, die ja kommen musste, nur keck: „Fußball? Mein lieber Herr, wie sollte ich das gesehen haben, wo ich doch am nächsten Morgen um fünf zum Gebet zu meinem Herrgott muss?"

Noch eine Kirche wartet auf uns tags darauf in Honfleur – mit Fritzchen, der wie ich nun vom Sakralen genug hat, ziehe ich eine Stöbertour durch die Souvenirshops vor, aus denen Honfleur weitestgehend zu bestehen scheint. Auch Étretat, ein Stündchen entfernt an der Küste des Ärmelkanals gelegen, kommt ohne Kunstgeschichte aus. Die spektakulären Kalkklippen, die kindskopfgroßen Kiesel in der Bucht: Herrlich, wie man auf ihnen im Seewind tollen kann.

Und dann, bereits auf dem Rückweg nach Paris, zieht uns Giverny tatsächlich wie von Annette versprochen in den Bann: Wir besuchen das Haus und den Garten des Malers Claude Monet. Richtig, die berühmten Seerosen, die in keinem Bildband zu den Impressionisten fehlen! Und die in natura nicht weniger schön sind als in Öl. Da wir früh eintreffen, kommen wir zügig hinein in das kleine Eden. Dass es mittags zum Rummelplatz wird, sehen wir also erst, als wir es wieder verlassen. Auch das aber: geschenkt. Denn die Erkenntnis, dass wir eine Flussfahrt auf der Seine schon viel früher einmal hätten machen sollen, ist ebenfalls in Herz und Kopf gereift. Sie ist eine der schönsten unter den Flüssen Europas. ■

Jeden Tag ein anderer Hafen. Aber sich immer wie zu Hause fühlen.
Reisen Sie entspannt und sorglos, dank dem Tarif SELECT Premium alles inklusive, und lassen Sie sich fesseln von den fantastischen Naturschauspielen. Jede unserer Kreuzfahrten mündet in pure Erholung und unvergessliche Urlaubserinnerungen. An Bord der modernen A-ROSA Kreuzfahrtschiffe erleben Sie eine einzigartige Atmosphäre. Wohin die Reise gehen kann, erfahren Sie in unserem neuen Katalog.
Buchen Sie jetzt in Ihrem Reisebüro oder bei A-ROSA unter Tel. 0381-202 6014 oder auf www.a-rosa.de.
A-ROSA Flussschiff GmbH, Loggerweg 5, D-18055 Rostock
aROSA
Schöne Zeit
KREUZFAHRTEN 2015
AUF
Donau–Rhein/Main/Mosel–Rhône/Saône
Jetzt den neuen A-ROSA Katalog 2015 anfordern.
aROSA
Schöne Zeit

Fort Augustus: Gleich fünf Schleusenkammern liegen hier hintereinander

Alles im grünen Bereich

Mit der Lord of the Glens fährt man quer durchs schottische Hochland. Bis zu den Inneren Hebriden, das heißt: zum Atlantik!

VON DAGMAR KRAPPE (TEXT & FOTOS)

Spiegelglatt zeigt sich der See. Enttäuscht lassen Bernd und Wolfgang, die einzigen bekennenden „Nessie-Spotter" an Bord, ihre Ferngläser sinken. Die Ruine Urquhart Castle, vor der das grüne Ungeheuer bisher am häufigsten gesichtet wurde, ist längst passiert. Gerade ging ein kurzes Rucken durchs Schiff. Doch offenbar stotterten nur die Motoren. Die beiden Münchner sichten nichts, absolut nichts, was dem Urvieh ähneln könnte. Grün präsentiert sich nur das Ufer des 36 Kilometer langen und 230 Meter tiefen Loch Ness. Kiefern, Birken, Weiden, Vogelbeerbäume und Rhododendren säumen Schottlands zweitgrößten See und den gesamten Kaledonischen Kanal über weite Strecken. Die Chance, einen Blick auf Nessie zu erhaschen, bietet sich schließlich nur später im Souvenirshop in Fort Augustus. In allen Größen grinst hier das Tier mit Schottenmütze bekleidet aus den Regalen.

Gegen Mittag war das blau-weiße Boot im Yachtstil in Inverness an der Ostküste gestartet. Sechs Tage lang manövriert Kapitän Anthony Reading die Lord of the Glens durch den 97 Kilometer langen Kanal und weiter bis zu den Inneren Hebriden. Bis vor vier Jahren habe er Forschungsschiffe gesteuert, erzählt der 60-jährige Engländer. An gesprächiges Publikum muss sich Reading noch ein bisschen gewöhnen. Wenn die 54 Passagiere am Abend zum Drei-Gänge-Dinner ins „Robert Louis Stevenson"-Restaurant strömen, setzt er sich lieber in die Lounge auf dem Oberdeck und informiert sich an einem der beiden Flachbildschirme über die Neuigkeiten jenseits des Kanals.

„Der schottische Ingenieur Thomas Telford ließ die Wasserstraße von der Nordsee zum Atlantik zwischen 1803 und 1822 errichten, um Schiffen die lange Fahrt um Schottlands stürmischen Norden zu ersparen", erzählt Bordreiseleiterin Konstanze Tack während der abendlichen Einstimmung auf die Ausflüge des nächsten Tags: „Das Bauprojekt diente auch der Schaffung neuer Arbeitsplätze zur Zeit der Highland Clearances, als Menschen aus dem schottischen Hochland vertrieben wurden, damit die Großgrundbesitzer mehr Platz für ihre Schafzucht hatten." 29 Schleusen gleichen die Höhenunterschiede zwischen den vier Seen Dochfour, Ness, Oich und Lochy aus. Jede hebt oder senkt das Wasser um 2,40 Meter. „Eine Schleusenfahrt dauert nur 15 Minuten, aber es ist jedes Mal Präzisionsarbeit", sagt Konstanze. „Der ‚Herr der Schluchten' ist das größte Schiff, das den Kanal befahren kann."

1985 in Griechenland gebaut, wurde es im Jahr 2000 in Bilbao in Spanien umgerüstet. Mahagonivertäfelung, Creme- und Rottöne sowie viel Chrom lassen das Restaurant und die ►

Nessie, das Monster? Gibt's im Souvenirshop!

Auf ihrer „Atlantik-Kreuzfahrt" läuft die Lord of the Glens auch die Hebriden-Insel Mull an. Die knallbunte Häuserzeile am Hafen ist das Wahrzeichen des Hauptorts Tobermory

27 Zweibettaußenkabinen gediegen wirken. Die 18-köpfige Crew hingegen ist bodenständig. Im obersten Stock gibt es die David Livingstone Lounge mit Bar, Lesesaal und Panoramablick. Zwei Aussichtsdecks befinden sich am Bug und Heck. Entertainment liefert in Schottland die Natur, ein hochkarätiges Bordprogramm ist nicht erforderlich.

Eine Stunde dauert die Passage durch die fünf Schleusenkammern in Fort Augustus. Ein noch größeres Schauspiel bietet sich am Folgetag in Banavie bei Fort William am Fuß von Großbritanniens höchstem Berg, dem 1.343 Meter hohen Ben Nevis. „Neptune's Staircase" besteht sogar aus acht hintereinandergereihten Schleusen. Direkt dahinter verläuft die West-Highland-Bahn Richtung Glenfinnan. Über den gleichnamigen Viadukt ratterte vor einigen Jahren der „Harry Potter"-Zug. Neben regelmäßigem Dieselverkehr ist immer mal wieder ein Dampfsonderzug unterwegs. Doch der Bus, der die Fotofreunde in die Nähe der Brücke bringen soll, steht im Stau. So erblicken sie nur noch ein paar Rauchschwaden und den letzten Waggon. „Schwarzer Tag für Pufferküsser", kommentiert Wolfgang den Ausflug beim Abendessen. Wenigstens hat sich die Küchencrew wieder viel Mühe gegeben: Der Rotwild-Lendenbraten auf karamellisiertem Rotkohl verändert Wolfgangs Stirnfalten in entspanntes Genussgrinsen.

Durch die letzte Doppelschleuse in Corpach verlässt die Lord of the Glens am nächsten Morgen den Kanal und nimmt über den Loch Linnhe Kurs auf Oban. Das Städtchen ist Ausgangspunkt zu den Inneren und Äußeren Hebriden. Mull, Iona, Eigg, Canna, Skye – verträumte Eilande, die sich gegenseitig mit grünen Farbtupfern zu übertrumpfen versuchen: dunkelgrüne Fichten, hellgrüne Farne, mit Butterblumen und Gänseblümchen übersäte Wiesen. Emsig kauende Schafe, hoppelnde Kaninchen und zottelige Hochlandrinder lassen sich von unseren Kameras nicht stören.

„Time for a drink" in der Lounge, rechts oben die Abtei von Iona. Darunter – schottischer geht es kaum – der Dudelsackspieler Ian Grant und Kapitän Anthony Reading auf der Brücke

Eine Zeit lang begleiten zwei Delfine das Schiff und zeigen Tauchübungen, Seehunde aalen sich auf einer Sandbank. Auf Mull und Skye kann man in die Welt der Clans eintauchen, der MacLeans und MacDonalds, und ihre Schlösser und Gärten besichtigen. „Clan bedeutet Kinder", erklärt Konstanze Tack. „Ab dem 12. Jahrhundert schlossen sich im Hochland Gruppen zusammen, die über den Familienverband hinausgingen." Das Duart Castle unweit des Anlegers Craignure auf Mull wird heute vom 28. MacLean-Oberhaupt bewohnt.

194 Seemeilen hat die Lord of the Glens nach sechs Tagen zurückgelegt, als sie den Zielhafen in Kyle of Lochalsh anläuft. Auch der letzte Abend findet ohne Kapitän Reading statt. Dafür hat sich Bordmanager Brian Copland stilecht mit Schottenrock verkleidet. Es ist zwar nicht der 25. Januar, an dem alljährlich des Dichters Robert Burns gedacht und „Haggis" serviert wird, eine Spezialität aus Schafsinnereien und Hafermehl, doch Traditionen kann man auch im Sommer pflegen. Vom Dudelsack begleitet, balanciert Chefkoch Ian das Gericht durch den Speisesaal. Dazu trägt Brian ein kurzes Stück aus Burns' „Ode an den Haggis" vor. Auf Deutsch. Niemand versteht ein Wort. Beifall gibt es trotzdem. Geschmeckt hat's auch. Alles im grünen Bereich – wie die Natur vor den Fenstern. ■

QUER DURCH SCHOTTLAND

Die **Lord of the Glens** bietet von April bis Oktober 5-, 6- oder 8-tägige Reisen auf dem Kanal und zu den Inneren Hebriden an. Die hier beschriebene 8-Tages-Tour gibt es ab 2.015 Euro pro Person. Der Partner in Deutschland, Lernidee Erlebnisreisen (www.lernidee.de), hat 2015 auch eine 11-tägige Reise ab/bis Aberdeen und Edinburgh im Programm.

Passau ist Ausgangspunkt der meisten Donaureisen. Hier startet gerade die Excellence Royal

Veranstalter im Überblick

Welches Schiff kreuzt für wen? Auf dem Fluss wechselt die Veranstalterflagge häufiger als zur See. Eine Übersicht über die wichtigsten Marken

VON PEGGY GÜNTHER

Phoenix Reisen, CroisiEurope und nicko tours – das sind die größten Anbieter von Flusskreuzfahrten im deutschsprachigen Raum. Sie alle decken das Drei- bis Vier-Sterne-Segment ab. Im Premium- und Luxusbereich sind nach dem Ausstieg von Sea Cloud Cruises, TUI FlussGenuss und Viking Flusskreuzfahrten nur noch A-ROSA und Lüftner anzusiedeln sowie aus der Schweiz die Excellence-Flotte des Reisebüros Mittelthurgau.

Während die englischsprachigen Märkte bereitwillig höhere Preise für luxuriösere Schiffe zahlen und die Flotten wachsen (siehe Kasten rechts), fällt es den deutschsprachigen Anbietern schwer, ihre Reiseform wertig zu verkaufen. Der Trend geht daher zum Alles-inklusive-Produkt, das 1AVista Reisen einführte und inzwischen auch bei A-ROSA sowie CroisiEurope Erfolge zeitigt.

Auch an einem jüngeren Image arbeitet die Branche: So engagierte A-ROSA die 34-jährige Yvonne Catterfeld als Botschafterin und bietet 2015 erstmals die kostenlose Passage für Kinder an. Spezialisierungen wie Rad-, Musik- oder Hundekreuzfahrten werden ebenfalls gut angenommen, und in Nischen halten sich viele kleinere Firmen. Nachfolgend ein Überblick der deutschsprachigen Anbieter.

1AVista Reisen

Mit rund 15 Schiffen hat 1AVista Reisen sich erfolgreich auf das All-inclusive-Konzept spezialisiert. Exklusiv ist 2015 die **Vista Fidelio** für die Kölner auf der Donau unterwegs. Beim übrigen Angebot teilt sich 1AVista Reisen die Schiffe mit anderen Veranstaltern. Der passionierte Rundreiseveranstalter kombiniert zunehmend Landprogramme mit Flussreisen. Außerdem punktet er mit Spezialkreuzfahrten, etwa dem einzigen Angebot für Hundebesitzer.

A-ROSA Flussschiff GmbH

Die A-ROSA Flussschiff GmbH sichert ihre Qualität durch ein integriertes Geschäftsmodell: Elf Schiffe wurden eigens für die Reederei gebaut, die sich auch um den Betrieb kümmert und eigenständig die Crew anheuert. Sonst wird diese Aufgabe oft von Dienstleistern übernommen. Charakteristisch an Bord ist das Buffetkonzept mit Live-Cooking. Die jüngsten Neubauten mit der Rose auf dem Bug haben Suiten und Familienkabinen an Bord. Kinder fahren ab 2015 kostenlos mit und bekommen teilweise sogar eine eigene Kabine. Das „Premium alles inklusive"-Konzept beinhaltet Getränke und einen Teil der Landausflüge. Ein Traum für Wellnessliebhaber sind die Rheinschiffe mit Whirlpool im Bug.

Blessing Flusstouristik

Dennie de Winter aus der ARD-Serie „Verrückt nach Meer" geht 2015 unter die Flussschiffer. Mit der **Rhine Princess** bietet er unter seinem bürgerlichen Namen Dennie Schmidt-Blessing elf Reisen auf Rhein, Mosel und Ijsselmeer an, die er auch selbst begleiten wird. An Bordanimation dürfte es also nicht fehlen.

Carara Flusskreuzfahrten

Das kleine Leipziger Familienunternehmen hat sich auf kleine Schiffe spezialisiert, die auch für Kanalfahrten geeignet sind. Mit der **Katharina von Bora** geht es von Stralsund durchs Haff nach Potsdam oder mit der **Swiss Ruby** quer durch Deutschland, etwa von Potsdam über Wolfsburg und Hannover nach Münster.

BIG PLAYER AUS ÜBERSEE

Flusskreuzfahrten durch Europa boomen in den USA: Innerhalb von zwei Jahren wurden mehr als 50 Neubauten getauft. Mit 62 Schiffen dürfte **Viking River Cruises** 2015 mehr als die Hälfte des US-amerikanischen Markts abschöpfen. Um die restlichen Passagiere kämpfen **Avalon** und **AmaWaterways** sowie **Uniworld** mit jeweils rund 15 Schiffen auf europäischen Flüssen. **Tauck** bietet sieben Schiffe der Baseler Reederei Scylla auf dem US-amerikanischen Markt an. Der australische Anbieter **Scenic** und seine Tochter **Emerald Waterways** kommen gemeinsam auch schon auf 15 Schiffe. Und: Es wird weiter gebaut ...

CroisiEurope / Anton Götten Reisen

Mit 35 Schiffen, größtenteils im Eigenbesitz, ist CroisiEurope Marktführer für Flusskreuzfahrten im europäischen Raum. Entsprechend vielfältig ist das Angebot: Es reicht von Klassikern auf Rhein, Main, Donau, Douro, Rhone und Seine bis hin zu kleinen Pénichen auf französischen Kanälen. Diese umgebauten Lastschiffe bieten die Franzosen ebenso exklusiv an wie zwei Schiffe auf Gironde, Garonne und Dordogne. 2015 startet zudem erstmals ein Schaufelraddampfer auf der Loire. In Deutschland wird das Unternehmen vom Busreiseveranstalter Anton Götten in Saarbrücken vertreten. Im Reisepreis inkludiert sind bei CroisiEurope nicht nur die Getränke zu den Mahlzeiten und an der Bar, sondern auch der WiFi-Zugang.

Dertour Reisen

Dertour hat 2015 keine eigenen Schiffe mehr im Angebot – die Verträge für **Dertour Amadeus** und **Dertour Mozart** sind ausgelaufen. Die **Amadeus** ist aber weiterhin im ►

Premieren: A-ROSA wirbt mit Yvonne Catterfeld, auf der Loire startet die Loire Princesse

Programm, ebenso wie andere Schiffe der Premium-Flotte von Lüftner Cruises. Aber auch kleine Exoten finden sich nun im Katalog: auf dem Amazonas, vor den Galapagosinseln oder in Asien. Als einer der größten deutschen Touristikkonzerne punktet Dertour mit passenden Vor- und Nachprogrammen an Land.

GTA-SKY-WAYS

In Österreich ist die Firma schon lange erfolgreich, nun wagt sie sich auf den deutschen Markt. Mit der **Nestroy** besitzt sie ein eigenes Schiff für 226 Passagiere, erweitert das Angebot aber auch durch fremde Einheiten. Für die Donaureisen der Nestroy werden Charterflüge ab Düsseldorf, Stuttgart und Berlin angeboten.

Hansa Touristik

Klein, aber fein ist das Angebot von Hansa Touristik: Auf der **Mekong Prestige I** und ihrer deutschsprachigen Schwester **Mekong Prestige II** können sich die Gäste des Stuttgarter Veranstalters in großzügigen Kabinen wohlfühlen. Auch zwei Reisen der **Sonata** (siehe Werner-Tours) sind im Programm.

Lernidee Erlebnisreisen

Mit einem exklusiven Angebot eigener Schiffe auf dem nördlichen Mekong setzt sich Lernidee von seinen Mitbewerbern ab. Auch für andere exotische Reviere ist die Berliner Firma ein guter Ansprechpartner, ob man nun Lust auf die sibirische Lena oder einen Schaufelraddampfer auf dem Mississippi hat. Und auf den Großen Seen Nordamerikas ist das Boutiqueschiff **Pearl Mist** 2015 neu bei Lernidee im Programm.

Lüftner Cruises

Die **Amadeus**-Flotte des Innsbrucker Familienunternehmens schwimmt im Premiumsegment: Großzügige Kabinen und Suiten warten auf die Passagiere, und die Neubauten **Amadeus Silver** und **Amadeus Silver II** bieten sogar begehbare Balkone – das gibt es sonst nur bei englischsprachigen Anbietern. Die Schiffe von Lüftner Cruises sind zum größten Teil in den Katalogen deutscher Veranstalter vertreten.

nicko tours

Ein Big Player aus Stuttgart: nicko tours hat rund 30 Schiffe im Portfolio. Ein halbes Dutzend von ihnen sind Schiffe der ehemaligen Luxusflotte der Reederei Deilmann. Größtenteils ist man aber heute im Drei-Sterne-Segment unterwegs. Exotischere Destinationen decken die Schwaben durch Zubuchungen bei Thurgau Travel aus der Schweiz ab.

Pandaw River Cruises

Das asiatische Unternehmen setzt Schiffe ein, wie sie vor 100 Jahren auf dem Irrawaddy fuhren: Nachbauten der klassischen Irrawaddy-Flotilla-Raddampfer – nur ohne Schaufelrad. Auch auf dem Mekong sind einige der zwölf Pandaw-Schiffe inzwischen unterwegs.

Phoenix Reisen

Die 40 Schiffe der familiär geführten Phoenix Reisen aus Bonn sind fast alle gechartert. In dem wohl umfangreichsten Angebot auf dem deutschsprachigen Markt sind auch Exoten wie der Brahmaputra, der Gambia-Fluss oder

Exoten: ein Pandaw-Schiff in Myanmar – und die winzige Serenité, die nun Abschied nimmt

der River Kwai zu finden. Außerdem ist Phoenix ein Experte für Ägypten und Russland. Der Bonner Veranstalter legt viel Wert auf eine herzliche Atmosphäre an Bord und punktet mit moderaten Nebenkosten.

Plantours Kreuzfahrten

Der Bremer Veranstalter (der auf hoher See auch die **Hamburg** betreibt) konzentriert sich 2015 auf wenige Regionen: In Russland ist seit Jahren die **Andrey Rublev** im Einsatz, auf Elbe und Oder und bis nach Kiel hinauf fährt die **Sans Souci**, und die Klassiker Rhein, Main und Donau deckt Plantours wie im Vorjahr mit der **Elegant Lady** ab.

Reisebüro Mittelthurgau

Der Schweizer Veranstalter macht mit seiner gehobenen **Excellence**-Klasse von sich reden: Zuletzt wurde 2014 die **Excellence Princess** als fünftes und größtes Schiff der Flotte gebaut. Neben den eigenen Schiffen vertreibt das Reisebüro Mittelthurgau ein umfangreiches Portfolio an weltweiten Flussreisen, das unter anderem von CroisiEurope und Phoenix Reisen stammt.

SE-Tours

Neues Flaggschiff von SE-Tours ist die **Select Explorer**, sie fährt 2015 auf der Donau. Seinen Erfolg verdankt der Veranstalter der Spezialisierung auf Radreisen, die zumeist mit kleinen Flussschiffen durchgeführt werden. Ob in Berlin, zwischen Hamburg und Lübeck oder auf einem Segler in Dänemark: Velofreunde kommen bei SE-Tours voll auf ihre Kosten.

Serenité River Cruises

Das kleinste deutsche Schiff fährt 2015 zum letzten Mal auf Europas Flüssen: Gerade mal sechs Kabinen bietet die **Serenité**, deren Kapitän auch ihr Eigner ist. Er geht bei der Routenführung auch gern mal auf Gästewünsche ein, seine Frau ist als Schiffsmanagerin tätig – familiärer geht es wirklich nicht.

Thurgau Travel

Der Schweizer Veranstalter ist mit eigenen Schiffen auf dem Irrawaddy unterwegs, mit einer Yacht vor der kroatischen Küste – und auf Rhein und Donau neuerdings mit dem Luxusschiff **Thurgau Ultra**. In Deutschland kann man die Schiffe über nicko tours buchen. Auf den Reisen zur holländischen Tulpenblüte hat Thurgau Travel 2015 die frisch getaufte **Jane Austen** im Einsatz. Wer Klassiker mag, wählt die **Florentina** auf der Elbe.

Transocean Kreuzfahrten

Die Flussschiffe von Transocean werden seit 2013 wie das Hochseeschiff **Astor** auch international vermarktet. Englischsprachige Gruppen sind daher häufiger an Bord zu finden. Jeweils ein Schiff fährt für die Münchener auf Donau, Rhein sowie Rhone und Saône.

Werner-Tours

Der kleine Veranstalter aus Schwülper sichert sich Jahr für Jahr ein attraktives Schiff, auf dem er seine Reisen anbietet. Nach **Elegant Lady** (2013) und **Bellevue** (2014) kommt 2015 die **Sonata** zum Einsatz, die für TUI FlussGenuss gebaut worden war. ■

1985 als Zonnebloem gebaut, 2010 umgebaut

FOTO: M. Tragbar

Alegria

Alleinstellung: Dieses Schiff bietet barrierefreies Flussvergnügen

Eine willkommene Initiative aus den Niederlanden: Die Alegria ist das Kreuzfahrtschiff für mobilitätseingeschränkte Passagiere. In der Praxis bedeutet das: rollstuhlgerechte Gesellschaftsräume, zehn Zweibettkabinen mit „roll in"-Möglichkeiten, drei große Aufzüge und zusätzliche Sitzlifte. Hinzu kommen rollstuhlgerechte Ausflüge und Liegeplätze. Selbst der Gebrauch von kleinen elektrischen Rollstühlen an Bord ist möglich. Zur Belohnung erhielt das Schiff 2011 in Deutschland den Award „Goldener Rollstuhl" verliehen. Was natürlich nicht heißt, dass auf der Alegria Gäste ohne Handicap nicht willkommen wären. Die freundliche junge Servicecrew kümmert sich herzlich und fürsorglich um die Belange aller Gäste. Neben einem hellen, geräumigen Salon (230 m²) samt integrierter Bibliothek (50 m²) bietet auch das Restaurant (240 m²) geradezu fürstliche Platzverhältnisse. Und auf dem großen Sonnendeck (570 m²; per Aufzug zu erreichen) gibt es zudem eine Sky Lounge. Die Verpflegung an Bord entspricht der Drei-Sterne-Kategorie des Schiffs.

Reiserouten 2015

Z. B. ab/bis Duisburg vom 7. bis 14.8.: „Holländische Impressionen zwischen Nordsee und Amsterdam", **7 Nächte, ab € 995**, beim Veranstalter Biblische Reisen.

DATEN & FAKTEN

Länge	90,00 m	**Passagiere**	max. 102
Breite	11,57 m	**Crew-Mitglieder**	22
Tiefgang	2,00 m	**Bordspr.**	Ndl., Engl., Dt.
Indienststellung	1985	**Passagierdecks**	3 + SD
Renov./Umbau	2010	**Restaurants/Bars**	1/1

Kabinen	10 Zweibettkabinen (20 m²) behindertengerecht mit rollstuhlgeeignetem Bad, 20 Zweibettkabinen (11 m²), 2 Einzelkabinen (11 m²), 14 Zweibettkabinen (12 m²) und 3 Dreibettkabinen (14,5 m²); alle Betten auf Seniorenhöhe
Sport & Wellness	kein spezielles Angebot
Info-/Entertainment	Vorträge, Quiz, Musik u. Ä. (je nach Veranstalter)
Dresscode	sportlich-ungezwungen, zum Kapitänsdinner sportlich-schick
Preis pro Nacht	ab ca. € 142
Info	**Biblische Reisen**, Stuttgart Tel. (0711) 61 92 50 **Adelle Cruises**, www.adelle.nl

PROFIL

Kabinen/Raumangebot	⚓⚓⚓½
Ausflüge/Programm	⚓⚓⚓
Gastronomie	⚓⚓⚓
Service	⚓⚓⚓½

Früher TUI-Blau, jetzt Türkis: der Neuzugang bei Phoenix

Allegra

Noch ein Besitzerwechsel: Aus **TUI Allegra** wird die Allegra von Phoenix

2015 verstärkt die vormalige **TUI Allegra** die Phoenix-Flussflotte: ein prachtvoller Twin-Cruiser, der erst 2011 in Deutschland gebaut wurde und mit komfortablen Kabinen und sehr ansprechenden Bordeinrichtungen überzeugt. Dazu zählen ein großzügiges Panorama-Spa mit Sauna, Ruheraum, Whirlpool und kleinem Fitnessbereich. Das riesige Sonnendeck bietet Möglichkeiten für Schach und Shuffleboard. Ein Hingucker ist das Panoramarestaurant im Heckbereich des beeindruckenden Schiffs: Seine Lage ermöglicht spektakuläre Ausblicke auf die Fluss- und Uferlandschaften. Ebenso verhält es sich mit der Lounge im Vorschiffbereich: Auch hier sind die Fensterflächen riesig. Ein weiterer beliebter Aussichtspunkt ist die Lido-Terrasse im Bugbereich des Schiffs. Die Kabinen sind nicht übermäßig groß, auf zwei Decks aber haben sie französische Balkone. Auch eine Weinbar, eine Raucher-Lounge und ein Wiener Café dürfen auf dem modern ausgestatteten Flusskreuzer nicht fehlen. Und für besten Service und kulinarische Genüsse wird der Caterer sea chefs sicher sorgen.

Reiserouten 2015

Z. B. „Donausymphonie" ab/bis Passau, **7 Nächte, ab € 799**; „Weinzauber" längs der Mosel ab/bis Köln, **7 Nächte, ab € 799**

DATEN & FAKTEN

Länge	135,00 m	**Crew-Mitglieder**	35
Breite	11,40 m	**Bordsprache**	Deutsch
Tiefgang	1,60 m	**Passagierdecks**	3 + SD
Indienststellung	2011	**Restaurants**	1
Passagiere	max. 178	**Bars**	2

Kabinen	89 Außenkabinen, 12 und 15 m², überwiegend mit franz. Balkon
Sport & Wellness	Wellnessbereich mit Whirlpool, Wärmeliegen, Panorama-Sauna und Kardiogeräte, Großschach, Shuffleboard, Gymnastik, Yoga
Info-/Entertainment	Themenabende, Tanzmusik oder Livemusik, Bücherecke, Brett- und Kartenspiele, Quizabende, Folklore, Internet
Dresscode	leger bis sportlich-elegant
Preis pro Nacht	€ 114 bis € 280; Durchschn. ca. € 190
Info	**Phoenix Reisen** Bonn, Tel. (0228) 92 60-0 www.phoenixreisen.com

PROFIL

Kabinen/Raumangebot
Ausflüge/Programm
Gastronomie
Service

aktuell noch nicht bewertet

In Fahrt auf der Donau

Amadeus Silver

Eine Perle auf dem Fluss: österreichische Gastfreundschaft par excellence

Vielfalt ist ein seltenes Luxusgut auf Flusskreuzern, denn der Raum ist durch Wassertiefe, Brücken und Schleusen in Breite, Länge und Höhe begrenzt. Es scheint, als störe sich Lüftner Cruises nicht daran: Gleich zwei hochwertige Schiffe (die **Amadeus Silver II** kommt 2015) stellt die österreichische Privatreederei in Dienst. Außer dem Sonnendeck haben Frischluftfans und „Sehleute" die Wahl zwischen einer windgeschützten Open-Air-Lounge am Bug und einer Terrasse mit Blick ins Achterwasser – darüber freuen sich übrigens auch Raucher. Am Heck geht der Außenbereich in eine maritim gestaltete Bar über, vorn schließt sich eine große Lounge an, die auch Platz für eine Tanzfläche und ein kleines Caféhaus-Orchester hat. Dazwischen liegt eine charmante Hommage an die perfekte Gastronomie des Herkunftslands: ein Wiener Café. Stilvolle Schwarz-Weiß-Fotos erinnern an Zeiten, als von Hugo von Hofmannsthal über Oskar Kokoschka bis Leo Trotzki Größen aus Literatur, Kunst und Politik dieser Kultur frönten.

Reiserouten 2015

Nach 8-tägigen Premierenreisen auf dem Rhein (**7 Nächte, ab € 1.242**) überrascht die **Amadeus Silver II** im Juli mit der Kombination „Donau und Prag" (**9 Nächte, ab € 1.648**).

DATEN & FAKTEN

Länge	135,00 m	**Crew-Mitglieder**	46
Breite	11,40 m	**Bordsprache**	Deutsch
Tiefgang	1,45 m	**Passagierdecks**	3 + SD
Indienststellung	2012	**Restaurants**	1
Passagiere	152	**Bars**	4

Kabinen	89: 12 Suiten mit 24 m² u. 77 Kabinen mit 16 m², davon 58 mit franz. Balkon, 12 mit begehbarem Balkon
Sport & Wellness	Massage, Friseur, Frühsport auf dem Sonnendeck, Fitnessraum mit mehreren Kardiogeräten
Info-/Entertainment	Livemusik, abendliche Unterhaltungsprogramme, Crew-Show, TV und Video
Dresscode	sportlich-leger bis elegant
Preis pro Nacht	€ 143 bis € 443; Durchschn. € 282
Info	**Dertour** Frankfurt, Tel. (069) 95 88-00, www.dertour.de **Lüftner Cruises** Innsbruck, Tel. +43 (0)512 36 57 81 www.lueftner-cruises.com

PROFIL

Kabinen/Raumangebot	⚓⚓⚓⚓⚓
Ausflüge/Programm	⚓⚓⚓½
Gastronomie	⚓⚓⚓⚓½
Service	⚓⚓⚓⚓

Luxuriös durch den Regenwald

Anakonda

Ein schwimmendes Boutiquehotel im ecuadorianischen Regenwald

Im Sommer 2013 lief dieser Boutique-Cruiser in El Coca/Ecuador vom Stapel und ist seitdem im Amazonasbecken unterwegs. Eigner ist die Firma Advantage Travel Ecuador. Sie bietet Flussfahrten auf dem Rio Napo an, die in den Yasuní-Nationalpark, die Naturreservate Cuyabeno und Limoncocha sowie in das Schutzgebiet Panacocha führen. Bei Exkursionen zu Fuß oder per Kanu erlebt man die Pflanzen- und Tierwelt des Regenwalds hautnah – von einem komfortablen Schiff aus: Die Kabinen haben ein großes Doppelbett, Dusche/WC, Panoramafenster, genug Stauraum und eine individuell gesteuerte Klimaanlage. Die braun-beige Vertäfelung der Zimmer vermittelt modernes Ambiente. Eine sehr freundliche Crew und engagierte indigene Guides betreuen die Gäste. Täglich wechselnde einheimische Gerichte gibt es beim jeweils dreigängigen Mittag- und Abendessen im funktionell eingerichteten Restaurant. Auf Deck 3 befinden sich Lounge, Bar und eine überdachte Terrasse. Zum Abkühlen gibt es auf dem Sonnendeck einen kleinen Whirlpool.

Reiserouten 2015

4-, 5- oder 8-tägige Reisen auf dem Rio Napo in Ecuador im oberen Amazonasbecken: **7 Nächte, ab € 2.395** ohne Flüge.

DATEN & FAKTEN

Länge	45,00 m	**Crew-Mitglieder**	25
Breite	9,00 m	**Bordspr.**	Engl., Spanisch
Tiefgang	1,50 m	**Passagierdecks**	3 + SD
Indienststellung	2013	**Restaurants**	1
Passagiere	40	**Bars**	1

Kabinen	14 Standard-Außenkabinen (Größe 20 m^2), 4 Suiten mit Balkon (Größe 24 m^2)
Sport & Wellness	Sonnendeck mit Whirlpool und Hängematten
Info-/Entertainment	Panorama-Lesesalon, Bibliothek, SAT-TV in der Lounge, WLAN in ausgewiesenen Bereichen, englischsprachige Reiseleitung
Dresscode	leger bis sportlich-elegant
Preis pro Nacht	ab € 375 (8 Tage) bzw. € 438 (4 Tage); ohne An-/Abreise
Info	**Dertour**, Frankfurt Tel. (069) 95 88 00 **Lernidee Erlebnisreisen**, Berlin Tel. (030) 786 00 00

PROFIL

Kabinen/Raumangebot	⚓⚓⚓⚓½
Ausflüge/Programm	⚓⚓⚓⚓½
Gastronomie	⚓⚓⚓⚓
Service	⚓⚓⚓⚓½

Noch ein Modellfoto: Die Anesha startet im Frühjahr 2015

Anesha

Das neue Flaggschiff von Phoenix Reisen fährt quer durch Europa

Für frischen Wind in der Premiumklasse wird 2015 die neue Anesha sorgen. Der Neubau der renommierten Schweizer Scylla AG gefällt durch seine attraktive Linienführung und durch sehr geräumige, wohnlich eingerichtete Passagierunterkünfte. Zusätzlich zur gewohnt umfangreichen Kabinenausstattung verfügt der Neuzugang über besondere Ausstattungsdetails wie WLAN-Empfang (gegen Gebühr) und eine Nespresso-Kaffeemaschine. Auf den beiden oberen Kabinendecks sind die fast schon obligatorischen französischen Balkone vorhanden. Neben dem Hauptrestaurant gibt es eine Heckbar mit Außenterrasse, die je nach Route auch als À-la-carte-Restaurant genutzt wird. Um das leibliche Wohl kümmert sich die renommierte Cateringfirma sea chefs. Neben einem weitläufigen Sonnendeck samt kleinem Pool gibt es weitere Freiluftsitzplätze vor dem Steuerhaus und auf der Bugterrasse. Zu den Bordeinrichtungen gehören u. a. Sauna, Dampfbad und ein kleiner Fitnessbereich. Das Schiff verfügt über einen Lift.

Reiserouten 2015

Z. B. „Donau Premium" ab/bis Passau: **16 N., ab € 1.999**; Kurzreise Rüdesheim ab/bis Köln: **3 N. ab/bis Köln, ab € 299**; Main-Donau-Kanal ab Köln/bis Passau: **9 N., ab € 1.299**

DATEN & FAKTEN

Länge	135,00 m	**Crew-Mitglieder**	40
Breite	11,40 m	**Bordsprache**	Deutsch
Tiefgang	1,60 m	**Passagierdecks**	3 + SD
Indienststellung	2015	**Restaurants**	2
Passagiere	180	**Bars**	2

Kabinen	88 Außenkabinen und -suiten, davon 72 mit franz. Balkon; Größen: 17–18,5 m²
Sport & Wellness	großes Sonnendeck mit Pool und Shuffleboard, Fitnessraum, Friseur
Info-/Entertainment	Tanzmusik oder Livemusik, Bücherecke, Brett- und Kartenspiele, Quizveranstaltungen, Ausflugsbüro
Dresscode	leger bis elegant; Anzug bzw. Kleid am Kapitänsabend
Preis pro Nacht	€ 118 bis € 285; Durchschnitt ca. € 180
Info	**Phoenix Reisen** Bonn, Tel. (0228) 92 60-0 www.phoenixreisen.com

PROFIL

Kabinen/Raumangebot
Ausflüge/Programm
Gastronomie
Service

aktuell noch nicht bewertet

Taufe mit Konfettiregen

SCHIFFE DES JAHRES 2014
Kreuzfahrt GuideAward
Gewinner in der Kategorie
FLUSSSCHIFF DES JAHRES

A-ROSA Silva & A-ROSA Flora

Familienfreundliche Schiffe mit großen Junior- und Balkonsuiten

A-ROSA geht konsequent seinen neuen Weg, um jüngere Gäste auf den Fluss zu holen, vor allem Familien. Geschickter Schachzug: Ab 2015 reisen Kinder (bis 15 Jahre) umsonst. Betreuer kümmern sich in den Sommerferien um die Kids. In den Genuss kommen allerdings nur Passagiere, die den Tarif „Select Premium alles inklusive" buchen. Das Angebot mit vielen Zusatzleistungen hat sich bereits nach einem Jahr durchgesetzt. Die neue Flora und ihre Schwester Silva haben im Gegensatz zu den älteren A-ROSAs Juniorsuiten und Balkonsuiten, die Flora zusätzlich zwei Familienkabinen. Auffällig: Die Qualität von Service und Gastronomie ist noch mal gestiegen. Stilvoll sind die Spezialitätenabende mit dem servierten Vier-Gänge-Menü. Die Barzeiten sind durch all-inclusive deutlich länger – das Schiff „lebt". Auch wenn die Alleinunterhalter nun Geschichte sind: Entertainment und Bordprogramm sollen (und müssen) noch ausgebaut werden. Fundierte Lektoren würden den Reisen guttun.

Reiserouten 2015

Z. B. Rhein/Ijsselmeer ab/bis Köln mit Overnight Amsterdam (**9 N., ab € 1.599**), Donau-Klassiker ab/bis Passau mit Overnight Wien & Budapest (**7 N., ab € 999**, Select Premium).

DATEN & FAKTEN

Länge	135,00 m	**Crew-Mitglieder**	50
Breite	11,40 m	**Bordsprache**	Deutsch
Tiefgang	1,60 m	**Passagierdecks**	2,5 + SD
Indienststellung	2012/13	**Restaurants**	3
Passagiere	186	**Bars**	3

Kabinen	83 Außenkabinen (14,5 m²), 4 Juniorsuiten (21 m²), 2 Balkonsuiten (29 m²)
Sport & Wellness	Spa mit Massage/Beauty und Sanarium, Fitnesscenter, Pool, Putting Green, Shuffleboard, Großschach, Nordic Walking, Kurse, Trekkingbikes für Ausflüge
Info-/Entertainment	Shows, Künstlergruppen, Spiele; Themenreisen für Feinschmecker, Golfer u. Ä.
Dresscode	sportlich-leger
Preis pro Nacht	€ 143 bis € 549; Durchschnitt € 242
Info	**A-ROSA Flussschiff GmbH** Rostock, Tel. (0381) 202 60 01 www.a-rosa.de

PROFIL

Kabinen/Raumangebot	⚓⚓⚓⚓⚓
Ausflüge/Programm	⚓⚓⚓⚓
Gastronomie	⚓⚓⚓⚓
Service	⚓⚓⚓⚓½

Kurs Süd auf der Rhone

A-ROSA Stella & A-ROSA Luna

Für Genießer: eine Tour de France zwischen Burgund und Côte d'Azur

Die beiden baugleichen Schwestern sind den französischen Schleusen angepasst, dadurch etwas kleiner als die A-ROSA-Donauschiffe. Aber durchaus mit Vorteilen: Der Außenpool ist größer, und die Weinwirtschaft (wo auch beste Weine verköstigt werden) dient als separate Restaurant-Alternative zum Buffet. Ohne Konkurrenz ist das Sport- und Wellnessangebot: finnische Panoramasauna, Dampfbad, Spa-Anwendungen, Fitnessraum – die Palette ist erstaunlich groß. Zudem können die Passagiere mit schiffseigenen Mountainbikes auf eine private Tour de France radeln – oder einfach eine klassische Partie Shuffleboard auf dem Sonnendeck spielen. Zum Konzept gehören neuerdings auch längere Liegezeiten. So gibt es viele Overnights in den Rhone-Metropolen Arles, Avignon und Lyon. Anders als bei manchen Rheintouren liegen die Schiffe dort zentral. Ausflugs-Highlights: das idyllische Chalon-sur-Saône in Burgund, das Tal der Ardèche (Frankreichs Grand Canyon) und die Côte d'Azur mit Nizza.

Reiserouten 2015

„Route Classique" ab/bis Lyon, nördlich bis Chalon und südlich bis Arles (**7 N., ab € 1.099**), „Route Rendezvous" ab/bis Lyon mit Avignon overnight,(**5 N., ab € 699**, Select Premium).

DATEN & FAKTEN

Länge	125,80 m	**Crew-Mitglieder**	45
Breite	11,40 m	**Bordsprache**	Deutsch
Tiefgang	1,60 m	**Passagierdecks**	2,5 + SD
Indienststellung	2005	**Restaurants**	2
Passagiere	max. 172	**Bars**	2

Kabinen	86 Außenkabinen, davon 57 mit Balkon; Größe: 14,50 m²
Sport & Wellness	Fitnessbereich mit Bike-Crosstrainer, Sauna und Dampfbad, Pool, Massagen, Mountainbikes für Ausflüge, Putting Green, Schach, Shuffleboard
Info-/Entertainment	Shows, lokale Künstlergruppen, Disco, Spiele und Wettbewerbe, Weinwirtschaftsabende, Themenreisen für Golfer und Gourmets
Dresscode	sportlich-leger
Preis pro Nacht	€ 99 bis € 3.702; Durchschn. € 200
Info	**A-ROSA Flussschiff GmbH** Rostock, Tel. 01803 62 76 72 (€ 0,09/Min.), www.a-rosa.de

PROFIL

Kabinen/Raumangebot	⚓⚓⚓⚓○
Ausflüge/Programm	⚓⚓⚓⚓○
Gastronomie	⚓⚓⚓⚓○
Service	⚓⚓⚓⚓○

Ein Klassiker – seit über 40 Jahren in Fahrt

FOTO: M. Tragbar

Bellriva

Oldie mit bewährtem Konzept: das Schiff der guten Laune

Die reife Flusslady im auffälligen 1Avista-Farbkleid ist von Vater Rhein und seinen Nebenflüssen nicht mehr wegzudenken. Nach über vier erfolgreichen Jahrzehnten im Flusskreuzfahrtgeschäft genießt die Bellriva zu Recht Kultstatus. Leger, gemütlich und familiär präsentiert sich die Bordatmosphäre. Dazu gesellen sich das bewährte All-inclusive-Verpflegungskonzept und eine herzliche Besatzung. Apropos: Die Crew-Show gehört zu den aufwendigsten und lustigsten auf europäischen Flüssen. Bei so viel guter Laune fallen sogar die nur durchschnittlich großen Kabinen und übersichtlichen Nasszellen kaum ins Gewicht. Die Passagierunterkünfte sind u. a. mit TV, Telefon, Föhn, Klimaanlage und Safe ausgestattet. Neben dem Aussichtssalon gibt es eine separate Bar. Zusätzlich zum großen Sonnendeck verfügt die gepflegte maritime Klassikerin auch über seitliche Promenaden. Viel Lob ernten Jahr für Jahr die schmackhafte Küche, der aufmerksame Service und das ausgezeichnete Preis-Leistungs-Verhältnis.

Reiserouten 2015

Z. B. „Kurzurlaub Holland" ab/bis Köln nach Amsterdam, Volendam, Hoorn und Nijmegen: **4 Nächte, ab € 449**; Sonderreise Holland mit Insel Texel im August: **7 Nächte, ab € 929**

DATEN & FAKTEN

Länge	104,64 m	**Passagiere**	186
Breite	11,60 m	**Crew-Mitglieder**	40
Tiefgang	1,40 m	**Bordsprache**	Deutsch
Indienststellung	1971	**Passagierdecks**	3 + SD
Renovierung	2007	**Restaurants/Bars**	1/1

Kabinen	90 Außenkabinen mit Panoramafenster oder kleinem Fenster; Größen: 9–12 m²
Sport & Wellness	Sonnendeck (teilweise überdacht), Sauna, Fahrradverleih für private Landgänge
Info-/Entertainment	Livemusik, Tanzabende, kleines Unterhaltungsprogramm, Bücher, Brett- und Kartenspiele
Dresscode	leger, zum Kapitänsabend sportlich-elegant
Preis pro Nacht	€ 112 bis € 179; Durchschnitt ca. € 153
Info	**1AVista Reisen** Köln, Tel. (0221) 99 80 08 00 www.1avista.de

PROFIL

Kabinen/Raumangebot	⚓ ⚓ ½
Ausflüge/Programm	⚓ ⚓ ⚓ ½
Gastronomie	⚓ ⚓ ⚓ ½
Service	⚓ ⚓ ⚓ ½

Abends auf dem Irrawaddy: die neue Flussschönheit aus Burma

Belmond **Orcaella**

Traumreise für Asien-Fans – auf einem neuen Schiff in Burma

Asien-Fans aufgepasst: Im Juli 2013 startete das wunderschöne, im landestypischen Stil gebaute Schiff in Burma für die Orient-Express-Gruppe. Insider denken gleich an die berühmte **Road To Mandalay**: Wie die Orcaella trägt auch sie jetzt den Vornamen Belmond, nach der Marke, unter der Orient Express seit 2014 vermarktet wird. Die Erwartungen, die damit geweckt sind, erfüllt die Orcaella rundum: Auf dem Irrawaddy und dessen Nebenfluss Chindwin taucht sie in das „goldene Burma" ein – das heute prosaischer Myanmar heißt. Bis zu 1.300 Kilometer legt man zurück, bis hinauf an die Grenze Chinas, erlebt geheimnisvolle Klöster, wandert mit Elefanten im Dschungel – und sieht vielleicht jene Flussdelfine, die dem Schiff ihren Namen liehen. Und an Bord? Koloniale Nostalgie! Lounge, Restaurant und Kabinen in dunklem Holz, erlesen möbliert. Oben ein Sonnendeck (mit Pool) für alle „Observations", eine beflissene, immer lächelnde Crew – und Tafelfreuden, mal asiatisch, mal europäisch, aber immer frisch und delikat. Kurzum: Komfortabler und stilvoller kann man den Zauber Asiens kaum erleben.

Reiserouten 2015

Von Juli bis April: **7** oder **11 Nächte**, ab Mandalay, Yangon oder Bagan; Preise auf Anfrage.

DATEN & FAKTEN

Länge	61,00 m	**Crew-Mitglieder**	40
Breite	12,20 m	**Bordsprache**	Englisch
Tiefgang	1,10 m	**Passagierdecks**	2,5 + SD
Indienststellung	2013	**Restaurants**	1
Passagiere	max. 50	**Bars**	1

Kabinen	25 Außenkabinen, davon 2 Suiten mit Balkon und 1 Juniorsuite (mit Butlerservice), 9 Deluxe-Kabinen; Größen: ca. 17–48 m²
Sport & Wellness	Sonnendeck mit Lounge und Außenpool, Fitnesscenter, Yoga- und Tai-Chi-Kurse, Massage, Bordarzt
Info-/Entertainment	landeskundliche Vorträge, Kochkurse und -vorführungen, Bibliothek, Boutique
Dresscode	leger („smart casual")
Preis pro Nacht	ab ca. € 750 inkl. Flügen
Info	**Belmond Ltd.**, Büro Köln Tel. (0221) 338 03 00 www.belmond.com

PROFIL

Kabinen/Raumangebot
Ausflüge/Programm
Gastronomie
Service

Unverkennbar ein einstiges Deilmann-Schiff

FOTO: M. Tragbar

Casanova

Kulturelle Verführungen auf Saar, Mosel, Neckar und Rhein

Sie wurde 2001 in Deutschland für die Reederei Deilmann gebaut. Dass sie mit luxuriöser Ausstattung und stilvollen Unterkünften punktet, überrascht also nicht. Die Oberdeckkabinen verfügen über französische Balkone. Die Standardkabinen, wohnlich eingerichtet, sind mit zwölf Quadratmetern zwar nur durchschnittlich groß (zwei Deluxe-Kabinen haben vier Quadratmeter mehr), ein Blickfang sind aber ihre schmucken Badezimmer. Elegant, wenn auch konservativ, ist der Einrichtungsstil der Gesellschaftsräume. Zu dem an historischen Sehenswürdigkeiten reichen Einsatzgebiet des Schiffs zwischen Stuttgart und Saarbrücken passt das hervorragend: Perlen wie Trier, Mainz und Heidelberg an Neckar, Rhein und Mosel liegen am Weg. Und das Erlebnis „Blühender Barock“ in der einstigen Sommerresidenz der Württemberger Herrscher in Ludwigsburg ist ein echter Reisehöhepunkt. Pluspunkte des Schiffs sind auch das attraktive Sonnendeck – und die gute Gastronomie, für die der Catering-Spezialist River Advice verantwortlich zeichnet.

Reiserouten 2015

Wie in den Vorjahren von Saarbrücken nach Stuttgart (oder umgekehrt) auf Saar, Mosel, Rhein und Neckar: **7 Nächte, ab € 899**

DATEN & FAKTEN

Länge	103,00 m	**Crew-Mitglieder**	29
Breite	9,70 m	**Bordsprache**	Deutsch
Tiefgang	1,40 m	**Passagierdecks**	2 + SD
Indienststellung	2001	**Restaurants**	1
Passagiere	max. 96	**Bars**	1

Kabinen	48 Außenkabinen, davon 22 mit franz. Balkon, 26 mit nicht zu öffnenden Fenstern; Größen: ca. 12 m²; 2 Deluxe-Kabinen mit 16 m²
Sport & Wellness	Sonnendeck mit Sonnensegel und Liegestühlen
Info-/Entertainment	Livemusik, Themenabende, Quizveranstaltungen, Bingo, Brett- und Kartenspiele
Dresscode	leger, zum Abendessen gepflegte Kleidung
Preis pro Nacht	ca. € 128 bis € 257; Durchschnitt ca. € 160
Info	**nicko tours** Stuttgart, Tel. (0711) 24 89 80-0 www.nicko-tours.de

PROFIL

Kabinen/Raumangebot	⚓⚓⚓⚓○
Ausflüge/Programm	⚓⚓⚓⚓○
Gastronomie	⚓⚓⚓½○
Service	⚓⚓⚓⚓○

Luxus auf dem Jangtse: Alle Kabinen haben einen Balkon

Century Paragon

Sieben Decks hoch: der neueste Jumbo-Kreuzer auf dem Jangtse

Neue Maßstäbe auf Asiens längstem Fluss: ein technisch innovatives Schiff, das fast vibrationsfrei fährt – und das, sieben Decks hoch und mit einem beeindruckenden Innenpool ausgestattet, fast ein Hochseekreuzer sein könnte. Ein Hingucker, auch was die Unterkünfte betrifft: Sie sind 28 Quadratmeter groß, haben Balkon, Duschbad, schöne Sitzmöbel, zwei große getrennte Betten und sind – auf dem Jangtse eine Wohltat – klimatisiert. Gespeist wird im Hauptrestaurant; zuzahlungspflichtig ist ein À-la-carte-Restaurant, das westliche Menüs offeriert. Das Bordprogramm umfasst Folklore und Filmvorführungen, auch im Tai-Chi kann man sich üben, die chinesische Schrift erlernen oder eine Partie Mah-Jongg wagen. Auch ein Lesezimmer, zwei Bars und den unvermeidlichen Souvenirshop findet man vor. Und, mit dem schon erwähnten Pool, einen stattlichen Wellnessbereich, in dem u. a. fernöstliche Massagen verabreicht werden. Bordwährung ist der Yuan.

Reiserouten 2015

Zweiwöchige China-Rundreise mit Vor- und Nachprogrammen in Shanghai, Peking und Xi'an; davon 5 Tage Jangtse-Kreuzfahrt: **14 Nächte, ab € 2.499 inkl. Flügen**.

DATEN & FAKTEN

Länge	142,00 m	**Crew-Mitglieder**	150
Breite	20,00 m	**Bordspr.**	Chinesisch, Engl.; deutschspr. Reiseleitung
Tiefgang	2,80 m		
Indienststellung	2013	**Passagierdecks**	7 + SD
Passagiere	398	**Restaurants/Bars**	2/2

Kabinen	156 Deluxe-Außenkabinen mit Balkon, Duschbad, Sitzbereich, Sat-TV, Klimaanlage; Größe: 28 m²
Sport & Wellness	großer Wellnessbereich mit beheiztem Pool, Massage, Fitnessraum, Sonnendeck, Bordarzt, 2 Aufzüge
Info-/Entertainment	Kino, Lesezimmer, Folklore, Kurse (Tai-Chi, chinesische Heilkunst, Kalligrafie, Kunstgeschichte u. Ä.), Bordspiele, Internetzugang in den öffentlichen Bereichen
Dresscode	leger bis sportlich-gepflegt
Preis pro Nacht	ab ca. € 180 (inkl. An-/Abreise)
Info	**nicko tours** Stuttgart, Tel. (0711) 24 89 80-0 www.nicko-tours.de

PROFIL

Kabinen/Raumangebot	⚓⚓⚓⚓⚓
Ausflüge/Programm	⚓⚓⚓⚓½
Gastronomie	⚓⚓⚓⚓
Service	⚓⚓⚓⚓

Unter Plantours-Flagge – deshalb die Schmuckfarbe Gelb

FOTO: M. Tragbar

Elegant Lady

Attraktives Schiff mit vielfältigen Routen von der Donau bis zum Rhein

Ihr Name ist Programm: Die bulgarische „Lady" gehört zu den optisch attraktivsten Flusskreuzfahrtschiffen. Gebaut wurde die maritime Schönheit auf der niederländischen Grave Werft. Neben einem gläsernen Aufzug gehört eine absenkbare und beheizbare Sky-Lounge zu den markanten Ausstattungsmerkmalen des modernen Kreuzers. Elegant ausgestattet sind die Gesellschaftsräume, wohnlich die ca. 14 Quadratmeter großen Kabinen. Zudem darf man sich über gekachelte Badezimmer freuen; nur über französische Balkone verfügt das 2003 gebaute Schiff leider noch nicht. Die freundliche bulgarische Servicecrew spricht gut Deutsch und sorgt mit Folkloredarbietungen und Showeinlagen für Kurzweil. Qualität und Präsentation der Speisen entsprechen gehobenem Mittelklasseniveau; natürlich dürfen gelegentlich bulgarische Spezialitäten nicht fehlen. Eine besondere Stärke des Flaggschiffs des Bremer Veranstalters ist seine Routenvielfalt. 2015 stehen u. a. Besuche in Namur und Lüttich auf dem Programm.

Reiserouten 2015

Mosel bis Luxemburg ab/bis Köln: **6 Nächte, ab € 899**; „Liebe auf den ersten Blick: Holland" ab/bis Köln, **7 Nächte, ab € 899**; Advent am Rhein ab/bis Köln: **4 N., ab € 429**

DATEN & FAKTEN

Länge	110,00 m	**Passagiere**	128
Breite	11,00 m	**Crew-Mitglieder**	32
Tiefgang	1,40 m	**Bordsprache**	Deutsch
Indienststellung	2003	**Passagierdecks**	2 + SD
Renovierung	2013	**Restaurants/Bars**	1/2

Kabinen	64 Außenkabinen mit Panoramafenster (Oberdeck) oder 3 kleinen Fenstern (Hauptdeck); ca. 14 m²
Sport & Wellness	Diverse Fitnessgeräte in der Sky-Lounge, Sonnendeck
Info-/Entertainment	Themenabende mit Livemusik, Folkloredarbietungen der Crew, Vorträge, Quizabende, Brettspiele, Leseecke, Großschach, Internet-Corner, Bordshop
Dresscode	leger bis sportlich-elegant
Preis pro Nacht	ca. € 124 bis € 248; Durchschnitt ca. € 190
Info	**Plantours Kreuzfahrten** Bremen, Tel. (0421) 173 69-0 www.plantours-partner.de

PROFIL

Kabinen/Raumangebot
Ausflüge/Programm
Gastronomie
Service

Bei der Tauffahrt auf dem Rhein

Excellence Princess

Komfort unter Schweizer Flagge: Neuzugang bei der Excellence-Flotte

Mit 135 Metern Länge ist die imposante, 2014 getaufte „Prinzessin" das größte Schiff der luxuriösen Excellence-Flotte. 186 Gäste können sich über komfortable, großzügig bemessene Kabinen und Juniorsuiten freuen. Und auf ein elegantes, modernes Schiff, das auf der Höhe unserer Zeit kreuzt – mit französischen Balkonen auf den beiden oberen Kabinendecks, mit hervorragender Raumaufteilung, mit ansprechenden Bordeinrichtungen, mit einem geschmackvoll eingerichteten Restaurant und dazu, im Heckbereich, dem neuen Excellence Steakhouse. Lichtdurchflutet präsentiert sich die Lounge mit der integrierten Bar. Auf dem riesigen Sonnendeck ist Platz für ein Putting Green und sogar einen Whirlpool. Auch einen kleinen Wellnessbereich mit Sauna hat das Schiff, ebenso einen Aufzug vom Mittel- zum Oberdeck sowie einen Sitzlift zum Sonnendeck. Gastronomie und Service erfüllen hohe Ansprüche. Und nicht zuletzt sorgt modernste Antriebstechnologie für besonders ruhigen Fahrkomfort.

Reiserouten 2015

Kurzreise Elsass/Schwarzwald (Baden-Baden, Straßburg, Colmar): **2 Nächte, ab sFr 275**; Amsterdam-Straßburg: **7 N., ab sFr 1.195**

DATEN & FAKTEN

Länge	135,00 m	**Crew-Mitglieder**	46
Breite	11,40 m	**Bordsprache**	Deutsch
Tiefgang	1,55 m	**Passagierdecks**	2,5 + SD
Indienststellung	2014	**Restaurants**	2
Passagiere	186	**Bars**	1

Kabinen	81 Komfort-Außenkabinen (Mittel-/Oberdeck: 16 m², Hauptdeck: 13 m²) und 12 Juniorsuiten (20 m²)
Sport & Wellness	Sonnendeck mit Golfputting und Whirlpool, Fitnessgeräte, Wellnessbereich mit Sauna
Info-/Entertainment	musikalische Unterhaltung, Bordspiele, Quizabende, Tanzmusik
Dresscode	leger bis sportlich-elegant
Preis pro Nacht	ab ca. sFr 180 (inkl. An-/Abreise mit firmeneigenen Bussen)
Info	**Reisebüro Mittelthurgau** Weinfelden, Schweiz Tel. +41 71 626 85 85 www.mittelthurgau.ch

PROFIL

Kabinen/Raumangebot
Ausflüge/Programm
Gastronomie
Service

Bei Nymburk auf der Elbe

Florentina

Smetana, Dvorák, Mácha: auf Moldau und Elbe durch Böhmen

Nelahozeves, Melník, Litomerice, Kutná Hora, Nymburk – Orte jenseits bekannter Touristenrouten, die dieses Schiff auf Moldau und Elbe ansteuert. 1980 lief die schnittige weiße Dame in Berlin-Spandau vom Stapel und ist seither auf Rhein, Donau und Elbe unterwegs. Seit 2008 nennt sie Prag ihren Heimathafen, von wo aus sie von Mai bis Oktober auf Moldau und Elbe kreuzt. Schiffseigner ist seit 2012 der Schweizer Flussreisenpionier Thurgau Travel. Alle 47 Außenkabinen wurden 2013 komplett renoviert. Mahagonivertäfelung und helle Hölzer vermitteln eine warme Atmosphäre. Die Kabinen verfügen über zwei unten stehende Betten, Dusche/WC, ausreichend Stauraum, Sat-TV sowie über eine regulierbare Lüftung mit zentral gesteuerter Heizung/Klimaanlage. Betreut werden die maximal 88 Passagiere von 20 Crew-Mitgliedern und engagierten Reiseleitern in familiärer Atmosphäre. Auf dem Oberdeck befindet sich das Panoramarestaurant mit Bar. Bei Tisch kann man täglich aus drei schmackhaften Gerichten (Fleisch, Fisch, vegetarisch) wählen. Und dazu gibt es heimische Weine und Biere zu moderaten Preisen.

Reiserouten 2015

Von Mai bis Oktober ab/bis Prag auf der oberen Moldau und Elbe: **8 Nächte, ab € 999**

DATEN & FAKTEN

Länge	80,00 m	**Passagiere**	88
Breite	9,60 m	**Crew-Mitglieder**	20
Tiefgang	1,50 m	**Bordspr.**	Deutsch, Englisch
Indienststellung	1980	**Passagierdecks**	2 + SD
letzte Renovierung	2012	**Bars/Restaurants**	1/1

Kabinen	47 Außenkabinen, auf dem Oberdeck mit franz. Balkon; Größe: 10 m²
Sport & Wellness	Sonnendeck mit Schattenplätzen und Liegen/Gartenmöbeln
Info-/Entertainment	Panorama-Lesesalon, Sitzecken im Foyer, Sat-TV in Kabinen, deutschsprachige Reiseleitung
Dresscode	nicht vorgeschrieben
Preis pro Nacht	€ 125 bis € 175; Durchschnitt € 160
Info	**Thurgau Travel**, Schweiz Tel. +41 71 626 55 00 www.thurgautravel.ch **nicko tours**, Stuttgart Tel. (0711) 24 89 80-0 www.nicko-tours.de

PROFIL

Kabinen/Raumangebot	⚓⚓⚓
Ausflüge/Programm	⚓⚓⚓⚓½
Gastronomie	⚓⚓⚓½
Service	⚓⚓⚓⚓

In der Wachau

Heidelberg

Wien, Budapest, Bratislava – nicko tours bringt Luxus auf die Donau

Die Heidelberg ist das Vorzeigeschiff der nicko-tours-Flotte: Kein europäischer Flusskreuzer des Stuttgarter Veranstalters bietet mehr Luxus. Edle Möbel und eine gut bestückte Bibliothek laden zum Verweilen ein. Das beste Passagier-Raum-Verhältnis der Flotte spiegelt sich unter anderem in den 56 Kabinen wider: Sie bieten geräumige 18 Quadratmeter mit großzügigen und luxuriös ausgestatteten Bädern, nur vier Kabinen haben keinen französischen Balkon. Eine Ausnahme auf dem Fluss ist der üppige Wellnessbereich mit Sauna, Dampfbad, Massage, Ruhe- und Fitnessraum. Auf dem Sonnendeck sorgen opulente Teakholzliegen für Komfort. Die ungarische Küchencrew zaubert leichte und würzige Speisen. Ein Großteil des gut organisierten Ausflugsprogramms mit deutschsprachigen Reiseleitern ist bereits vorab als preisgünstiges Paket buchbar. Und auch die Reise selbst ist deutlich günstiger als beim ehemaligen Schiffseigner Deilmann. Eine attraktive Kombination: luxuriöses Ambiente zum Schwabenpreis.

Reiserouten 2015

Von Ende März bis Oktober: von Passau nach Budapest und zurück (mit Linz, Wachau, Wien, Bratislava, Esztergom und Übernachtaufenthalt in Budapest); **7 Nächte, ab € 999**

DATEN & FAKTEN

Länge	109,40 m	**Crew-Mitglieder**	35
Breite	11,40 m	**Bordsprachen**	Deutsch, Englisch
Tiefgang	1,60 m		
Indienststellung	2004	**Passagierdecks**	3 + SD
Passagiere	max. 110	**Bars/Restaurants**	1/1

Kabinen	56 Außenkabinen, davon 52 mit französischem Balkon; Größe: 18 m², Einzelkabinen: 13 m²
Sport & Wellness	Wellnessbereich mit Fitnessraum, Sauna, Dampfbad, Ruheraum und Massage (gegen Gebühr); Putting Green, Shuffleboard, Schach auf dem Sonnendeck
Info-/Entertainment	Themenabende, Quizveranstaltungen, Bingo, Livemusik, Bücher, Brett- und Kartenspiele
Dresscode	sportlich-leger bis elegant
Preis pro Nacht	€ 142 bis € 328; Durchschnitt € 198
Info	**nicko tours** Stuttgart, Tel. (0711) 24 89 80-0 www.nicko-tours.de

PROFIL

Kabinen/Raumangebot	⚓⚓⚓⚓⚓
Ausflüge/Programm	⚓⚓⚓⚓½
Gastronomie	⚓⚓⚓½
Service	⚓⚓⚓½

Ein kompaktes Schiff für besondere Routen

Johannes Brahms

Jetzt unter niederländischer Regie: Die Brahms wird internationaler

Die kleine Johannes Brahms fuhr bislang, u. a. für Hansa Touristik oder nicko tours, auf der Oder, vor Rügen und Usedom oder in den Haffgewässern der polnischen Ostseeküste – 2015 nun wechselt sie zur Dutch Cruise Line BV in Maasbracht. Dieser Anfang 2014 neu gegründete Vermarkter, bei dem auch die in Deutschland nicht unbekannte **Princess** unter Vertrag steht, wird die Brahms international anbieten. Neben Niederländern, Franzosen oder Skandinaviern wird das besonders flexibel einsetzbare Schiff dabei aber auf jeden Fall auch deutschen Gästen erhalten bleiben. Ihnen verspricht das Programm 2015 viele ungewöhnliche Destinationen: Bremen, Papenburg, Magdeburg, Kiel, sogar Stade an der Elbe sind dabei. Das bei maximal 80 Passagieren sehr familiäre, wohnliche Schiff verfügt über komfortable, gut ausgestattete Kabinen, leider aber ohne französische Balkone. In den Panoramasalon ist eine Bar integriert, darunter liegt das Restaurant, dessen Gastronomie dem guten Mittelklassecharakter des Schiffs entspricht.

Reiserouten 2015

Z. B. von Magdeburg nach Berlin, von Berlin nach Amsterdam (u. a. mit Hannover, Bremen, Papenburg, Groningen) oder von Kiel nach Stade. Termine und Preise auf Anfrage.

DATEN & FAKTEN

Länge	82,00 m	**Crew-Mitglieder**	21
Breite	9,50 m	**Bordsprache**	Deutsch
Tiefgang	2,82 m	**Passagierdecks**	2 + SD
Indienststellung	1998	**Restaurants**	1
Passagiere	max. 80	**Bars**	1

Kabinen	40 Außenkabinen mit TV, Telefon, Safe, Minibar und Klimaanlage; Größe: ca. 11 m²
Sport & Wellness	Sonnendeck mit Sonnensegel; kein weiteres Angebot
Info-/Entertainment	Bar, Musik, Quizabende (abhängig vom jeweiligen Veranstalter)
Dresscode	leger, zum Abendessen sportlich-elegant
Preis pro Nacht	k. A.
Info	**Dutch Cruise Line** Tel. +31 (0)654 90 32 32 www.dutchcruiseline.nl

PROFIL

Kabinen/Raumangebot
Ausflüge/Programm
Gastronomie
Service

aktuell noch nicht bewertet

Am Anleger im Ijsselmeer

FOTO: M. Tragbar

Normandie

Specials für besondere Zielgruppen: Radfahrer und Hunde willkommen

Im florierenden Marktsegment der Radkreuzfahrten mit Flussschiffen gehört die Normandie auf der Donau mittlerweile zu den Platzhirschen. Aktuell im Charterbetrieb von SE Tours aus Bremerhaven, bietet das beliebte Mittelklasseschiff neben gut ausgestatteten Kabinen (u. a. mit TV, Safe und Föhn) und modernen Bädern (2010/11 erneuert) ein ungezwungenes, komfortables Ambiente. Die Lounge und das teilüberdachte Sonnendeck laden nach den sportlichen Aktivitäten an Land zum entspannten Verweilen in geselliger Runde ein. Pluspunkte sammelt das Schiff mit seiner freundlichen Crew und der guten Gastronomie. Und wenn das Schiff für 1AVista Reisen aus Köln zum Einsatz kommt – traditionell für die beliebten Kreuzfahrten mit Hund –, dann gilt an Bord das bewährte All-inclusive-Verpflegungskonzept. Das Schiff fährt unter niederländischer Flagge und mit niederländischem Kapitän. Es verfügt über Treppenlifte zum Restaurant und Sonnendeck. Französische Balkone sind nicht vorhanden.

Reiserouten 2015

1AVista Reisen mit Hund auf dem Rhein: **3 Nächte, ab € 519** (all-inclusive). SE Tours: z. B. „Höhepunkte der Donau“ ab/bis Passau, **7 Nächte, ab € 725**

DATEN & FAKTEN

Länge	91,20 m	**Passagiere**	max. 100
Breite	10,00 m	**Crew-Mitglieder**	20
Tiefgang	1,60 m	**Bordsprache**	Deutsch
Indienststellung	1989	**Passagierdecks**	2 + SD
letzte Renovierug	2011	**Bars/Restaurants**	1/1

Kabinen	49 Zweibettkabinen (10–11 m²) und 2 Einzelkabinen (7 m²), feststehende Fenster, auf dem Oberdeck zu öffnen
Sport & Wellness	Sonnendeck, teilweise überdacht, diverse Fitnessgeräte, Treppenlift
Info-/Entertainment	Quizveranstaltungen, Musik u. Ä. (abhängig vom Veranstalter)
Dresscode	sportlich-leger
Preis pro Nacht	€ 110 bis € 250; Durchschnitt € 190
Info	**SE Tours**, Bremerhaven Tel. (0471) 483 88-0 www.se-tours.de **1AVista Reisen**, Köln Tel. (0221) 99 80 08 00 www.1avista.de

PROFIL

Kabinen/Raumangebot	⚓ ⚓ ⚓
Ausflüge/Programm	abhängig vom Einsatz
Gastronomie	⚓ ⚓ ⚓ (⚓)
Service	⚓ ⚓ ⚓ (⚓)

Benannt nach der Region, in der sie kreuzt: Aquitanien

Princesse d'Aquitaine

Ein neues Fahrgebiet in Europa geht in die fünfte Saison

Die Princesse d'Aquitaine war kein neues Schiff, als sie nach Bordeaux kam, aber eine Pionierin. Ihr Fahrgebiet war ein weißer Fleck auf der Landkarte für Flussreisen. Inzwischen hat sie mit der **Cyrano de Bergerac** eine Mitstreiterin gefunden, die das Flüssedreieck aus Gironde, Dordogne und Garonne bereist. Durch die im Elsass beheimatete Reederei CroisiEurope ist nicht nur das Fahrgebiet französisch. Im Restaurant, das schon mit warmen Orangetönen, viel Messing und etlichen Weinflaschen als Deko eine ureigene Note hat, wird ein internationales Menü mit französischem Touch serviert – ohne Wahlmöglichkeit, aber begleitet von frischem Baguette und sieben inkludierten Weinen. Weiß, Rosé und Rot werden bis zum Abwinken nachgeschenkt. In der Lounge wählt man zwischen Tischen und Stühlen zum Schreiben oder Spielen am Bug und weiter achtern bereitstehenden Sofa- und Sesselgruppen. Für Abendunterhaltung sorgt ein Musikduo. Einmal pro Reise gibt es eine liebevoll gestaltete Crew-Show.

Reiserouten 2015

Ab/bis Bordeaux im Mündungsgebiet von Gironde, Dordogne und Garonne: **5 Nächte, ab € 1.098**. Im Herbst auch spezielle Weinreisen.

DATEN & FAKTEN

Länge	110,00 m	**Passagiere**	158
Breite	11,00 m	**Crew-Mitglieder**	36
Tiefgang	1,30 m	**Bordsprache**	Deutsch, Frz.
Indienststellung	2001	**Passagierdecks**	2 + SD
Renovierung	2011	**Restaurants/Bars**	1/1

Kabinen	69 Außenkabinen mit Safe, TV, Föhn und feststehenden Fenstern; Größen: 12–13 m²
Sport & Wellness	Sonnendeck (teilüberdacht) mit Liegestühlen
Info-/Entertainment	musikalische Unterhaltung, Tanzfläche, Bordspiele, Crew-Show, Bibliothek, Bordshop, WLAN kostenlos
Dresscode	leger bis sportlich-elegant
Preis pro Nacht	€ 220 bis € 275 (inkl. An- und Abreise per Bus)
Info	**Götten Reisen / CroisiEurope** Saarbrücken, Tel. (0681) 303 21 35 www.croisieurope.de

PROFIL

Kabinen/Raumangebot	⚓⚓⚓⚓
Ausflüge/Programm	⚓⚓⚓⚓½
Gastronomie	⚓⚓⚓⚓½
Service	⚓⚓⚓⚓

Besuch in Medemblik am Ijsselmeer

FOTO: M. Tragbar

Rigoletto

Familiär, urgemütlich – und demnächst verstärkt um eine neue Verdi

Die meisten Pluspunkte sammelt die Rigoletto für ihre gemütliche maritime Bordatmosphäre. Zahlreiche Passagiere und Besatzungsmitglieder halten dem Flusskreuzfahrtschiff seit Jahren die Treue. Das niederländische Reederehepaar Marijke und Teun Sijbrands schaut öfter vorbei und nimmt 2015 die Nautik und das Catering in die eigenen erfahrenen Hände. Der gepflegte Flusskreuzer besitzt eine ausgesprochen gemütlich eingerichtete Lounge mit integrierter Bar. Wohnlich ausgestattete Kabinen verfügen über kleine gekachelte Bäder. Französische Balkone gibt es leider nicht. Kulinarisch werden die Erwartungen an ein gutes Mittelklasseschiff erfüllt. 2015 übernimmt SijFa Cruises übrigens zusätzlich die ehemalige **Swiss Crystal**, die dann als **Verdi** für deutsche und internationale Veranstalter zum Einsatz kommt. Der Neuzugang wird u. a. auch Neckarkreuzfahrten unternehmen; besondere Flussrouten sind ein Markenzeichen der niederländischen Reederei. Die Verdi soll von der Schiffskategorie etwas oberhalb der Rigoletto angesiedelt sein.

Reiserouten 2015

Z. B. 7 Tage Niederlande ab/bis Arnheim u. a. mit Leer und Deventer: **6 Nächte, ab € 599**. Mit der **Verdi** auf Neckar, Rhein und Main von Stuttgart nach Frankfurt: **4 Nächte, ab € 475**

DATEN & FAKTEN

Länge	105,00 m	**Passagiere**	max. 120
Breite	10,50 m	**Crew-Mitglieder**	30
Tiefgang	1,30 m	**Bordsprache**	Deutsch
Indienststellung	1987	**Passagierdecks**	2 + SD
Renovierung	2003	**Restaurants/Bars**	1/2

Kabinen	60 Außenkabinen (ca. 13 m²) mit Fenster, 1 Zweibett-Deluxe (ca. 19 m²)
Sport & Wellness	Sonnendeck (teilweise überdacht) mit Liegestühlen und Gartenmöbeln, Fitnessgeräte
Info-/Entertainment	Tanzabende mit Livemusik, Quizveranstaltungen, Folklore, Brett- und Kartenspiele
Dresscode	leger bis elegant
Preis pro Nacht	ab ca. € 160; Durchschnitt k. A.
Info	**SijFa Cruises**, Niederlande Tel. +31 24 357 20 08 www.sijbrands.biz **PTI Panoramica**, Tel. 0800 1013011

PROFIL

Kabinen/Raumangebot	⚓⚓⚓
Ausflüge/Programm	⚓⚓⚓⚓
Gastronomie	⚓⚓⚓½
Service	⚓⚓⚓⚓

Hier ist der Käpt'n auch der Eigner

Sans Souci

Tschechien, Polen und Deutschlands Osten auf dem Fluss entdecken

Wer glaubte, mit Reisen zwischen Hamburg und Berlin, der Weiterfahrt nach Prag und dem Ostseeklassiker von Berlin nach Stralsund hätte Kapitän und Schiffseigner Peter Grunewald die Ziele seines Heimatreviers alle bereist, der irrt. Im Frühjahr unternimmt die Sans Souci, von ihren Fans liebevoll „Susi Sorglos" genannt, stets auch eine Schlesien-Kreuzfahrt. Dabei funktioniert der Zauber eines sehr privat geführten Schiffs jedes Mal aufs Neue: Besuche im Steuerhaus, ein Schwätzchen an der Reling – Grunewald ist der perfekte Gastgeber. Die Kabinen sind klein, der Tag-/Nachtumbau ist eine technisch perfekte, aber keine glückliche Lösung. Dafür finden 80 Passagiere auf ungewöhnlichen Routen in ihrem schlanken blauen Körper Platz, die auf First-Class-Niveau verköstigt werden und sich in der großen, hellen Lounge mit Tanzfläche und schräg gestellten Panoramafenstern wohlfühlen. Wer mehr Ruhe sucht, zieht sich in die Bibliothek zurück.

Reiserouten 2015

Ab 26.3. von Berlin zur Oder bis hinauf nach Schlesien und zurück: **11 Nächte, ab € 1.889**. Am 2.5. von Berlin über die Havel zur Elbe und über die Moldau bis nach Prag: **7 Nächte, ab € 1.389** (ab 9.5. in umgekehrter Richtung).

DATEN & FAKTEN

Länge	82,00 m	**Passagiere**	max. 81
Breite	9,50 m	**Crew-Mitglieder**	25
Tiefgang	1,60 m	**Bordsprache**	Deutsch
Indienststellung	2000	**Passagierdecks**	2 + SD
Renovierung	2014	**Restaurants/Bars**	1/1

Kabinen	41 Außenkabinen mit nicht zu öffnenden Panoramafenstern; Größe: ca. 12 m²
Sport & Wellness	Sonnendeck, Sauna (gegen Gebühr), Beautysalon, Fitnessgeräte
Info-/Entertainment	Bibliothek, TV mit Videoempfang, Tanzmusik
Dresscode	leger bis sportlich-elegant
Preis pro Nacht	€ 172 bis € 254; Durchschnitt ca. € 210
Info	**Plantours Kreuzfahrten**, Bremen Tel. (0421) 173 69-0 www.plantours-partner.de **Dertour**, Frankfurt, Tel. (069) 95 88-59 28, www.dertour.de

PROFIL

Kabinen/Raumangebot	⚓⚓⚓
Ausflüge/Programm	⚓⚓⚓
Gastronomie	⚓⚓⚓⚓
Service	⚓⚓⚓⚓

Das stattliche Schiff wurde einst für US-Gäste gebaut

Select Explorer

Neu bei SE Tours: große Suiten in der gehobenen Mittelklasse

Aus **VistaExplorer** wird 2015 Select Explorer: SE Tours ist stolz auf diesen Neuzugang. Für den deutschen Partner der niederländischen Reederei Select Voyages bedeutet der Einsatz dieses gepflegten Vier-Sterne-Schiffs einen echten Qualitätszuwachs auf den klassischen Donaustrecken. 2001 für US-Gäste gebaut, ist das über 125 Meter lange Schiff entsprechend komfortabel ausgestattet. Highlights sind die acht Deluxe-Suiten, überdurchschnittlich groß auch die Standardkabinen; auf dem Oberdeck verfügen sie über französische Balkone. Das sehr geräumige Restaurant liegt im Heckbereich und bietet dank großer Fensterflächen spektakuläre Aussichten auf Fluss- und Uferlandschaften. Ebenfalls geräumig präsentiert sich der Panoramasalon mit seiner Bar. Sämtliche öffentliche Räume vermitteln einen zeitgemäßen und dabei wohnlichen Eindruck. Auch eine separate Bibliothek und einen Fitnessraum gibt es auf dem Schiff – und neben einem Aufzug ist auch ein Treppenlift zum großen Sonnendeck vorhanden.

Reiserouten 2015

„Donauwalzer" ab/bis Passau, **7 Nächte, ab € 599**; „Faszination Donau" ab/bis Passau, **14 Nächte, ab € 1.469**; „Weinreise auf der Donau" ab/bis Passau, **7 Nächte, ab € 599**

DATEN & FAKTEN

Länge	125,50 m	**Passagiere**	max. 170
Breite	11,40 m	**Crew-Mitglieder**	40
Tiefgang	1,30 m	**Bordsprache**	Deutsch
Indienststellung	2001	**Passagierdecks**	2,5 + SD
letzte Renovierung	2010	**Restaurants/Bars**	1/1

Kabinen	85 Außenkabinen, davon 17 Deluxe-Kabinen u. 8 Suiten mit frz. Balkon; Größen: 14–15 m², Suiten: 25–28 m²
Sport & Wellness	Sonnendeck (teilweise überdacht) mit Liegestühlen und Gartenmöbeln, Fitnesscenter
Info-/Entertainment	Themenabende mit Livemusik, Quizveranstaltungen, Vorträge, Bibliothek, Brett- und Kartenspiele
Dresscode	gepflegt, zum Kapitänsdinner sportlich-elegant
Preis pro Nacht	€ 85 bis € 210; Durchschnitt ca. € 170
Info	**SE Tours,** Bremerhaven Tel. (0471) 483 88-0 www.se-tours.de

PROFIL

Kabinen/Raumangebot
Ausflüge/Programm
Gastronomie
Service

aktuell noch nicht bewertet

Von der Themse zum Douro – und dort ein echter Hingucker

Spirit of Chartwell

Mahagoni, tiefe Teppiche, roter Samt: britischer Lifestyle auf dem Douro

Aus der Flussschifflotte, die auf dem Douro in Nordportugal verkehrt, sind einige hierzulande bekannter (z. B. die **Douro Cruiser** und die neue **Douro Spirit**). Zumindest optisch aber stiehlt ihnen seit 2013 ein Schiff die Schau, das über Portugal oder Großbritannien gebucht werden muss: die schokobraune Barge **Spirit of Chartwell**. Auch ihre Geschichte ist eine besondere: Sie fuhr früher auf der Themse und war 2012 sogar bei der Parade zum Thronjubiläum der Queen mit von der Partie. Kurz darauf wurde sie von der portugiesischen Firma DouroAzul erworben – und kreuzt seither mit 30 Gästen zwischen Porto und der spanischen Grenze. Sie wohnen in 15 luxuriösen Kabinen, darunter eine Suite, allesamt britisch-plüschig ausgestattet, mit Mahagonimöbeln im Stil der Pulman-Züge der 1920er-Jahre. Ein Erlebnis für Liebhaber britischen Lifestyles also, das zum Portwein, der am Douro reift, perfekt passt. Jeder, der die Geschichte der britisch-portugiesischen Freundschaft kennt, weiß das.

Reiserouten 2015

Wöchentlich ab/bis Porto zum Douro-Oberlauf, **7 Nächte, ab € 2.275** ohne Anreise.

DATEN & FAKTEN

Länge	78,00 m	**Crew-Mitglieder**	15
Breite	11,40 m	**Bordsprachen**	Englisch, Portugiesisch
Indienststellung	1997	**Passagierdecks**	2 + SD
Renovierung	2012	**Restaurants/Bars**	1/1
Passagiere	30		

Kabinen	14 Außenkabinen (je 12 m²) mit feststehendem Fenster, 1 Suite (19 m²) mit 2 Panoramafenstern
Sport & Wellness	Sonnendeck mit Glasveranda und Sonnensegel
Info-/Entertainment	Folklore, Vorträge, Weinverkostungen, Internet (gg. Gebühr)
Dresscode	leger bis sportlich-elegant
Preis pro Nacht	ab ca. € 325 ohne Flüge
Info	**DouroAzul**, Portugal Tel. +351 223 40 25 00 www.douroazul.pt **Luxury Train Club**, Großbritannien www.luxurytrainclub.com **Lernidee Erlebnisreisen**, Berlin Tel. (030) 786 00 00

PROFIL

Kabinen/Raumangebot	2,5 von 5 Ankern
Ausflüge/Programm	abhängig vom Veranstalter
Gastronomie	4,5 von 5 Ankern
Service	2,5 von 5 Ankern

Ein Twin-Cruiser, das heißt, Maschinen- und Hotelbereich sind voneinander getrennt

Thurgau Ultra

Die einstige Premicon Queen, jetzt bei Thurgau Travel aus der Schweiz

Auf dem deutschen Markt, zuletzt als **TUI Queen**, hatte die 2008 gestartete **Premicon Queen** es immer schwer; auch ihr Flirt mit den Niederländern (als **Queen Maxima**) war kurz. Doch nun fährt sie unter neuem Namen für Thurgau Travel aus der Schweiz – zu Recht ist der Inhaber Hans Kaufmann darauf stolz. Denn die dank Twin-Cruiser-Technik „flüsternde" Queen gilt im deutschsprachigen Markt als ein Nonplusultra, was die Hardware betrifft: Sie ist ein bestens gepflegtes Suites-only-Schiff (mit französischen, teils sogar begehbaren Balkonen) mit großzügig bemessenem Wellnessbereich, elegantem Panoramarestaurant hinten und verglaster Panoramalounge samt Theatron vorn im Schiff, mit Marmor in den Bädern, ledernen Fauteuils im Salon und viel poliertem Holz und Messing. Die Küche, so der neue Eigner, soll „leicht und schmackhaft" sein, die Bordatmosphäre „locker und ohne Krawattenzwang". Ein Neustart also, der beachtet werden wird – zumal die Preise verlocken.

Reiserouten 2015

Schnupperfahrten im Frühjahr ab/bis Basel, **6 Nächte, ab sFr 690**; von Basel über den Main nach Passau im Mai, **8 Nächte, ab sFr 1.690**; Passau–Budapest und retour von Juni bis November, **7 Nächte, ab sFr 990**

DATEN & FAKTEN

Länge	135,00 m	**Passagiere**	max. 113
Breite	11,40 m	**Crew-Mitglieder**	ca. 50
Tiefgang	1,50 m	**Bordsprache**	Deutsch
Indienststellung	2008	**Passagierdecks**	3 + SD
letzte Renovierung	2014	**Restaurants/Bars**	1/3

Kabinen	53 Suiten, teils mit begehbarem Balkon, in 4 Kategorien (14–30 m^2), 7 Einzelkabinen (12 m^2)
Sport & Wellness	Sonnendeck mit Schach, Shuffleboard, Putting Green, Wellness- und Fitnesscenter (u. a. mit Kneipp-Becken, Massage und Sauna), Coiffeur
Info-/Entertainment	Theatron im Panoramasalon, Vorträge, Konzerte, Shop, kostenloses WLAN
Dresscode	sportlich-leger bis elegant
Preis pro Nacht	ca. sFr 115 bis ca. sFr 500
Info	**Thurgau Travel**, Schweiz Tel. +44 71 626 55 00 www.thurgautravel.ch

PROFIL

Kabinen/Raumangebot
Ausflüge/Programm
Gastronomie
Service

aktuell noch nicht bewertet

Noch eine Computersimulation: die Volga Dream II

Volga Dream I & II

Neubau in Sicht: die Premium-Marke auf Russlands Wasserwegen

Bis seine Schwester im Geiste, der Neubau **Volga Dream II** (Bild ob.), 2015 startet, gilt dieses 2007 komplett entkernte und umgebaute Schiff des Jahrgangs 1959 als bester Kreuzer auf der Strecke St. Petersburg–Moskau. Alle 56 Kabinen, von der Single-Kammer bis zur Eignersuite, wurden elegant und geschmackvoll ausgestattet – wenn auch nicht mit Balkonen. Exzellent ist die russisch inspirierte Küche; gespeist wird in einer Tischzeit mit festen Plätzen. Zur Zerstreuung gibt es Livemusik in der Bar, Filme in der Newa Lounge, Folklore und Spiele. Oder die kundigen Vorträge von Lektoren wie Ludmilla Selezneva oder Alexander Bolelov: Beide haben Professorentitel von Moskauer Universitäten. Auch einen Bordarzt gibt es, eine Wäscherei, einen Friseur – und bei 55 Crew-Mitgliedern, die sich um die gut 100 Gäste kümmern, einen Service, wie man ihn auf anderen Schiffen in Russland nicht findet. Auch Annehmlichkeiten wie diese gehören dazu: Die immer übervolle Petersburger Eremitage wird vor der regulären Öffnungszeit besucht. Und im Winterpalast darf man exklusiv in das „Goldene Zimmer" schnuppern. Russland de luxe.

Reiserouten 2015

St. Petersburg–Moskau, **11 Nächte, ab € 2.795**

DATEN & FAKTEN

Länge	96,00 m	**Passagiere**	max. 109
Breite	14,50 m	**Crew-Mitglieder**	55
Tiefgang	2,50 m	**Bordspr.**	Dt., Engl., Russ.
Indienststellung	1959	**Passagierdecks**	4 + SD
Komplettumbau	2007	**Restaurants/Bars**	1/2

Kabinen	56 Außenkabinen mit Fenster oder Bullauge, dav. 1 Eignersuite, 5 Juniorsuiten, 29 Deluxe-, 10 Superior-, 8 Standard-, 3 Einzelkabinen; Größen: ca. 6–24 m²
Sport & Wellness	Sauna, Massagen, Friseursalon, Sonnendeck, Bordarzt
Info-/Entertainment	Livemusik in der Bar, Lektorenvorträge, Folklore, Bibliothek, WLAN, Souvenirshop
Dresscode	leger bis sportlich-elegant
Preis pro Nacht	ca. € 254 bis € 640
Info	**Dertour**, Tel. (069) 95 88-59 28, www.dertour.de **Wolga Dream**, Tel. (030) 201 72 15 89, de.volgadream.com

PROFIL

Kabinen/Raumangebot	⚓⚓⚓⚓
Ausflüge/Programm	⚓⚓⚓⚓½
Gastronomie	⚓⚓⚓⚓
Service	⚓⚓⚓⚓½

Der meistbefahrene Fluss ist weiterhin die Donau. Hier die Amadeus Silver in der Wachau

Europas schönste Flüsse

Vom Douro bis zum Don, vom Götakanal bis zum Guadalquivir: Die Palette der Flussreiseziele in Europa ist riesengroß. Und hält wieder neue Ziele bereit

Die Deutschen gelten seit vielen Jahren als „Flussreisen-Weltmeister" – aus einem simplen Grund: In ihrem Sprachgebiet verlaufen – zumindest größtenteils – die beiden meistbefahrenen Ströme Europas: die Donau und der Rhein. Die Beschreibung der wichtigsten Highlights an ihren Ufern, an der Donau bis hinab ans Schwarze Meer, am Rhein bis hinauf nach Holland und Flandern, bildet deshalb den Auftakt der Revierbeschreibungen auf den folgenden Seiten. Ihnen folgt die Elbe, von der aus man auch auf die Oder und bis zu den Inseln der Ostsee kreuzen kann – und nach Süden auf die Moldau bis Prag.

Aber manch einer, der auf diesen Flüssen seine erste Schiffsreise genoss, wurde neugierig auf Entdeckungen anderswo. Auf die Flüsse Russlands etwa, von der Wolga bis zum Don: Wer einmal mit dem Schiff zur Zeit der „Weißen Nächte" von St. Petersburg nach Moskau

Von Portugal bis Russland: Europäische Flussdestinationen im Überblick

fuhr, ist begeistert vom Komfort dieser Reiseform in einem Land, das sich Fremden ansonsten durch Visumsbeschränkungen noch immer stark verschließt. Die aktuellen Auseinandersetzungen um die Ukraine haben dies nicht verbessert. In der Hoffnung, dass dies nicht von Dauer ist, sind die russischen Flüsse aber weiterhin in diesem Buch vertreten.

Vertrauter sind freilich Frankreich, Spanien oder Portugal. Wie bequem es ist, auch sie statt im Auto vom schwimmenden Hotel aus zu erleben, beweist der Erfolg, den die Rhône, die Seine oder der Douro seit Jahren haben. Die Veranstalter hat das ermutigt, weitere Ziele anzubieten: den Guadalquivir in Südspanien, den Po in Italien, das Mündungsgebiet von Gironde, Garonne und Dordogne bei Bordeaux –und neuerdings auch die Loire, Frankreichs „Fluss der Könige". Wie bei den anderen übernimmt erneut CroisiEurope aus Straßburg hier die Vorreiterrolle.

Die ganze Armada der Schiffe zu beschreiben, die auf Europas Flüssen kreuzen, würde den Umfang dieses Buches sprengen. Deshalb legen wir auch in diesem Jahr den Schwerpunkt der Darstellung auf die Flüsse, jeweils ergänzt um Listen aller Schiffe, die bei deutschsprachigen Veranstaltern zu buchen sind. Leinen los also – und bon voyage!

Neu im Angebot: die Schlösser der Loire

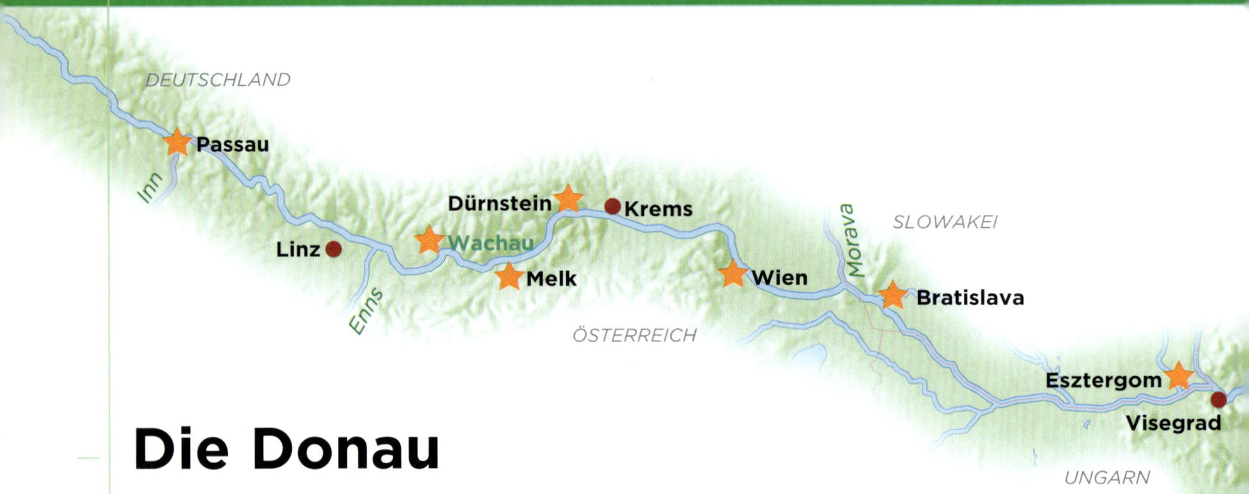

Die Donau

Kein Fluss hat so viele Anrainer: Auf der Reise von Passau bis ans Schwarze Meer durchquert man auf der Donau zehn Länder

Nach der Wolga ist die Donau mit 2.888 Kilometern Europas zweitlängster Strom – und das populärste Flussreisenrevier des Kontinents. Über 120 Passagierschiffe verkehren auf ihr, meist mit Passau als Ausgangspunkt; wegen der guten Fluganbindung ist auch Wien als Starthafen beliebt. Die meisten Schiffe bieten das Donauerlebnis in zwei Versionen an: Der Klassiker ist die (meist einwöchige) Fahrt von Passau nach Budapest und zurück. Die zeitaufwendigere Alternative ist die Fahrt bis ans Schwarze Meer und zurück; sie wird auch als „One-way-Route" angeboten, mit Rückflug ab Bulgarien oder Rumänien. Übrigens werden bei der Donau die Stromkilometer von der Mündung zur Quelle gezählt, von „Null" im Delta bis zu Kilometer 2.888 bei der Breg-Quelle im Schwarzwald. Die Saison für Donaureisen ist von Mai bis Oktober; beliebt sind aber auch Advents- und Weihnachtsreisen.

Höhepunkte an der Donau

Passau, die „Dreiflüssestadt" an Donau, Inn und Ilz, hat eine gut erhaltene Altstadt, überragt vom Dom St. Stephan, in dem Europas größte Orgel zu bewundern ist. Neben dem Anleger im Zentrum wurde in Lindau, leider vier Kilometer entfernt, ein neuer Anleger gebaut.
Zwischen Linz und Wien mäandert der Strom auf einer Länge von 30 Kilometern durch die Weinanbaugebiete der **Wachau.** Dieser für viele landschaftlich schönste Abschnitt der gesamten Donau beginnt kurz hinter **Melk,** wo die berühmte Stiftskirche aus dem 11. Jahrhundert steht – das Wahrzeichen der Wachau. Malerisch ist auch das Weinstädtchen **Dürnstein.**
In **Wien** hält man am Anleger Nußdorf oder am zentraleren Handelskai. Von dort aus lässt sich die Stadt gut auf eigene Faust erkunden. Top-Sehenswürdigkeiten sind Hofburg (u. a. mit der Spanischen Hofreitschule), Stephansdom und Schloss Schönbrunn. Wenn das Schiff über Nacht bleibt, gibt es meist einen Abendausflug zum Heurigen nach Grinzing.

Schloss Schönbrunn in Wien

Die Kettenbrücke in Budapest

Bratislava, die Hauptstadt der Slowakei, ist für viele eine Überraschung: Die kompakte Altstadt des ehemaligen Pressburg ist bestens restauriert und überaus lebendig. Beliebte Treffpunkte sind der Hauptplatz und die abzweigenden Gassen mit ihren Bars und Cafés. Vom Anleger geht man, vorbei am imposanten Opernhaus, bequem zu Fuß in die Altstadt.
Höhepunkte in Ungarn sind die nachts angestrahlte Basilika von **Esztergom,** das Donauknie bei **Visegrád** und natürlich **Budapest,** das eine der am schönsten gelegenen Städte Europas ist. In der Altstadt Buda am bergigen Westufer der Donau stehen die Matthiaskirche und das Habsburger Schloss. Nebenan am Gellértberg lohnt sich ein Besuch des nostalgischen Gellért-Bads. Auf der Pester Seite befinden sich das berühmte Parlamentsgebäude und viele Prachtbauten aus der Zeit der Donaumonarchie. Hier legen die Schiffe an; in die Fußgängerzone Váci utca sind es von dort nur Minuten. Stadtrundfahrten sind zu empfehlen, zumal Buda sehr hügelig ist.
Die südungarische Puszta erlebt man zwischen der barocken Bischofsstadt **Kalocsa** und **Mohács:** Rinderherden, akrobatisch gerittene Pferde, Paprikafelder – und die endlose Weite der Pannonischen Tiefebene.

Pelikane im Donaudelta

Weiter stromabwärts besucht man das heute serbische **Novi Sad,** die Hauptstadt der Vojvodina. Sie erzählt von der wechselvollen Zeit der Türkenkriege, die in Architektur, Küche und Folklore zahlreiche Spuren hinterließ. In **Belgrad,** der lebhaften Metropole Serbiens, steht aber auch die zweitgrößte Basilika der orthodoxen Christenheit, St. Sava. Die 2.000-jährige Geschichte der heute 1,7 Millionen Einwohner zählenden Stadt kann man in der Festungsanlage Kalemegdan am Zusammenfluss von Save und Donau nacherleben.
Der landschaftliche Höhepunkt der unteren Donau ist die Kataraktenstrecke des **Eisernen Tors:** Über 100 Kilometer zwängt sich der Strom durch die bewaldeten Karpaten. An der engsten Stelle, dem „unteren Kazan", ist er nur 145 Meter breit – bei 90 Meter Wassertiefe. Bis zur Vollendung des Djerdap-Staudamms 1967 war das Eiserne Tor eine gefährliche Passage, die nur ortskundige Lotsen meistern konnten. Heute ist die sechs Stunden dauernde Fahrt ein Naturerlebnis mit Fotomotiven wie dem **Kloster Mracuna** an der engsten Flussstelle und dem Felsenkopf des letzten Drakerkönigs aus spätrömischer Zeit.
Auf den unteren 940 Kilometern zieht der (bisher nicht regulierte) Strom gemächlich durch die walachische Ebene zum Delta. Malerisch sind die Ausblicke auf Sandbänke, grüne Ufer und kleine Dörfer. Man besucht das bulgarische **Vidin,** macht Ausflüge von **Rousse** ins mittelalterliche **Veliko Tarnovo** oder zum Schwarzmeerhafen **Constanta.** Reisehöhepunkt ist das **Delta** mit seinen stillen Wasserläufen und Seen, die man von **Tulcea** aus mit kleinen Booten erkundet. Der **Flusskilometer Null** am alten Leuchtturm von **Sulina** bildet meist den Abschluss der Reise. Bei One-way-Routen erfolgt der Rückflug in der Regel ab **Bukarest**, der Hauptstadt Rumäniens. Wer dort noch Zeit für Besichtigungen hat, erlebt eine Metropole, in der sich westeuropäische, osmanische und sozialistische Einflüsse bunt mischen. ►

Ausflugsziele zwischen Donau und Rhein: Regensburg (links) und die Würzburger Residenz

Schiffe auf der Donau 2015

- Alina (220 Gäste, Premium)
- ⚓ Allegra (178 Gäste, Premium)
- Amadeus (152 Gäste, Standard)
- Amadeus Brilliant (152 Gäste, Premium)
- Amadeus Classic (152 Gäste, Premium)
- Amadeus Elegant (152 Gäste, Premium)
- Amadeus Rhapsody (152 Gäste, Premium)
- Amadeus Royal (152 Gäste, Premium)
- ⚓ Amadeus Silver (152 Gäste, Premium)
- Amelia (220 Gäste, Premium)
- ⚓ Anesha (180 Gäste, Premium)
- Antonio Bellucci (140 Gäste, Premium)
- Ariana (158 Gäste, Premium)
- A-ROSA Bella (242 Gäste, Premium)
- A-ROSA Donna (242 Gäste, Premium)
- ⚓ A-ROSA Flora (186 Gäste, Premium)
- A-ROSA Mia (242 Gäste, Premium)
- A-ROSA Riva (242 Gäste, Premium)
- ⚓ A-ROSA Silva (186 Gäste, Premium)
- Aurelia (158 Gäste, Premium)
- Beethoven (180 Gäste, Standard)
- Bellejour (180 Gäste, Premium)
- Bellissima (134 Gäste, Standard)
- Belvedere (176 Gäste, Premium)
- Bolero (180 Gäste, Premium)
- Classica (157 Gäste, Standard)
- Claude Monet (156 Gäste, Standard)
- Danubia (148 Gäste, Standard)
- Edelweiss (180 Gäste, Premium)
- ⚓ Elegant Lady (128 Gäste, Standard)
- ⚓ Excellence Princess (144 Gäste, Premium)
- Excellence Queen (144 Gäste, Premium)
- Flamenco (200 Gäste, Standard)
- ⚓ Heidelberg (110 Gäste, Premium)
- Katharina von Bora (80 Gäste, Standard)
- L'Europe (160 Gäste, Standard)
- Maxima (180 Gäste, Premium)
- Modigliani (180 Gäste, Standard)
- Moldavia (160 Gäste, Standard)
- ⚓ Normandie (100 Gäste, Standard)
- Primadonna (148 Gäste, Standard)
- Prinzessin Isabella (140 Gäste, Standard)
- Prinzessin Katharina (144 Gäste, Standard)
- River Art (130 Gäste, Standard)
- Rousse (201 Gäste, Standard)
- Rousse Prestige (180 Gäste, Standard)
- ⚓ Select Explorer (170 Gäste, Premium)
- Sofia (206 Gäste, Standard)
- Sonata (178 Gäste, Premium)
- Switzerland II (110 Gäste, Standard)
- ⚓ Thurgau Ultra (113 Gäste, Premium)
- Ukraina (160 Gäste, Standard)
- Victor Hugo (180 Gäste, Standard)
- Viktoria (180 Gäste, Premium)
- Vista Fidelio (170 Gäste, Standard)
- Vivaldi (180 Gäste, Standard)

Der **Main-Donau-Kanal** verbindet die Donau mit dem Rhein: eine Route, entlang derer man Nürnberg, Bamberg oder Würzburg besucht – oder sogar quer durch Europa reisen kann, von Amsterdam bis ans Schwarze Meer. In fast voller Länge bieten dieses Erlebnis auch 2015 wieder die **Amadeus-**Schiffe von Lüftner an (in Deutschland u. a. über Dertour). Auf dem Main und dem Kanal fahren u. a. die **A-ROSA Silva**, die **Allegra** und die **Anesha** von Phoenix Reisen, die **Elegant Lady** von Plantours sowie **Excellence Princess** und die **Thurgau Ultra** aus der Schweiz.

Der Rhein

Der längste deutsche Fluss ist beliebt wie eh und je

Mit 1.320 Kilometern Länge ist der Rhein der größte deutsche Strom – und zugleich der verkehrsreichste Europas. Städte wie Basel, Strasbourg, Mainz und Köln säumen die Ufer, und an den Hängen gedeiht der Wein, den die Römer hier einst heimisch machten. Im Herbst, zur Zeit der Weinfeste, wird er gefeiert: „German Gemütlichkeit", wie sie bei Rhein-Touristen aus aller Welt schon immer hoch im Kurs stand – und offenbar auch vom deutschen Publikum wiederentdeckt wurde: Mit neuen Schiffen haben Veranstalter wie A-ROSA und TUI ihre Rhein-Angebote beträchtlich ausgeweitet. Und bei den Nebenflüssen wird, neben **Main** und **Mosel,** auch der **Neckar** auf neuen Routen erkundet.

An der Mosel

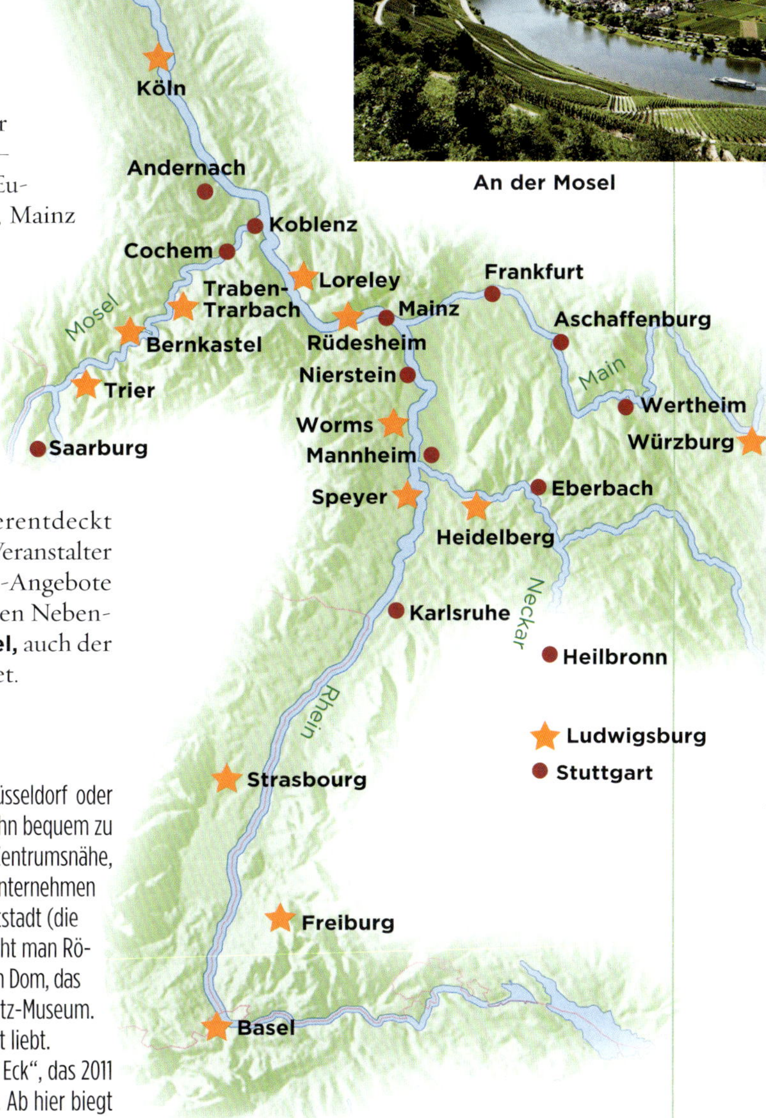

★ Höhepunkte am Rhein

Als **Starthäfen** für Rheinreisen sind Köln, Düsseldorf oder auch Frankfurt ideal. Alle drei sind mit der Bahn bequem zu erreichen, und die Anleger befinden sich in Zentrumsnähe, so dass man Erkundungen auf eigene Faust unternehmen kann. In **Düsseldorf** spaziert man durch die Altstadt (die „längste Theke der Welt"), in **Frankfurt** besucht man Römer, Paulskirche, Goethehaus – und in **Köln** den Dom, das Römisch-Germanische und das Wallraff-Richartz-Museum. Oder das Museum Ludwig, wenn man Pop-Art liebt. Rheinaufwärts folgt **Koblenz** am „Deutschen Eck", das 2011 Austragungsort der Bundesgartenschau war. Ab hier biegt man zur **Mosel** ab, mit berühmten Winzerorten wie **Traben-Trarbach** und **Bernkastel** sowie der Römerstadt **Trier.** Oder man kreuzt durch das malerische **Mittelrheintal** mit seinen Burgen und Schlössern, mit **Rüdesheim** und seiner „Drosselgasse" – und mit dem legendären **Loreley-Felsen** bei St. Goarshausen. Ab **Mainz,** der Wein- und Karnevalsmetropole, werden die Ufer flacher. Bei Mannheim geht es den **Neckar** hinauf nach Heidelberg, sehenswert sind auch **Speyer** und **Worms** mit ihren Domen aus karolingischer Zeit.

Der nächste Höhepunkt liegt in Frankreich: **Strasbourg,** das als Sitz des EU-Parlaments als „zweite Hauptstadt Europas" gilt – und ein so prachtvolles gotisches Münster besitzt wie **Freiburg** im Breisgau, das Tor zum Schwarzwald. Wer lieber ins Elsass fährt, besucht die Fachwerkstadt **Colmar.** Und last, but not least folgt **Basel** im Dreiländereck mit seinen rund 40 (!) Museen. Und mit „Guggemusik" zur Fastnachtszeit, dem Schweizer Gegenstück zum rheinischen Karneval. ►

Im Rhein-Delta (Niederlande & Belgien)

Entdeckungen im Delta von Rhein und Maas und an der Schelde: Die Niederlande und der Norden Belgiens sind ein Wasserwander-Paradies

Über 891,20 Kilometer ist der Rhein schiffbar – davon verlaufen 171,20 Kilometer auf niederländischem Gebiet. Es vom Wasser aus zu erkunden drängt sich geradezu auf: Holland lebt am und mit dem Wasser wie kaum ein anderes Land. Lek, Maas und Waal, die Delta-Arme, in die der Rhein sich in den Niederlanden verzweigt, dazu das Ijsselmeer und eine Unzahl mal schmaler, mal breiter Nebengewässer: Vom fließenden Element ist man in Holland nirgends weit entfernt. Und über die Schelde und ein verzweigtes Gewirr von Kanälen ist das Rhein-Delta auch mit Flandern verbunden, der Nordprovinz des Nachbarlands Belgien. Dort liegen Brügge, Brüssel, Gent, Antwerpen: für Städtetrips ein perfektes Revier.

★ Höhepunkte in Holland & Flandern

Bei Rheinreisen Kurs Nord ist **Amsterdam** oft das Hauptziel; ein zweitägiger Aufenthalt ist die Regel. Die Schiffe liegen in unmittelbarer Nähe des Hauptbahnhofs. Wer will, kann dort sofort in die Grachtenschiffe umsteigen – die Rundfahrt ist immer noch die beliebteste Form, Amsterdam zu erleben. Weltniveau hat das Amsterdamer Museumsangebot, u. a. mit Rijksmuseum, Van Gogh Museum, Rembrandthaus und dem einstigen Wohnhaus der Anne Frank an der Prinsengracht.
Schiedam vor den Toren **Rotterdams** ist der Ausgangspunkt für viele Ausflüge zu touristischen Klassikern: Man besucht **Delft** mit seiner Porzellanmanufaktur, **Den Haag** mit dem Regierungssitz und der Residenz der königlichen Familie, außerdem **Leiden,** die Geburtsstadt Rembrandts und mit ihren Grachten und Giebeln das fast perfekte Holland-

Ziele im Norden: Rotterdam, Käsemarkt in Alkmaar und das mittelalterliche Brügge

Idyll. Letzteres gilt auch für zwei Ziele am Rande: die Windmühlen von **Kinderdijk** nahe Dordrecht und die Blumenmeere des **Keukenhofs** südlich von Amsterdam. Ein Tipp ist auch **Nijmegen:** Die älteste Stadt des Landes hat sich zu einer jung-modernen Universitätsstadt entwickelt.

Im belgischen **Antwerpen,** das über die Schelde-Mündung angesteuert wird, legen die Schiffe in unmittelbarer Nähe der Altstadt an. Traditionelle Treffs sind dort der Grote Markt und der Groenplaats mit seinen Restaurants. In **Gent,** der Stadt mit dem Drei-Türme-Panorama, stehen die schönsten Giebelhäuser am Vrijdagmarkt. Da sich der Liegeplatz außerhalb der Altstadt in einem Industriegebiet befindet, ist hier ein organisierter Ausflug zu empfehlen. Auf eigene Faust wiederum kann man **Brüssel** erkunden. Zumindest das historische Zentrum der EU-Kapitale lohnt die Entdeckung.

Schiffe auf dem Rhein und im Rhein-Delta 2015

Die Palette der Rhein-Routen ist groß und bunt: Kleinere Schiffe fahren auch auf die Nebenflüsse Main, Neckar und Mosel oder sogar bis zur Saar. Und auf den Wasserwegen Hollands und Belgiens liegen das Ijsselmeer und die Kunststädte Flanderns voll im Trend.

- ⚓ **Alegria (100 Gäste, Standard)**
- **Alina (220 Gäste, Premium)**
- ⚓ **Allegra (178 Gäste, Premium)**
- **Amadeus Brilliant (152 Gäste, Premium)**
- **Amadeus Classic (152 Gäste, Premium)**
- **Amadeus Elegant (152 Gäste, Premium)**
- **Amadeus Princess (152 Gäste, Premium)**
- **Amadeus Royal (152 Gäste, Premium)**
- ⚓ **Amadeus Silver (152 Gäste, Premium)**
- **Amelia (220 Gäste, Premium)**
- **Andante (50 Gäste, Standard)**
- ⚓ **Anesha (180 Gäste, Premium)**
- **Antonio Bellucci (140 Gäste, Premium)**
- **A-ROSA Aqua (202 Gäste, Premium)**
- **A-ROSA Brava (202 Gäste, Premium)**
- ⚓ **A-ROSA Flora (186 Gäste, Premium)**
- ⚓ **A-ROSA Silva (186 Gäste, Premium)**
- **A-ROSA Viva (202 Gäste, Premium)**
- **Aurelia (158 Gäste, Standard)**
- **Bellejour (180 Gäste, Premium)**
- **Bellevue (196 Gäste, Premium)**
- ⚓ **Bellriva (186 Gäste, Standard)**
- **Calypso (90 Gäste, Standard)**
- ⚓ **Casanova (96 Gäste, Standard)**
- **Claude Monet (156 Gäste, Standard)**
- **Douce France (156 Gäste, Standard)**
- ⚓ **Elegant Lady (128 Gäste, Standard)**
- **Emerald Dawn (182 Gäste, Premium)**
- ⚓ **Excellence Princess (144 Gäste, Premium)**
- **Excellence Queen (144 Gäste, Premium)**
- **Gérard Schmitter (156 Gäste, Standard)**
- **Gloria (150 Gäste, Premium)**
- **Heinrich Heine (110 Gäste, Standard)**
- **Jane Austen (148 Gäste, Standard)**
- **La Bohème (140 Gäste, Standard)**
- **Lafayette (110 Gäste, Standard)**
- **Leonardo da Vinci (180 Gäste, Standard)**
- **Maxima (178 Gäste, Standard)**
- **Rhein Prinzessin (140 Gäste, Premium)**
- **Serena (106 Gäste, Standard)**
- **Serenité (12 Gäste, Premium)**
- **Swiss Crown (150 Gäste, Standard)**
- **Switzerland (104 Gäste, Standard)**
- **Switzerland II (104 Gäste, Standard)**
- **Sonata (178 Gäste, Premium)**
- ⚓ **Thurgau Ultra (113 Gäste, Premium)**

Elbe, Havel und Oder

Über Moldau und Havel verbindet die Elbe Hamburg mit Prag und Berlin. Und über die Oder geht es weiter bis in die offene Ostsee

Jahrzehntelang fristete die Elbe ein Schattendasein: Eine längere Strecke war Teil des Eisernen Vorhangs zwischen Ost und West. In dieser Zeit wurde sie als Kloake missbraucht, andererseits blieb längs der Grenze auch eine natürliche Auenlandschaft erhalten, die heute unter Schutz steht. Wer ab Hamburg elbaufwärts fährt, kann diesen „Naturpark Elbtalaue" erleben. Die meisten Schiffe aber befahren den Strom weiter südlich: von Magdeburg über Dresden ins Elbsandsteingebirge und weiter auf der Moldau bis Prag, für viele Höhepunkt der Reise. Sofern nicht Niedrigwasser die Elbfahrt vereitelt: Wenn das Schiff nicht weiterkommt, wird die Kreuzfahrt zur Busreise.

Und in der anderen Richtung? Geht's über die Havel via Potsdam nach Berlin, zum „1. Kreuzfahrtterminal Spandau". Der nicht nur Ziel-, sondern auch Ausgangspunkt für Flusstouren ist: Über den Havel-Oder-Kanal können kleinere Kreuzer zur Oder fahren. Und über das Stettiner Haff, vorbei an Usedom und Wollin, bis hinauf nach Stralsund und zur Insel Rügen. Ein Stückchen Hochseefahrt also – bei dem es schon mal kräftig schaukeln kann ...

Die Seebrücke von Ahlbeck auf Usedom

★ Höhepunkte

Wer in **Hamburg** startet und die Stadt nicht kennt, sollte einen Tag vorher anreisen. Hafenrundfahrt und Musicalbesuch, Rathaus und Michel, HafenCity und Speicherstadt: Das „Tor zur Welt" bietet Sehenswertes in Fülle. Elbaufwärts geht es dann durch den **Naturpark Elbtalaue** (am Ostufer die Festung Dömitz) nach **Magdeburg** mit seinem gewaltigen Dom. Und über **Dessau**, wo die Bauhaus-Architekten wirkten, zur Lutherstadt **Wittenberg.** Vor ihren Toren liegt der bezaubernde **Wörlitzer Park.** In **Meißen**, der „Wiege Sachsens", sollte man neben Dom und Albrechtsburg auch die Porzellanmanufaktur besuchen; die Exponate sind atemberaubend.

Viel neuen Glanz hat **Dresden** erhalten – mit der restaurierten Semperoper, der wiedererrichteten Frauenkirche und dem Grünen Gewölbe des Zwingers, in dem überwältigende Kunstschätze ausgestellt sind. Ein besonderes Landschaftserlebnis bietet das **Elbsandsteingebirge** bei Bad Schandau, schon an der Grenze zur Tschechischen Republik. Hier bildet am Nebenfluss **Moldau** (tschechisch „Vltava") die „Goldene Stadt" **Prag** den krönenden Abschluss. Man wandelt auf den Spuren Kafkas, Mozarts oder des braven Soldaten Schwejk. Und genießt in den Gasthäusern die vielleicht besten Biere Europas.

Wer in **Potsdam** an der Havel startet, entweder mit Prag oder mit Rügen als Ziel, kann im Schloss Sanssouci dem Geist der Preußenkönige nachspüren und im Cecilienhof dem der „Potsdamer Konferenz" von 1945. In **Berlin**, seit 1999 wieder deutsche Hauptstadt (und zu groß, um hier auch nur skizziert zu werden), erlebt man die Politik von heute hautnah, zum Beispiel mit einem Besuch der Kuppel über dem Reichstag.

Weiter Richtung Oder: Am **Oder-Havel-Kanal** passiert man in **Niederfinow** mit dem zweitgrößten Schiffshebewerk der Welt ein technisches Meisterwerk der 1930er-Jahre. Ab **Lunow** fährt das Schiff auf der **Oder** und erreicht bald **Szczecin** (früher **Stettin**), wo die wechselvolle deutsch-polnische Geschichte lebendig bleibt. Über das Stettiner Haff geht es zur Insel **Usedom** mit den „Kaiserbädern" Ahlbeck und Heringsdorf. Und dann beginnt die kurze „Seefahrt" längs der Ostseeküste, durch den Greifswalder Bodden via **Stralsund** zur Insel **Rügen**. Das Seebad Binz, die Kreidefelsen im Nationalpark Jasmund und den Besuch der stillen (autofreien) Nachbarinsel **Hiddensee** sollte man dort nicht versäumen.

Das Elbsandsteingebirge im Herbst

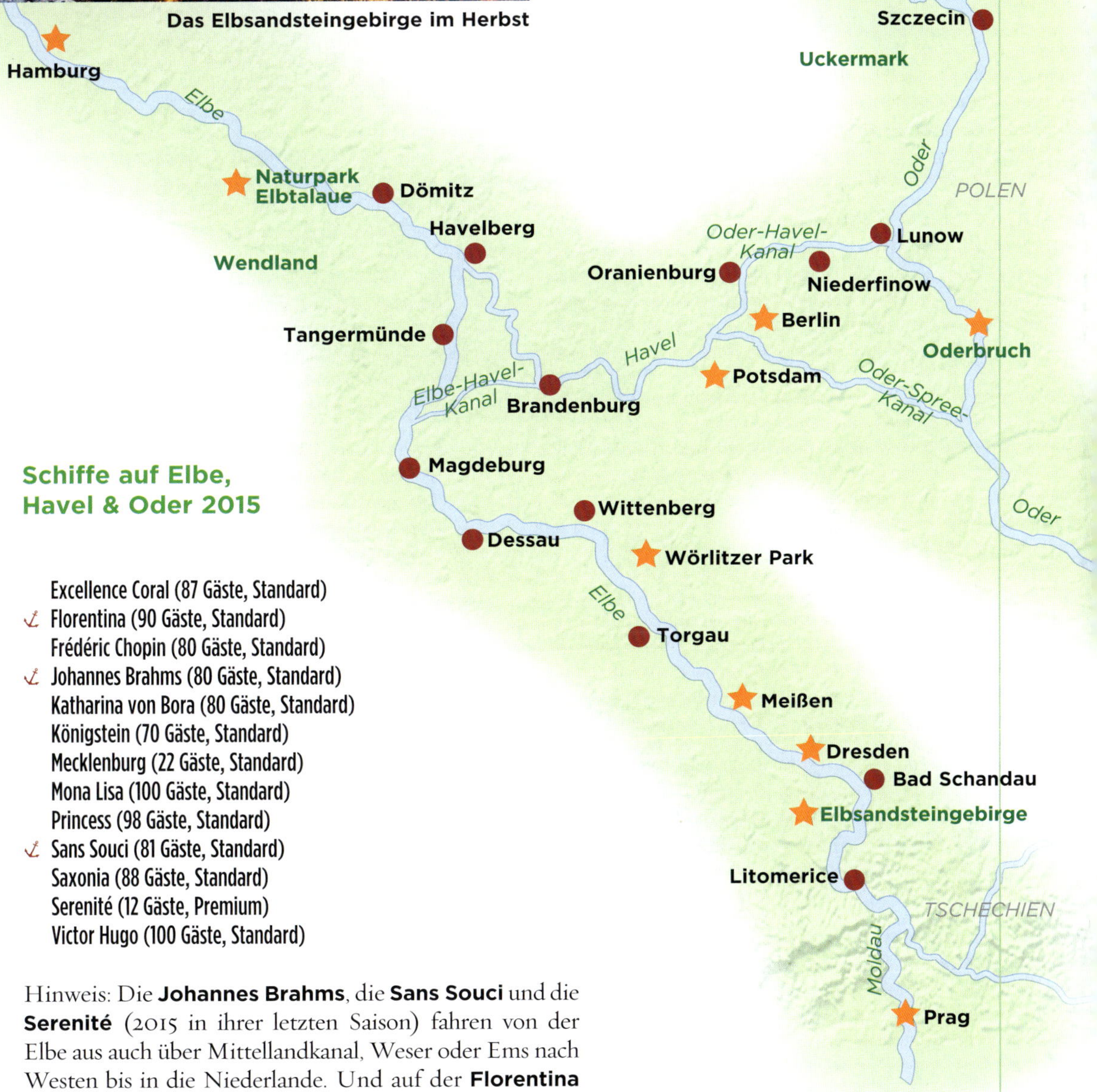

Schiffe auf Elbe, Havel & Oder 2015

Excellence Coral (87 Gäste, Standard)
⚓ Florentina (90 Gäste, Standard)
Frédéric Chopin (80 Gäste, Standard)
⚓ Johannes Brahms (80 Gäste, Standard)
Katharina von Bora (80 Gäste, Standard)
Königstein (70 Gäste, Standard)
Mecklenburg (22 Gäste, Standard)
Mona Lisa (100 Gäste, Standard)
Princess (98 Gäste, Standard)
⚓ Sans Souci (81 Gäste, Standard)
Saxonia (88 Gäste, Standard)
Serenité (12 Gäste, Premium)
Victor Hugo (100 Gäste, Standard)

Hinweis: Die **Johannes Brahms**, die **Sans Souci** und die **Serenité** (2015 in ihrer letzten Saison) fahren von der Elbe aus auch über Mittellandkanal, Weser oder Ems nach Westen bis in die Niederlande. Und auf der **Florentina** kann man in Tschechien von Prag aus auch die Obere Moldau erkunden.

Höhepunkte an Rhône und Saône im Kartenüberblick – und die Lavendelfelder der Provence

Auf Frankreichs Flüssen

Die „Grande Nation", vom Wasser aus betrachtet: Das geht auf Rhône und Saône, auf der Seine, auf der Gironde – und neuerdings auch auf der Loire

Rhône und Saône: Per Schiff auf der Rhône und ihrem Nebenfluss Saône – auf angenehmere Art kann man die Schönheiten Südfrankreichs in einer Woche kaum erleben. Lyon, drittgrößte Stadt des Landes und per Bus, Bahn oder Flug bequem zu erreichen, ist meist der Ausgangspunkt. Sie lockt mit der Altstadt „Vieux-Lyon", prächtigen Renaissance-Bauten – und exquisiter Küche: Paul Bocuse ist hier zu Hause. Die Themen Wein und Küche begleiten den Reisenden weiter – nordwärts auf der Saône, die zu den Weinbergen des Burgund führt, südwärts über 310 Flusskilometer bis zur Mündung ins Mittelmeer bei Port-Saint-Louis. Avignon, Stadt der Päpste und berühmt geworden durch die St.-Bénézet-Brücke („Sur le pont d'Avignon"), versprüht trotz der vielen Touristen noch immer mittelalterlichen Charme; Mittelpunkt in Arles ist eine gewaltige römische Arena. Daneben warten Ausflüge zu den Schluchten des Verdon, zum Pont du Gard bei Nîmes und zu den Wildpferden der Camargue. Der interessanteste Ort an der Saône ist das pittoreske Marktstädtchen Chalon-sur-Saône.

Rund ein Dutzend Passagierschiffe verkehren auf Rhône und Saône. Sie haben Platz für 120 bis 170 Gäste; einige bieten Themenreisen für Golfer, Gourmets oder Weinliebhaber an. Sie passieren auf der Rhône zwölf Schleusen; die mit 23 Metern höchste ist die Schleuse Bollène. Bekannt ist das Rhônetal als

Die Kathedrale von Lyon, der Hafen von Honfleur und der Weinort St.-Emilion im Bordelais

„Einflugschneise“ für den Mistral. Bei wolkenlosem Himmel weht der „Schönwetterwind“ von Norden durch das Flusstal und über die Provence bis zum Mittelmeer. Neben Frühjahr und Sommer ist der Herbst als Reisezeit zu empfehlen: die Zeit der Weinlese.

- **Amadeus Symphony (146 Gäste; Premium)**
- ⚓ **A-ROSA Luna (172 Gäste; Premium)**
- ⚓ **A-ROSA Stella (172 Gäste; Premium)**
- **Bellefleur (150 Gäste; Premium)**
- **Bijou (155 Gäste; Standard)**
- **Camargue (146 Gäste; Standard)**
- **Excellence Rhône (142 Gäste; Premium)**
- **Gloria (150 Gäste; Standard)**
- **Mistral (158 Gäste; Standard)**
- **Princesse de Provence (148 Gäste; Standard)**
- **Van Gogh (158 Gäste; Standard)**

Seine: Frankreichs drittlängster Fluss fließt durch das Kernland der französischen Kultur. Von Paris aus fährt man durch die Gartenlandschaft der Normandie. In Giverny besucht man Monets Seerosenteich, in Rouen eine der schönsten Kathedralen Frankreichs, und von Le Havre am Atlantik führen Ausflüge zu den Klippen von Étretat oder nach Honfleur. Nach Engländern und Amerikanern entdecken auch immer mehr Deutsche die Schönheit dieses Flusses. Immerhin sieben Schiffe werden ihnen auf der Seine 2015 angeboten:

- **Amadeus Diamond (152 Gäste; Premium)**
- **Botticelli (154 Gäste; Standard)**
- ⚓ **Cézanne (100 Gäste; Standard)**
- **Excellence Royal (144 Gäste; Premium)**
- **France (160 Gäste; Standard)**
- **Renoir (160 Gäste; Standard)**
- **Seine Princess (134 Gäste; Standard)**

Gironde, Garonne & Dordogne: Ein Flussreiseziel für Kenner ist das Mündungsgebiet von Gironde, Garonne und Dordogne am Atlantik. Höhepunkte sind die Stadt Bordeaux, das Tal der Dordogne mit seinen mittelalterlichen Burgen – und die Weingüter im weltberühmten Anbaugebiet St.-Emilion. Erst seit 2011 von CroisiEurope angeboten, hat dieses Fahrgebiet sich schnell zu einem großen Publikumserfolg entwickelt. Seit 2013 setzt die Reederei aus Strasbourg zwei baugleiche Schiffe hier ein:

- ⚓ **Princesse d'Aquitaine (134 Gäste; Standard)**
- **Cyrano de Bergerac (134 Gäste; Standard)**

Loire: Premiere für den „Fluss der Könige“: Erstmals soll 2015 ein Kreuzfahrtschiff auf ihm verkehren – der Neubau **Loire Princesse** (96 Gäste; Bild S. 252) von CroisiEurope. Er wurde eigens für das wegen seiner geringen Wassertiefe schwer navigierbare Gewässer mit einem Schaufelradantrieb konstruiert – und bietet 6- oder 8-tägige Reisen ab/bis Nantes an.

Auf dem Douro: Spirit of Chartwell (r. o.) und Douro Cruiser. Unten: Blick auf Porto

Portugal, Spanien und Italien

Nordportugal und Südspanien, vom Fluss aus betrachtet: Auf dem Douro ist das kein Geheimtipp mehr – der Guadalquivir dagegen ist noch zu entdecken

Douro: Lissabon kennen viele. Aber Porto? Die Stadt, die sich gern als heimliche Hauptstadt Portugals sieht, liegt eine halbe Stunde vom Atlantik entfernt, blickt aber genauso landeinwärts wie zum Meer. Sie besitzt eine zauberhafte Altstadt mit malerischen, kachelgeschmückten Plätzen. Und sie ist Umschlagplatz des Portweins, der am Douro reift – dem Fluss, der wie kaum ein anderer in Europa in den letzten Jahren von Flussreisenden entdeckt wurde. Über 204 Kilometer führt die Reise von Porto aus den Fluss hinauf, bis an die Grenze zu Spanien, wo der Douro, spanisch **Duero**, entspringt. Fast immer führt ein Ausflug auch hinein ins Nachbarland, nach Salamanca, der ältesten und schönsten Universitätsstadt Spaniens. Flamenco und Fado also: Man hört beides an Bord. Spektakulär im Fahrtverlauf sind die steil ansteigenden Rebberge am Oberlauf des Flusses – und fünf bis zu 15 Meter hohe Schleusen. Früher gab es hier tückische Stromschnellen; erst in den 1970er-Jahren wurde der Douro für Kabinenschiffe befahrbar gemacht. Die schönste Reisezeit ist auch hier der Herbst, die Zeit der Lese. Kellereibesuche und Portwein-Degustationen gehören aber auch zu allen anderen Terminen zum festen Programm.

Ein halbes Dutzend Schiffe verkehrt aktuell auf dieser Strecke. Unter ihnen ist die 2005 gebaute **Douro Cruiser** eines der besten. Von ihren 65 Außenkabinen haben 38 einen (wenn auch winzigen) Balkon. Zumindest optisch

Ziele einer Guadalquivir-Reise: Andalusiens „weiße Dörfer" und die Moschee von Cordoba

stiehlt dem Kreuzer aber seit 2013 die **Spirit of Chartwell** die Schau: Die schokobraune Barge fuhr früher auf der Themse und war 2012 sogar bei der Parade zum Thronjubiläum der Queen mit von der Partie. Kurz darauf wurde sie von der portugiesischen Firma Douro Azul erworben – und kreuzt seither mit maximal 30 Gästen auf dem Douro.

Douro Cruiser (130 Gäste; Premium)
Douro Queen (130 Gäste; Standard)
Gil Eanes (132 Gäste; Standard)
Infante Don Henrique (142 Gäste; Standard)
Magellan (150 Gäste; Standard)
⚓ **Spirit of Chartwell (30 Gäste; Premium)**
Vasco Da Gama (142 Gäste; Standard)

Guadalquivir: Zwischen Land und Meer reist man auf dem Gudalquivir im Südwesten Spaniens. Von Sevilla aus kreuzt man dabei durch flaches Land und ein Stück längs der Küste bis Cádiz. Und erlebt auf Ausflügen Ziele wie Granada mit der Alhambra, Córdoba mit der Mezquita oder die „weißen Dörfer" Andalusiens. Nur ein Schiff, die **Belle de Cadiz** (180 Gäste) von CroisiEurope, bietet die Reise an.

Po: Ein Nischendasein führt Italiens längster Fluss im Kreuzfahrtenmarkt. Nachdem nicko tours seine **Bellissima** wieder vom Po auf die Donau verlegte, ist die **Michelangelo** von CroisiEurope das einzige größere Schiff, das diese Reisen anbietet. Sie stehen im Zeichen der Kunst; Städte wie Ferrara, Ravenna und Verona werden dabei besucht. Den Großteil seiner Reise aber verbringt das Schiff in Venedig. Bis zu vier Tage liegt es in der Lagune, in Fußnähe zu Rialto-Brücke und Markusdom. Auf dem Po selbst fährt es nur ein kurzes Stück, über Chioggia und Taglio di Po bis nach Polesella kurz vor Ferrara – und wieder retour. Wer unbedingt weiter hinauf auf dem Fluss reisen möchte, der kann dies auf der (italienischsprachigen) **Vita Pugna** tun (www.vitapugna.it): Der nur 26 Meter lange Kreuzer für maximal 25 Gäste kann auf dem Po bis nach Mantua fahren. Mit an Bord sind Fahrräder, die eventuellem Bewegungsmangel abhelfen: Viele Ausflugsziele werden per Pedale erkundet.

Michelangelo (156 Gäste; Standard)
Vita Pugna (25 Gäste; Standard)

Ein Hinweis, der auch im Hochseekapitel stehen könnte, betrifft die andere Seite der Adria: In den Flussmündungen und vor der Küste **Kroatiens** kreuzen mit der **Belle de l'Adriatique** (CroisiEurope, 200 Gäste) und der Motoryacht **Thurgau Dalmatia** (Thurgau Travel, 23 Gäste) zwei Schiffe, die Salz- und Süßwasser miteinander verbinden.

Belle de l'Adriatique

Russische Flüsse: Wolga, Don und Lena

Der Klassiker in Russland? Natürlich Moskau–St. Petersburg. Wer mehr möchte, kann auf der Wolga aber auch bis ans Kaspische Meer reisen

Per Schiff von Moskau nach St. Petersburg: Erst im 20. Jahrhundert wurde diese Passage von der **Wolga** zur **Newa** dank des **Moskau-Wolga-Kanals** und des **Wolga-Baltik-Kanals** möglich. Auf der beliebten Route, zu der auch die Fahrt über Europas größte Binnengewässer gehört (**Ladogasee** und **Onegasee**), verkehren rund 60 Passagierschiffe. Die meisten wurden zu Sowjetzeiten in der DDR gebaut und werden von russischen Eignern verchartert. In den Programmen mehrerer deutscher Anbieter, von Plantours über Phoenix, 1AVista und nicko tours bis Dertour, ist diese Strecke seit Jahren gesetzt. Nur noch im englischsprachigen Markt angeboten werden dagegen die Schiffe von Viking River Cruises.

Höhepunkte dieser Reise sind zweifellos die Aufenthalte in den beiden Metropolen zu Beginn und am Ende (die Fahrt wird in beiden Richtungen angeboten): In Moskau und St. Petersburg werden je zwei- bis dreitägige Vor- und Nachprogramme absolviert, mit Besichtigungen von Kreml und Eremitage, Besuchen im Bolschoi-Theater oder im St. Petersburger Ballett und Ähnlichem mehr. Dem unbekannteren Russland begegnet man längs der Strecke: Sie führt durch die Wälder Kareliens, durch Stauseen und Schleusen aus stalinistischer Zeit und zu kulturellen Perlen wie der Klosterinsel Kishi im Onegasee oder den Zarenstädten Jaroslawl, Kostroma und Uglitsch am „Goldenen Ring".

Russland für Fortgeschrittene ist die „Große Wolga-Reise", die 2015 zum Beispiel auf der **Michael Scholochow** von Phoenix Reisen gebucht werden kann: Sie beginnt in St. Petersburg, führt auf der klassischen Strecke zunächst bis Jaroslawl – und dann im großen Bogen auf der Wolga über Nishni Nowgorod, Kazan und Wolgograd bis zur Mündung der Wolga ins Kaspische Meer bei Astrachan. Über den **Wolga-Don-Kanal** folgt zum Schluss noch eine Etappe bis Rostov am **Don**. Es ist eine Reise, für die man jedoch Zeit braucht: Sie dauert 18 bis 20 Tage.

Touristenspaß: Stalin-Double auf dem Roten Platz

Die Volga Dream in Moskau (o.); Erlöserkirche und Peterhof in St. Petersburg (unten l. u. r.)

Auch sie wird in beiden Richtungen angeboten, auch in einer etwas kürzeren Variante mit Moskau als Start- (oder Ziel-)hafen: Sie steht 2015 im Plan der **Ivan Bunin** von Phoenix Reisen.

Wer es noch abenteuerlicher mag, bucht die **Lena** in der sibirischen Region Jakutien; Lernidee Reisen hat dafür die **Michael Svetlov** gechartert. Die insgesamt 16-tägige Tour (mit Vorprogramm Moskau) führt über den Polarkreis zu den Lena-Felsen und weiter in die endlosen Weiten von Tundra und Taiga. Nur im Frühsommer ist diese Reise möglich. – Schiffe auf russischen Flüssen 2015:

Alexander Puschkin (160 Gäste, Standard)
Andrey Rublev (250 Gäste; Standard)
Chekhov (220 Gäste; Standard)
Dnepr Princess (240 Gäste; Standard)
Fedin (240 Gäste; Standard)
Ivan Bunin (210 Gäste; Standard)
Kandinsky (196 Gäste; Standard)
Lavrinenkov (231 Gäste; Standard)
Michael Scholochow (260 Gäste; Standard)
Michael Svetlov (136 Gäste; Standard; fährt auf der Lena in Sibirien)
Sergej Rachmaninov (260 Gäste; Standard)
Stravinski (200 Gäste, Standard)
Tschitscherin (240 Gäste; Standard)
⚓ **Volga Dream (100 Gäste; Premium)**
⚓ **Volga Dream II (100 Gäste; Premium)**

Ukraine: Stillstand auf dem Dnepr

Seit Februar 2014 schwelt der kriegerische Konflikt zwischen Russland und der Ukraine. Unter anderem mit der Folge, dass eine bis dahin erfolgreiche Flussdestination weitestgehend aus den Katalogen verschwunden ist: der **Dnepr**, den man von Kiew bis ans Schwarze Meer auf Flussschiffen befahren kann. Bei Redaktionsschluss dieses Buches ist nicht bekannt, ob 2015 Reisen auf ihm möglich sein werden.

FOTOS: F. Frei (3)

Kurs Bullerbü: Im Sommer fährt die 140 Jahre alte Juno (Mitte) quer durch Schwedens Süden

Skandinavien & Schottland

Hätten Sie's gewusst? Das älteste Passagierschiff der Welt mit Übernachtungsmöglichkeit kreuzt nicht auf dem Meer, sondern auf einem Binnengewässer: Es ist die **Juno**, getauft 1874; ihr Fahrgebiet ist der **Götakanal** im Süden Schwedens. Im Wechsel mit ihren bauähnlichen Schwestern **Wilhelm Tham** (Bj. 1912) und **Diana** (Bj. 1931) verkehrt sie im Sommer auf dieser Strecke, die man eigentlich als „Wassertreppe" bezeichnen müsste: Über 58 (!) Schleusen führt sie von Göteborg nach Stockholm. Die nostalgischen Dampfer werden liebevoll gepflegt und sind echte Schmuckstücke für Liebhaber.

Etwas Vergleichbares, kaum bekannt, gibt es ürbrigens auch an der anderen Seite der Ostsee, in Finnland: Dort kreuzt die 1914 gebaute **Puijo** auf den Seen zwischen Savonlinna und Kuopio (www.mspuijo.fi). Und immerhin 18 Schleusen gilt es auch auf dem **Telemarkkanal** in Norwegen zu überwinden. Über 105 Kilometer verbindet er die Orte Skien und Dalen in der östlich von Oslo gelegenen Region Telemark. Auch hier verkehren fotogene Oldtimer-Schiffe: die **Victoria** von 1882, die **Henrik Ibsen** von 1902, die **Skarsfors** von 1909 und die **Telemarken** von 1951. Sie bieten Tagesfahrten mit Rückkehr per Bahn nach Oslo an, zu diversen Terminen aber auch veritable kleine Kreuzfahrten mit Übernachtung an Bord.

Ausgewachsene 10-Tages-Programme erlebt man auf der **Lord of the Glens** in den schottischen Highlands: Mt 54 Gästen fährt sie auf dem **Caledonian Canal** vom Loch Ness bis zur schottischen Westküste. Ein Erlebnis der Extraklasse – siehe dazu die Reportage ab S. 246!

Victoria

Lord of the Glens

Neue Ufer in fernen Welten: Exotische Flussreiseziele finden sich auf allen Kontinenten

Flüsse für Sammler

Amazonas, Mississippi, Nil – und in Asien Jangtse, Mekong und Irrawaddy. Auch außerhalb Europas gibt es vom Fluss aus viel zu entdecken

Die jährliche Statistik des Deutschen Reiseverbands (DRV) fasst sie unter „Sonstige" zusammen. Weil nur um die 7.000 deutsche Passagiere sie pro Jahr buchen – keine zwei Prozent des gesamten Flussreisenmarktes. Gemeint sind damit alle „Exoten", die auf den folgenden Seiten behandelt werden. Alle bis auf einen: den Nil. Der allein nämlich bringt es – normalerweise – auf bis zu 100.000 Buchungen aus Deutschland pro Jahr, fast so viele wie der nach der Donau (über 140.000) zweitplatzierte Rhein. Doch „normal" ist die Lage am Nil seit 2011 nicht mehr: Wegen der ungewissen politischen Lage ist der Ägypten-Tourismus seit Jahren in der Krise. Doch weil der Nil eine der schönsten außereuropäischen Flussdestinationen ist, bleibt ein Kapitel zum Nil Teil dieses Buches.

Weitere Destinationen für Flüssesammler liegen in Nord- und Südamerika (Mississippi und Amazonas) – und vor allem in Asien: der Jangtse, der Mekong in Laos, Vietnam und Kambodscha und der Irrawaddy in Burma sind die derzeit beliebtesten. Man bereist sie auf Schiffen, die so ganz anders daherkommen als bei uns in Europa: Riesengroß sind sie auf dem Jangste – winzig und oft aus Teakholz gebaut auf dem Mekong und in Burma.

Auf dem Nil

Von Kairo bis Assuan auf dem Strom der Pharaonen: Die politische Lage wird Ausschlag darüber geben, wann dies wieder möglich ist

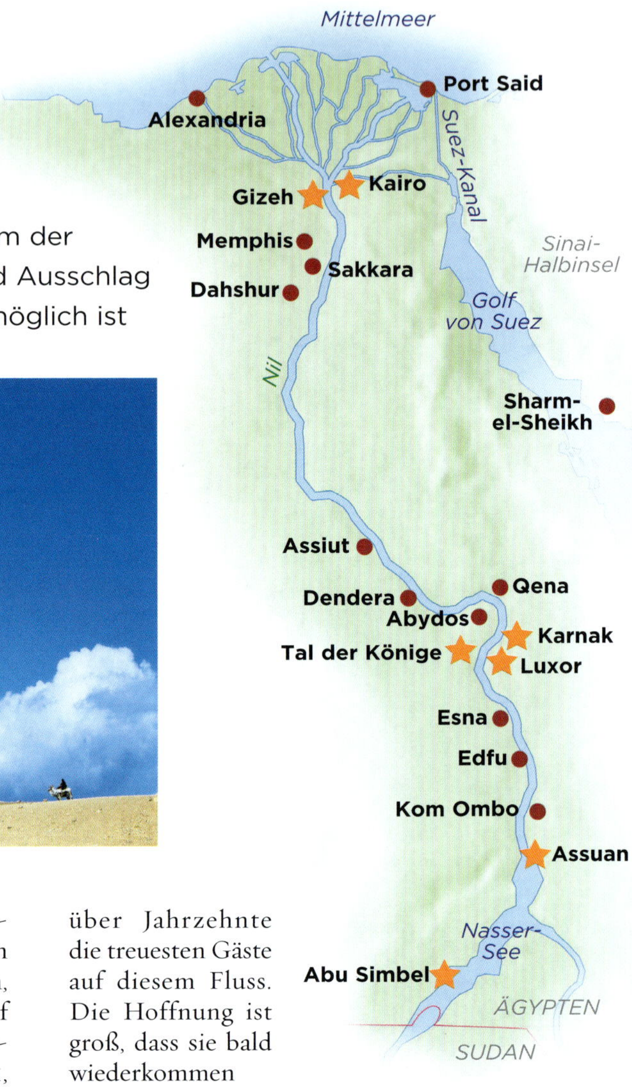

Alle schauen auf das Auswärtige Amt. So jedenfalls ist es bei Redaktionsschluss auch in diesem Jahr: Erst wenn alle Reisewarnungen, auch für Teilgebiete, gestrichen sind, darf Ägypten wieder hoffen, zu seiner alten Bedeutung als Reiseziel zurückzufinden. Seit 2011, als Präsident Mubarak gestürzt wurde, ist Ägypten kaum zur Ruhe gekommen. Auch unter der jetzigen Regierung stehen die Dinge noch nicht zum Besten: Am Roten Meer steigen die Touristenzahlen zwar wieder, im Landesinneren jedoch – und damit am Nil – stehen viele Hotels nach wie vor leer. Deshalb gilt: Bevor man eine Reise auf dem Nil bucht, sollte man unter **www.auswaertiges-amt.de** prüfen, ob möglicherweise noch eine Teilreisewarnung für das Niltal besteht.

Die Hoffnung, dass die Dinge sich zum Guten wenden, ist aus gutem Grund groß: Am Nil liegt eine der größten Flussflotten der Welt. Gerade Deutsche waren, neben Briten, über Jahrzehnte die treuesten Gäste auf diesem Fluss. Die Hoffnung ist groß, dass sie bald wiederkommen könnten.

Folgende Schiffe sind für das Jahr 2015 auf dem Nil als in Betrieb befindlich gemeldet:

Club Vision
Dahabeyas
Egyptian Princess
Grand Glory
Grand Palm
Grand Preziosa
Grand Star
Grand Sun
King of Egypt
Miss Esadora
Nile Beauty
Nile Excellence
Nile Smart
Nile Supreme
Sentido-Mahrousa
Steigenberger Legacy
Sultan Hassan
Suntimes

Auf dem Nassersee:
Steigenberger Omar El Khayam

Der Mississippi, wie Mark Twain ihn schilderte. An Bord der Dampfer herrscht barocke Pracht

Mississippi & Amazonas

Amerikanische Passagiere trifft man auf allen Flüssen Europas an. Daheim in den USA dagegen lag der Markt einige Jahre fast brach: Der Grund war die große Finanzkrise ab 2008. Mittlerweile aber hat sich das Blatt gewendet: Neue Schiffe wurden gebaut, und so sind Flussreisen vor allem auf dem **Mississippi** wieder ein lebendiges Geschäft. Als Europäer wird man dort jedoch, wie auch früher, immer in der Minderheit sein: Auf dem „Ol' Man River" ist fast ausschließlich amerikanisches Publikum unterwegs. Wer nicht nur das Land, sondern auch seine Menschen kennenlernen möchte, ist hier deshalb richtig. Technikbegeisterte werden sich zudem an den fotogenen Schaufelrädern der Schiffe erfreuen. Und für die schönsten Landschaftserlebnisse bucht man besser den Oberlauf und die Nebenflüsse Ohio und Columbia River. Die dort verkehrenden Schiffe begeistern allesamt mit viel Platz und opulenter Ausstattung. Und das Entertainment und überhaupt das gesamte Bordleben sind – sehr amerikanisch. Folgende Schiffe sind 2015 u. a. buchbar:

American Empress
American Queen
Queen of the Mississippi
Queen of the West

Der andere Amerika-Klassiker liegt im Süden des Doppelkontinents: Auf dem **Amazonas** haben Flussfahrten ungebrochen Konjunktur. Der nach dem Nil zweitlängste Fluss der Erde ist so gewaltig, dass sogar Hochseeschiffe wie die **Hanseatic** oder die **AIDAcara** auf ihm fahren können – jedenfalls bis hinauf nach Manaus, der Stadt mit dem Opernhaus mitten im Dschungel. Wer über die weitverzweigten Nebenflüsse noch tiefer in den Regenwald eindringen will, dem seien Schiffe wie die **Anakonda** empfohlen (S. 257). Oder die **Amazon Clipper Premium**, die bei Phoenix Reisen und Lernidee angeboten wird. Sie haben geringen Tiefgang, klimatisierte Kabinen – und einheimische Crews, die auch schon mal Piranhas aus dem braunen Flusswasser angeln. Abenteuer pur!

Amazon Clipper Premium

Die Mekong Prestige I gilt als eines der besten Mekong-Schiffe. Rechts ein Markt in Laos

Auf dem Mekong in Südostasien

Mit 4.350 Kilometern Länge, von der Quelle in Tibet bis zur Mündung ins Südchinesische Meer, ist der Mekong Südostasiens mächtigster Strom. Seinen Anwohnern ist er heilig: Sie nennen ihn „Mutter aller Wasser" oder „Buddhas eigenen Fluss" – entsprechend dicht stehen die Tempel, Pagoden und Klöster an seinen teils noch von Urwäldern gesäumten Ufern. Noch intakt scheint auch das Ökosystem des Mekong: Er gilt als einer der fischreichsten Flüsse der Welt.

Und seit einigen Jahren hat er sich zu einem echten Trendziel im Flussreisenmarkt entwickelt. Die abenteuerlichen Fahrten auf den typischen Holzschiffen der Region bieten nicht nur Reisebilder wie aus einer anderen Zeit, sondern auch die Begegnung mit gleich vier Ländern: Vietnam, Laos, Kambodscha und Thailand. Verschiedene Routen sind dabei möglich: Mal wird nur ein kurzer Abschnitt in Laos befahren, wo die alte Königsstadt Luang Prabang der unbestrittene Reisehöhepunkt ist. Oder es geht über die ganze Strecke von Ho-Chi-Minh-Stadt (früher Saigon) über Kambodschas Hauptstadt Phnom Penh und weiter über den See Tonle Sap bis hinauf nach Angkor Wat, der magischen Tempelstadt mitten im Urwald, die nach Ansicht vieler allein schon eine Weltreise wert ist.

Ein Erlebnis für sich sind auch die Schiffe auf dem Mekong: nostalgische Teakholzboote mit 12 bis 50 Kabinen – und immer mit überaus freundlichen Crews. Neuere Schiffe wie die **Indochine** sind luxuriöse Boutique-Kreuzer im französischen Kolonialstil. Sie steht seit 2014 im Programm von CroisiEurope aus Straßburg.

Indochine (48 Gäste)
La Marguerite (92 Gäste)
Lan Diep (44 Gäste)
Mekong Explorer (32 Gäste)
Mekong Islands (22 Gäste)
Mekong Navigator (68 Gäste)
Mekong Prestige I & II (63 Gäste)
Mekong Sun (32 Gäste)
The Jayavarman (58 Gäste)

Neu bei CroisiEurope: die Indochine

Pagoden in der Bagan-Ebene; das Teakholzschiff Paukan auf dem Irrawaddy

Der Irrawaddy in Burma

Das „goldene" Burma, offiziell heute Myanmar, blickt in die Zukunft: Nachdem es seit 1962 von einer Generals-Junta regiert worden war, erhielt es 2011 nach langem Kampf einen zivilen Präsidenten, der den demokratischen Wandel eingeleitet hat. Für die Opposition um die Friedensnobelpreisträgerin Aung San Suu Kyi ein epochaler Sieg – und für die Bevölkerung ein Signal zum Aufbruch. Allzu lange war für sie die Begegnung mit Fremden das einzige Fenster zur Welt. Das hat sich radikal geändert: Burma ist zum angesagten Ziel der Traveller-Szene geworden. Das alte Kulturland mit seinen stillen Landschaften und goldenen Pagoden zieht magisch an. Die Heiligtümer der Bagan-Ebene etwa (und nicht nur sie) sind einzigartig auf der Welt.

Die bequemste Art, dies zu erleben, ist eine Flussreise auf dem Irrawaddy (auch: Ayeyarwady). Von Oktober bis März kann man ihn zwischen Mandalay und Bagan bereisen, auch bis Bhamo in Oberburma. Unter den Schiffen, die das Abenteuer ermöglichen, ist das einstige Rheinschiff **Road To Mandalay**, jetzt mit Vornamen „Belmond", noch immer die Grande Dame. Mit der **Belmond Orcaella** (S. 262) kam 2013 ein ebenbürtiger Neubau hinzu.

Belmond Orcaella (50 Gäste)
Belmond Road To Mandalay (82 Gäste)
Pandaw II (32 Gäste)
Paukan 2007 (32 Gäste)
Thurgau Exotic I (21 Gäste)
Thurgau Exotic II (28 Gäste)

Road To Mandalay – noch immer die Grande Dame auf dem Irrawaddy

Auf dem Jangtse

Schluchten, Geisterstädte, Staudämme – an Chinas längstem Strom

Ausflug in die „Geisterstadt" Fengdu

Chang Jiang, „Langer Fluss", nennen die Chinesen den Jangste: bei 6.300 Kilometern Länge wahrhaftig keine Übertreibung. Die Donau, zum Vergleich, misst 2.888 Kilometer von der Quelle bis zur Mündung – und Städte wie Chongching oder Shanghai gibt es an ihr nicht. Chongching? Mit über 30 Millionen Menschen in ihrem Einzugsgebiet ist sie eine der größten, wenn nicht bereits *die* größte Stadt der Welt! Ihr rasendes Wachstum hat sie seit der Flutung der Drei Schluchten (ab 2003) und den damit verbundenen Umsiedlungen erlebt; zuvor dämmerte sie als Provinzmetropole eher vor sich hin. Eine Reise auf dem Jangtse ist also auch eine Begegnung mit einem Land, das Entwicklungssprünge vollzieht, wie sie im alten Europa kaum vorstellbar sind.

Aber auch in die Vergangenheit führt die Reise: in die Geisterstadt Fengdu etwa mit dem Tempel des Höllenkönigs oder in die „Edelsteinfestung" von Shibaozhai, einer in den Fels gebauten Holzpagode. Und der **Drei-Schluchten-Damm**? Der über 2.300 Meter lange und 185 Meter hohe Staudamm ist das größte Wasserkraftwerk der Welt. 1,3 Millionen Menschen mussten für seinen (umstrittenen) Bau umgesiedelt werden, über 30 Milliarden Euro soll das Projekt gekostet haben. Auf ganz andere Weise atemberaubend sind da die bis zu 1.800 Meter hohen Huangshan-Berge am unteren Jangtse, Chinas ältestes Naturschutzgebiet. Und flussabwärts folgen noch die ehemalige Reichshauptstadt Nanjing, die Gartenstadt Suzhou –und Shanghai, die Metropole der Superlative und Baurekorde.

Über 30 Passagierschiffe verkehren auf dem Jangtse in Fahrt, meist auf zwei Routen: Die kurze führt von Yichang nach Chongching, die längere von Chongching nach Shanghai (oder umgekehrt). Oft werden die Kreuzfahrten in Kombination mit China-Rundreisen angeboten, mit Besuchen Pekings, der Großen Mauer und der alten Kaiserstadt Xi'an. Für deutschsprachige Gäste zu empfehlen sind der Neubau ⚓ **Century Paragon** von nicko tours (S. 264), die **Yangtse Victoria** von Phoenix Reisen und die **President No. 7** von Plantours.

SEESCHIFFE

FLUSSSCHIFFE

REEDEREIEN & VERANSTALTER

BELLEVUE AND MORE

Uwe Bahn, Johannes Bohmann
Kreuzfahrt Guide 2015

Autoren

Uwe Bahn, Dr. Johannes Bohmann (Hauptautoren), Christoph Assies, Jens Fritzenwalder, Peggy Günther, Thomas P. Illes, Barbara Kolb, Dagmar Krappe, Franz Neumeier, Christian Oldendorf, Oliver Schmidt, Marc Tragbar

Chefredaktion Claus-Peter Haller
Redaktion Dr. Johannes Bohmann
Grafik Guido Zbinden, Claudia Spring
Litho PROFIREPRO GmbH/ Guido Zbinden
Bildredaktion Dr. Johannes Bohmann, Christian Oldendorf
Schlussredaktion Lektornet (www.lektornet.de), Heike Heijnk
Karten Axel Kock (www.AxelKock.de), Jochen Schäfers (www.gecko-graphics.de)

Verlag

BELLEVUE AND MORE GmbH
Dorotheenstraße 64, 22301 Hamburg
Tel. +49 (0)40 696 595-0
Fax +49 (0)40 696 595-399
E-Mail info@bellevue.de
Internet www.kreuzfahrtguide.com

Geschäftsführung Andrea Wasmuth
Gesamtleitung Anzeigen und Marketing Sebastian Schurz
Anzeigendisposition Andreas Schröder
Druck Kraft Druck GmbH, Ettlingen

Vertrieb

GEO CENTER Touristik
+ Medienservice GmbH
Schockenriedstr. 44
70565 Stuttgart
Tel. +49 (0)711 78 19 46 10

DPV Network GmbH
Postfach 57 04 12
22773 Hamburg
Tel. +49 (0)40 37 84 50

Fotonachweis

Wir bedanken uns für die freundliche Genehmigung zum Abdruck der Fotos aus den Archiven der Reedereien, Veranstalter und Fremdenverkehrsämter. Von ihnen oder aus dem Archiv des Verlags stammen, soweit nicht anders vermerkt, sämtliche Fotos in diesem Band.

Die für die Recherche erforderlichen Reisen, die in diesem Buch geschildert werden, fanden statt mit freundlicher Unterstützung der Reedereien und Veranstalter.

1. Auflage 2014
ISBN 978-3-9813349-5-1
Pressecode 73486